内蒙古自治区三产融合的可持续发展研究

李英震　张　顺　著

民族出版社

前　言

农牧业是人类社会生产活动的起点，也是人类社会从农业文明走向工业文明、走向现代科技文明的基石。无论是中国还是外国，不管是过去、现在还是将来，农牧业都是国民经济的基础。农牧业的基础地位和作用是由其自身的性质所决定的，不会随着社会经济的发展以及农牧业在国民经济中比重的下降而改变。

在我国，农牧业对国民经济发展的贡献尤其表现为粮食贡献、肉乳皮毛贡献、原料贡献、劳动力贡献、资金贡献、生态产品贡献。中华人民共和国成立以来，党中央一直高度重视农牧业发展，在各个不同的历史时期，都提出过有利于农牧业发展且行之有效的方针政策，大大推进了我国农牧业的发展。

新时期，党中央提出实现“两个一百年”奋斗目标和中华民族伟大复兴的中国梦的宏伟蓝图，令人振奋。全面建成小康社会是实现中国梦的关键一步，而全面建成小康社会的核心就在于“全面”，这个“全面”体现在覆盖的人群是全面的，覆盖的地域是全面的，是不让一个人掉队的全面小康，意味着全国各个地区都步入小康社会。在这一进程中，重中之重就是要防止较低收入人口返贫、实现乡村振兴，而在各种乡村振兴政策中，最管长远的当属产业振兴。这就要求我们必须考虑在农村如何实施产业结构的调整和改革。就当前的形势看，三产融合是未来农村农牧业发展的必然趋势，是有助农业腾飞、农村振兴、农民致富、巩固扶贫成果、乡村振兴的新的增长点。

内蒙古自治区虽然位居全国五大牧区之首，近几年的经济发展速度位居全国前列，但由于其地处内陆边疆地区，加之自然气候受限，大部分农牧民还要靠天吃饭，抵御自然灾害的能力较弱，其巩固脱贫攻坚成果、实现共同富裕有一定难度。在草原牧区，畜牧业作为农业的重要生产部门，对第一、第二和第三产业的健康发展起着重要的基础性作用。大力实施三产融合，充分发挥畜牧业的基础性作用，把种养殖与加工、销售以及服务等产业有机融合，对带动草原牧区农牧民增产增收，实现乡村共同富裕，对如期实现党中央提出的到 2035 年实现现代化均有其重要的积极作用。在内蒙古自治区草原牧区实施三产融合是实现兴边富民与同步小康的需要，是深化畜牧业经营体制改革的需要，是保障草原牧区可持续发展的需要，也是主动适应经济新常态的需要。

本书以“十三五”期间内蒙古自治区草原牧区产业发展情况为主要研究对象，以内蒙古草原牧区产业融合发展为核心展开研究，采用田野调查法、比较分析法、文献研究法以及定量分析与定性分析相结合的研究方法，主要从六个方面展开研究并得出结论。

第一，论述草原牧区实施三产融合与可持续发展的关系。从制度经济学的视角，分析了三产融合的演进过程、方式及动因。通过对内蒙古草原牧区产业融合概念的界定、内涵的分析和产业融合中各产业之间的关系的论述，给出了草原牧区三产融合的概念内涵。从可持续发展的视角，结合可持续发展的理论原则，阐述了草原牧区可持续发展的独特内涵以及实施三产融合对草原牧区可持续发展的促进作用，进而从政治、经济、社会、生态四个方面论述在草原牧区推进三产融合的重大意义。总结提炼三产融合与可持续发展的三种关系。一是形式与目的的关系，即三产融合只是产业发展的一种形式，它的最终目的是要实现草原牧区的可持续发展，三产融合这一形式是为可持续发展这一根本目的服务的。二是过程与结果的关系，即在追求草原牧区可持续发展的过程中，通过产业之间的结构重组和优化，使农牧业内部各产业之间实现融合，使农牧业与其他产业实现融合。但不论怎么融合，也不论融合程度如何，这都是一个过程，最终都要向实现草原牧区可持续发展这样一个结果而努力。三是现象与本质的关系，即三产融合是经济发展中产业融合的一种现象，这种现象的产生是随着经济的发展和生产力水平的提高而逐渐显示出来的，不是人为凭空想象出来的，它有着一定的现实基础和理论基础，但也不是永恒不变的。随着经济的发展和社会的进步，也有可能在融合的基础上实现新的社会分工，但是这种产业融合现象是由草原牧区要实现可持续发展这一本质内容所决定的。只有在保持可持续发展这一本质要求的前提下发展三产融合才是符合客观规律的。

第二，回顾三产融合的历程，研究三产融合的新契机。通过对中华人民共和国成立以来我国及内蒙古自治区产业发展历程和我国三产融合六个阶段（服务于城市工业化的农业“一产化”阶段，一、二产融合的初级阶段，乡镇企业引领农村产业发展阶段，贸工农、产供销一体化发展阶段，农业产业化快速推进阶段，农产品加工业与休闲农业引领发展阶段）发展历程的回顾，结合内蒙古自治区草原牧区不同阶段产业发展的现状，分析比较研究不同时期内蒙古草原牧区第一、二、三产业融合发展的特点并结合内蒙古草原牧区的实际和比较优势，分析了未来草原牧区三产融合发展的有利契机，即：农业供给侧结构性改革引领农村三产融合发展的契机，脱贫攻坚战略促进农村三产融合发展的契机，乡村振兴战略将切实有效带动农村三产融合发展的契机。

第三，构建草原牧区三产融合评价指标体系。在研究中借鉴了马健（2006）的产业融合需求增长模型、冯伟（2016）构建的包括5组20个指标的评价指标体系，关浩杰（2016）依据五大发展理念构建的农村一二三产业融合发展综合评价指标体系的6个指标项、梁伟军（2010）对中国农业与生物产业融合度的测评结果等理论成果。同时指出了以往研究存在的两点不足，一是以往研究往往局限在农区，对草原牧区关注不足，导致相关的学术成果不具备可比性；二是对三产融合测评理论与方法等问题涉及较少，多数研究仍停留在定性分析层面。总体而言，国内学者对草原牧区三产融合评价指标体系的研究起步较晚且研究较少，未能形成一个能被广泛接受的框架体系。本书结合产业融合的原因、产业融合的效应、产业融合的识别原则以及衡量方法，依据《国务院办公厅关于推进农村一二三产业融合发展的指导意见》，提出草原牧区三产融合评价指标体系构建的思路和原则，并设立了一个包含9个指标的牧区三产融合评价指标体系。

第四，分析草原牧区三产融合的发展现状和存在的问题。通过对“十三五”期间内蒙古自治区牧区旗县产业发展情况以及三产融合情况的分析，总结出内蒙古自治区牧区旗县经济呈现出持续高位增长，牧区旗县之间经济发展差距较大，产业融合初见端倪的产业发展现状。梳理出多种融合模式共同发展、利益联结机制已经形成和草原牧区三产融合初见成效等产业融合现状。并指出产业融合发展层次较低、产业融合存在要素瓶颈约束、产业融合主体带动能力较弱、龙头企业与牧户的利益联结机制不健全、投入机制不健全、资金短缺问题突出、资源优势未能转化为经济优势等现实问题。

第五，列举内蒙古自治区三产融合的典型案例和发达国家三产融合的先进经验。在对内蒙古牧区旗县的三产发展情况与三产融合情况进行全面分析的基础上，选取内蒙古农牧业发展的典型旗县克什克腾旗和经济效益良好的农牧业企业伊利、蒙牛作为研究对象，对它们分别做三产发展的现状分析。分析了一、二产业融合，二、三产业融合和一、三产业融合以及各产业对其他产业的辐射带动作用和对社会的贡献度、三产融合度等。总结了内蒙古草原牧区三产融合与经济可持续发展的典型模式与经验。同时借鉴发达国家三产融合的经验做法，比如日本六次产业化模式、韩国六次产业化模式、美国工农商一体化模式、荷兰农场+合作社模式等，通过对发达国家三产融合模式的研究，得出对我国产业融合的启示。

第六，为政府提出一系列可行性政策建议。在理论现实研究基础上以实现农村牧区三产融合发展为基本出发点，以实现草原牧区三产融合为目的，分别从调整和优化草原牧区产业结构、加快草原牧区第三产业发展、延长和拓宽产业链、创新草原牧区三产融合体制机制、打造草原牧区三产融合示范区、构建现代畜牧业产业体系、搭建草原牧区三产融合信息服务平台等角度提出进一步促进内蒙古草原牧区三产融合与可持续发展的对策建议。

目　录

1　导　论 …… (1)
1.1　研究背景 …… (1)
1.2　目的意义 …… (4)
1.2.1　研究目的 …… (4)
1.2.2　研究意义 …… (5)
1.3　结构安排 …… (7)
1.4　研究价值 …… (9)
1.4.1　理论价值 …… (9)
1.4.2　应用价值 …… (10)
1.5　研究对象 …… (11)
1.6　研究方法 …… (12)
1.7　研究思路 …… (13)

2　新制度经济学与可持续发展理论梳理与评析 …… (14)
2.1　新制度经济学理论 …… (14)
2.1.1　交易费用理论 …… (15)
2.1.2　产权理论 …… (16)
2.1.3　现代契约理论 …… (19)
2.1.4　合作与互惠理论 …… (20)
2.1.5　分工理论 …… (20)
2.2　产业结构优化升级 …… (21)
2.2.1　产业链延伸理论 …… (22)
2.2.2　价值链理论 …… (23)
2.2.3　农业多功能性理论 …… (23)

2.2.4 产业集群理论…………………………………………………… (24)
2.3 可持续发展理论…………………………………………………… (25)
2.3.1 可持续发展的基本思想…………………………………………… (25)
2.3.2 可持续发展的原则………………………………………………… (26)
2.3.3 可持续发展的内涵………………………………………………… (27)

3 三产融合与可持续发展的关系……………………………………… (28)
3.1 草原牧区三产融合发展的概念内涵…………………………………… (29)
3.1.1 草原牧区三产融合发展的概念界定……………………………… (29)
3.1.2 草原牧区三产融合发展的内涵分析……………………………… (30)
3.1.3 草原牧区产业融合发展中各产业间的关系……………………… (33)
3.2 草原牧区可持续发展的独特内涵……………………………………… (35)
3.2.1 牧民与草原牧区可持续发展……………………………………… (36)
3.2.2 草原与草原牧区可持续发展……………………………………… (37)
3.2.3 畜牧业与草原牧区可持续发展…………………………………… (38)
3.3 我国草原牧区的特点及发展三产融合的必要性……………………… (39)
3.3.1 对于维护民族团结和边疆稳定具有重要的政治意义…………… (40)
3.3.2 对于乡村振兴和我国第二个百年目标实现
具有重要的经济意义………………………………………………… (40)
3.3.3 对于解决劳动力直接就业，促进草原牧区可持续发展
具有重要的社会意义………………………………………………… (40)
3.3.4 对于减缓草场压力和保护我国生态安全
具有重要的生态意义………………………………………………… (41)
3.4 实施三产融合促进草原牧区可持续发展……………………………… (41)
3.4.1 实施三产融合，模糊产业界限，促进产业均衡发展……………… (42)
3.4.2 实施三产融合，加快产业升级，保证资源持续利用……………… (42)
3.4.3 实施三产融合，促进产权融合，实现和谐发展…………………… (43)
3.4.4 实施三产融合，针对人的需要，避免出现产能过剩……………… (43)

4 内蒙古自治区草原牧区三产融合与可持续发展研究综述…………… (44)
4.1 实现内蒙古草原牧区三产融合对经济可持续发展的重大意义……… (44)

4.1.1 内蒙古草原牧区三产融合有利于推动草原畜牧业快速发展……（44）
4.1.2 内蒙古草原牧区三产融合有利于增强区域经济竞争力…………（45）
4.1.3 内蒙古草原牧区三产融合有利于缩小城乡差距……………………（46）
4.1.4 内蒙古牧区三产融合有利于我国牧区国民经济可持续发展……（46）
4.2 国外三产融合与经济可持续发展研究综述……………………………（47）
4.2.1 产业融合概念发展进程……………………………………………（47）
4.2.2 产业融合的类型……………………………………………………（49）
4.2.3 产业结构的变化伴随经济增长过程………………………………（50）
4.2.4 国外牧区经济发展现状……………………………………………（50）
4.2.5 国外牧区可持续发展政策和经验…………………………………（51）
4.2.6 在生态保护的基础上发展草地畜牧业……………………………（52）
4.2.7 注重开发附加值高的畜产品，增加畜牧业利润…………………（53）
4.3 国内草原牧区三产融合和可持续研究状况分析………………………（53）
4.3.1 三产融合的内涵……………………………………………………（54）
4.3.2 我国三产融合发展影响因素研究…………………………………（55）
4.3.3 我国三产融合发展实现途径研究…………………………………（56）
4.3.4 我国三产融合的模式及类型………………………………………（57）
4.3.5 我国政府对三产融合的提出及指导意见…………………………（57）
4.3.6 国内草原牧区可持续发展的涵义界定……………………………（59）
4.3.7 影响牧区可持续发展的因素分析…………………………………（61）
4.3.8 牧区可持续发展模式研究…………………………………………（62）
4.3.9 牧区可持续发展指标与评估研究…………………………………（63）
4.3.10 实现牧区可持续发展途径研究 …………………………………（64）

5 我国农村产业融合发展的历史回顾与动因分析………………………（68）
5.1 我国及内蒙古农牧业三产融合发展的历史回顾………………………（68）
5.1.1 服务于城市工业化的农业“一产化”阶段 ………………………（68）
5.1.2 一、二产融合的初级阶段…………………………………………（69）
5.1.3 乡镇企业引领农村产业发展阶段…………………………………（69）
5.1.4 贸工农、产供销一体化发展阶段…………………………………（71）
5.1.5 农业产业化快速推进阶段…………………………………………（72）

5.1.6 农产品加工业与休闲农业引领发展阶段…………………………（74）
5.2 三产融合的动因分析…………………………………………（75）
5.2.1 政府政策倾斜是三产融合的制度动因……………………（75）
5.2.2 农业供给侧结构性改革是三产融合的政策动因…………（75）
5.2.3 丝绸之路经济带是三产融合的国际合作动因……………（76）
5.2.4 消费者需求结构变化是三产融合的需求动因……………（76）
5.2.5 农牧民增收致富是三产融合的心理动因…………………（77）
5.2.6 创新驱动是三产融合的技术动因…………………………（77）
5.3 未来一个时期我国农村产业融合发展展望…………………（77）
5.3.1 农业供给侧结构性改革引领农村三产融合发展…………（77）
5.3.2 脱贫攻坚战略促进农村三产融合的发展…………………（78）
5.3.3 当前农牧业发展形势为农牧区一二三产业融合
发展创造良好基础……………………………………………（79）
5.3.4 乡村振兴战略将切实有效带动农村三产融合的发展……（80）

6 三产融合的内在逻辑与评价指标构建…………………………（81）
6.1 三产融合的内在逻辑…………………………………………（82）
6.1.1 三产融合的经济学分析……………………………………（82）
6.1.2 三产融合的社会学分析……………………………………（84）
6.1.3 三产融合的产业间分析……………………………………（85）
6.1.4 小结…………………………………………………………（86）
6.2 三产融合指标体系建立原则与方法…………………………（87）
6.2.1 指标体系建立原则…………………………………………（87）
6.2.2 指标体系建立方法…………………………………………（88）
6.3 评价指标的设计方法及构建…………………………………（89）
6.3.1 评价指标的设计方法………………………………………（89）
6.3.2 评价指标的构建……………………………………………（90）
6.3.3 评价指标的研究启示………………………………………（94）

7 内蒙古自治区草原牧区三产融合的现状与问题………………（95）
7.1 内蒙古自治区十三五产业结构的发展现状…………………（95）

7.1.1　内蒙古自治区处在第二产业主导的经济发展阶段 …………… (95)
7.1.2　内蒙古自治区第一产业的比重较大，
第二、第三产业发展不充分 …………………………………… (96)
7.1.3　内蒙古自治区各盟市之间产业结构的发展不平衡 ………… (98)
7.2.1　内蒙古自治区牧区旗县生产总值连续保持高位增长 ……… (99)
7.2.2　各盟市内牧区旗县的经济发展差距较大 …………………… (100)
7.2.3　各盟市人均收入排名基本稳定 ……………………………… (102)
7.2.4　产业结构内部不断调整升级，产业融合初现端倪 ………… (103)
7.3　内蒙古自治区草原牧区“十三五”期间三产融合现状 ………… (104)
7.3.1　多种融合模式共同发展 ……………………………………… (104)
7.3.2　利益联结机制已经形成 ……………………………………… (108)
7.3.3　草原牧区产业融合初见成效 ………………………………… (109)
7.4　内蒙古自治区草原牧区“十三五”期间三产融合存在的问题 …… (112)
7.4.1　产业融合发展层次较低 ……………………………………… (113)
7.4.2　产业融合受要素瓶颈制约严重 ……………………………… (113)
7.4.3　产业融合主体带动能力较弱 ………………………………… (114)
7.4.4　龙头企业与牧民之间的利益联结机制不完善 ……………… (114)
7.4.5　投入机制不健全，资金短缺问题突出 ……………………… (114)
7.4.6　资源优势转化力弱 …………………………………………… (115)

8　内蒙古自治区三产融合实证分析 ……………………………… (116)
8.1　内蒙古地区推动三产融合的基础 ……………………………… (116)
8.1.1　经济社会总体发展平稳 ……………………………………… (116)
8.1.2　内蒙古草原生态文明建设稳步推进 ………………………… (117)
8.1.3　内蒙古地区畜牧业基础性地位不断稳固 …………………… (118)
8.1.4　内蒙古地区众多高新技术产业开发园区建成 ……………… (119)
8.1.5　第三产业基础形成 …………………………………………… (120)
8.2　内蒙古三产融合发展的优势条件 ……………………………… (120)
8.2.1　完善的市场机制 ……………………………………………… (120)
8.2.2　优越的地理条件 ……………………………………………… (122)
8.2.3　深厚的文化底蕴 ……………………………………………… (123)

8.2.4 政策大力支持 …………………………………………………………（123）
8.2.5 社会力量雄厚 …………………………………………………………（124）
8.3 内蒙古现阶段三产融合模式案例分析 …………………………………（126）
8.3.1 一二产业融合模式——以伊利集团专属牧场建设发展为例 …（126）
8.3.2 一三产业融合模式——以克什克腾牧家乐为例 ………………（130）
8.3.3 二三产业融合模式——以蒙牛集团工业旅游为例 ……………（132）
8.4 三产融合现阶段取得的收益和成果 ……………………………………（136）
8.4.1 农产品得到广阔的销售空间 ……………………………………（136）
8.4.2 缓解现阶段就业压力 ……………………………………………（137）
8.4.3 社会基础设施建设更完善，增强了人们的幸福感 ……………（138）
8.5 主要结论 ……………………………………………………………………（139）

9 农村产业融合发展的国际经验与启示 ………………………………………（141）
9.1 日本“六次产业化”的做法 ……………………………………………（141）
9.1.1 日本提出第六产业的背景 ………………………………………（141）
9.1.2 日本第六产业的内容 ……………………………………………（142）
9.1.3 日本发展第六产业的保障措施 …………………………………（145）
9.2 韩国六次产业化的做法 …………………………………………………（146）
9.2.1 韩国发展第六产业的背景 ………………………………………（146）
9.2.2 韩国发展“第六产业”的主要做法 ……………………………（147）
9.2.3 韩国发展第六产业的保障措施 …………………………………（150）
9.3 美国农工商一体化的做法 ………………………………………………（150）
9.3.1 美国农工商一体化模式 …………………………………………（151）
9.3.2 美国农工商一体化的主要做法 …………………………………（152）
9.3.3 美国农工商一体化的保障措施 …………………………………（154）
9.4 荷兰“农场十合作社”的做法 …………………………………………（155）
9.4.1 荷兰发展现代化农业的背景 ……………………………………（155）
9.4.2 荷兰发展现代化农业的具体做法 ………………………………（156）
9.4.3 荷兰发展现代化农业的保障措施 ………………………………（158）
9.5 发达国家农村产业融合发展的启示 ……………………………………（159）
9.5.1 重点关注农民的利益 ……………………………………………（160）

9.5.2 充分发挥农业协会的作用 …………………………………… (160)

9.5.3 注重对农民的培训工作 …………………………………… (160)

9.5.4 强调对生态环境的保护 …………………………………… (161)

9.5.5 完善法律法规和补贴等配套服务 ……………………………… (161)

10 内蒙古自治区草原牧区三产融合的政策建议………………………… (162)

10.1 保障三产融合过程中农牧民的权益…………………………………… (163)

10.2 着力培育三产融合的新型主体，确保农牧民在三产融合中的地位……………………………………………… (164)

10.3 加大财政支持力度，尽快解决资金困难…………………………… (165)

10.4 完善土地融资等支持政策，促进农牧民把资源转化成资本……… (167)

10.5 加快农村上地制度创新，盘活农村闲置土地……………………… (168)

10.6 抢抓机遇，着力推进三产融合有序良性发展……………………… (169)

10.7 城乡均衡发展的教育制度和财政支付体系………………………… (170)

10.7.1 教育要实现正义和公平 ………………………………… (170)

10.7.2 加强各层次农村教育，实现城乡教育均衡发展……………… (171)

10.7.3 建立农村教育的多元投资体系……………………………… (173)

10.8 建立城乡统筹的社会保障制度……………………………………… (173)

10.8.1 建立城乡统筹的社会保障制度的原则……………………… (174)

10.8.2 完善农村社会救助制度…………………………………… (175)

10.8.3 完善农村社会保险制度…………………………………… (176)

10.8.4 发展农村社会福利服务事业……………………………… (177)

10.8.5 完善和推行农村补充社会保障……………………………… (178)

参考文献………………………………………………………………… (179)

1 导 论

近几年来，随着改革开放的不断深入，党中央出台了大量关于新牧区建设的相关政策，通过政策的贯彻落实，我国畜牧业呈现出平稳快速发展的态势，特别是居于五大牧区之首的内蒙古自治区，其牧草产量保持持续增长，牛羊肉、牛奶、羊绒等畜牧产品产量稳步提升，牧民收入水平不断提高。但是随着国内外环境条件变化和长期粗放式经营积累的深层次矛盾逐步显现，内蒙古草原牧区的发展面临价格天花板和成本地板的双重压力，而且成本还在不断上升，生态环境持续恶化，草原资源条件高度紧张，乡村振兴面临严峻挑战。为此，在借鉴 2014 年中央农村工作会议提出的要把产业链和价值链等现代化的产业组织方式引入到农业中，第一次提出在促进一二三产融合互动等相关要求的基础上，结合 2016 年 1 月国务院下发的《国务院办公厅关于推进农村一二三产业融合发展的指导意见》中提出的推进农村产业融合的指导思想、基本原则和主要目标等内容，对内蒙古自治区草原牧区三产融合的可持续发展进行研究，具有鲜明的时代特征和重要的理论与现实意义。①

1.1 研究背景

2015 年初，中央一号文件《关于加大改革和创新力度加快农业现代化建设的若干意见》中明确指出，要不断推进农村第一、第二和第三产业融合发展，普遍增加农民收入，就必须使农业产业链延长，从而提高农产品附加值。要立足于资源优势，把市场需求作为导向，大力开发特色种植业、养殖业、特色农产品加工业以及农村服务业，着力发展一村一品、一乡（县）一业，不断壮大县域经济实力，带动广大农民就业致富。把农业多种功能开发出来，深入挖掘农村的生

① 孙璐：《中国西部多民族地区农村产业融合模式选择及对策》，载《农业展望》，84~87 页、100 页，2019（12）。

态休闲、旅游观光、民俗文化教育价值。着力建设一批拥有历史、地域和民族特点的特色旅游村镇，策划形式多样、特色鲜明的乡村旅游休闲产品。对乡村旅游休闲基础设施建设的投入力度不断加大，线上线下营销全覆盖，并着力提高管理服务水平。相关部门要研究制定关于用地、财政、金融、税收等方面的优惠政策，激活农村各种要素资源，以促进乡村旅游休闲产业的发展，切实增加农民的财产性收入。

作为全国五个民族自治区之一的内蒙古自治区，其牧区草地总面积为13.2亿亩，占全国草原面积的22%，占自治区国土总面积的74.5%，居全国五大牧区之首。[①]“十二五”末畜牧业产值跨越了千亿元大关，产值达到1160.9亿元，占农牧业产值的42.2%，比全国平均水平高12个百分点，农牧民人均可支配收入跨过万元大关，达到10776元，其中牧民收入14996元，增长90.9%，五年翻了近一番，畜牧业的快速发展，成为全区经济社会发展的亮点。[②] 2020年人均可支配收入达到16567元。为改善居民膳食营养，保障国家畜产品特别是牛奶、牛羊肉供给和维护边疆社会稳定做出了重要贡献。截至2017年，牧业年度牲畜存栏连续13年稳定在1亿头只以上，具备了年加工转化牛奶100万吨、肉类260万吨、羊绒2.2万吨的生产加工能力。牛奶、羊肉、山羊绒、细羊毛等的产量均居全国首位，畜牧业综合生产能力位居全国五大牧区之首。除了传统的农业之外，因其区位特点决定了其农牧业产业多样性的特质。在大农业范畴之内，其农业和畜牧业就有着不可分割的自然联系。在这种背景下推进农村牧区的三产融合较单纯的农区有一定的天然优势。开展对内蒙古草原牧区三产融合的研究，会对全国农村的三产融合起到一定的借鉴作用。

2016年10月17日，中共中央办公厅、国务院办公厅印发了《脱贫攻坚责任制实施办法》，并发出通知，要求各地区各部门结合实际认真贯彻执行，按照中央统筹、省负总责、市县抓具体落实的工作机制，构建一个责任清晰、分工负责、合力攻坚的脱贫攻坚责任体系。这无疑是党中央在全面实现小康社会的关键时期，发出的脱贫攻坚集结号。随之，各省、市、县逐级制定出台包括产业扶贫、教育扶贫、易地搬迁扶贫、医疗扶贫、生态扶贫、社保扶贫等有针对性的扶

① 李静：《浅谈西藏水利工程建设管理存在的问题及对策》，载《西藏科技》，3~4页，2014（7）。

② 宝音朝古拉刘玉梅：《内蒙古畜牧业产业化发展现状、存在问题及应对措施》，载《当代畜禽养殖业》，31~33页，2019（10）。http：//dx. doi. org/10. 14070/j. cnki. 15-1150. 2019. 10. 012。

贫政策。广大百姓在这些扶贫政策中得到了真正的实惠，扶贫工作收到了良好的效果。

内蒙古自治区虽然位居全国五大牧区之首，近几年的经济发展速度位居全国前列，但由于其地处内陆边疆地区，加之自然条件受限，大部分农牧民还要靠天吃饭，抵御自然灾害的能力较弱，乡村振兴压力依然沉重。在草原牧区，其畜牧业作为农业的重要生产部门，对第一、第二和第三产业的健康发展起着重要的基础性作用。在草原牧区大力实施三产融合，充分发挥畜牧业的基础性作用，把种养殖与加工、销售以及服务等产业有机融合，带动草原牧区农牧民增产增收，脱贫致富，对如期实现党中央提出的到 2020 年全面实现小康社会的宏伟目标起到积极的推动作用。

《中共中央国务院关于实施乡村振兴战略的意见》于 2018 年 1 月 2 日发布，这是为贯彻落实乡村振兴战略而制定的专门法规。① 在党的十九大提出的决胜全面建成小康社会和两个一百年奋斗目标战略安排的基础上，又提出了关于实施乡村振兴战略的总体目标任务，在这个任务中强调指出，到 2020 年，农村一二三产业融合发展水平进一步提升。

在实施乡村振兴战略的基本原则中指出，要坚持城市和乡村融合发展，坚决破除阻碍市场作用发挥的体制机制弊端，回归市场在资源配置中的决定性作用。更好发挥政府宏观调控职能，推动城乡各种要素自由流动、平等交换，使新型工业化、城镇化、信息化和农业现代化共同发展，快速形成工农互相促进、城乡互相补充的全面融合的新型工农城乡关系。②③

在实施乡村振兴战略中提到，要构建一个农村一、二、三产融合发展的科学体系。不断开发利用农业的多种功能，延长农业产业链，提升农产品价值链，完善利益联结链。通过股份制合作、“保底+分红”以及利润返还等多种形式，让农民最大限度地分享全产业链的增值收益④。

---

① 崔楠：《新时代我国乡村振兴的创新路径探究》，载《山西农经》，2021（19），37~38 页，41 页，http：//dx. doi. org/10. 16675/j. cnki. cn14-1065/f. 2021. 19. 012

② 中共中央国务院印发：《乡村振兴战略规划（2018—2022 年）》，载《中华人民共和国国务院公报》，2018（29），9~47 页。

③ 杨宜山、周德芳、梁修全：《发展集体经济推动乡村振兴》，载《新理财（政府理财）》，2020（1），59~62 页。

④ 张贵友、唐小宇、田雨：《新时代现代农业发展模式与政策选择》，载《农民科技培训》，2018（8），25~27 页。

要实现乡村振兴的伟大战略目标，必须要优化农村牧区的产业结构，增加农牧产品的附加值。只有不断推进产业融合发展，盘活草原牧区闲置资源，将科技和人文要素有效融入农牧业内部的各个产业中，进一步拓展农牧业功能，把传统农牧业发展成为融生产、生活、生态于一体的现代农业，实现资源优化配置的新型农牧业发展模式，才能使农村牧区焕发出应有的生机和活力。

本书认为，要使较低收入人口真正摆脱贫困且不再重返贫困，要使乡村振兴战略落到实处，最基本的也是最主要的问题就是要解决农牧民的就业问题，要解决就业问题必须要有相匹配的产业，只有大力发展产业，才能解决这一基本问题。在国际竞争日益激烈的形势下，传统单一的农牧业生产缺乏优势和竞争力，草原牧区劳动力大量涌入城市，出现空壳农村的现象。要想改变这一局面，必须在草原牧区大力发展产业，延长农牧业产业链，增加农牧产品附加值。而在草原牧区实现三产融合，恰恰能够起到上述作用，也能真正从根本上解决贫困这一问题。

经多年深入内蒙古牧区的调研，目前内蒙古草原牧区存在以下突出问题：一是草原生态脆弱，基础设施薄弱，抵御自然灾害能力差；二是畜牧业生产方式和生产服务水平落后；三是农村牧区生产成本加大，影响农牧民收入增长；四是牧区产业结构单一，产业融合度差；五是相关牧业、牧区、牧民的补贴政策较少，牧区与农区享受到的国家政策的优惠的差距逐年拉大；六是草原生态保护建设与牧业增产、牧民增收的矛盾较为突出。上述突出问题严重制约了内蒙古草原牧区的发展，凸显了牧区粗放经济发展方式与生态环境的矛盾。这就迫切要求有新的发展思路，对传统产业结构、发展方式进行有效调整。在这种背景下，以内蒙古草原牧区为研究对象，研究草原牧区三产融合与可持续发展新的模式探索恰好符合建设牧区现代化、产业化的基本要求，可以减弱上述问题的危害性。

1.2 目的意义

1.2.1 研究目的

在经济步入新常态，农村牧区发展进入转型升级，逐步实现现代化的背景下，早在2014年12月，中央农村工作会议对农业发展做出的重大部署中就明确提出：要把产业链和价值链等现代产业组织方式引入到农业中来，以此促进一二三产融合互动（简称三产融合）。三产融合既符合我国大农业的发展思路，也对我国农业可持续发展的创新模式起到了引导作用。对三产融合和可持续发展构建、相互关系以及发展思路和发展模式的研究与探索，对目前我国调整和优化农业产业结构，推进农业现代化，促进三产协调发展都具有重要的意义。

牧区三产融合可以通俗理解为牧区一二三产业的融合发展，但目前在学术界仍缺乏对其内涵的进一步认识，对其概念边界的认识有限。模糊的概念必然导致其内涵、特征的含糊不清。本书首先确定了牧区三产融合的内涵，并进一步阐释了牧区三产融合的基本特征和内涵属性。实际来看，三产融合的核心内容是产业升级，即提升区域产业的核心竞争力。

本书重点分析评价内蒙古牧区三产的总体情况。从新制度经济学和可持续发展的视角分析了三产融合的重要意义和可行性。明确内蒙古牧区三产融合的指导思想、原则、模式、政府政策支持体系；分析了内蒙古牧区农牧业与第二、三产业之间的产业渗透与融合情况；提出进一步促进内蒙古牧区三产融合与可持续发展的对策建议；选取典型旗县和企业进行实证分析，得出内蒙古牧区产业的基本格局和典型模式；提出内蒙古牧区区域产业发展质量和效益的政策和建议。既有利于全国牧区形成一体化的三产融合的可持续发展思路，也有利于推进牧业发展现代化，为其他农业门类的创新发展提供借鉴。

1.2.2 研究意义

第一，内蒙古自治区草原牧区的三产融合是实现兴边富民与乡村振兴的需要。内蒙古自治区与蒙古国、俄罗斯等国接壤，独特的地理位置决定了草原牧区在祖国边防安全与边防建设中的独特地位。建设富裕、美丽、幸福边疆是牧区人民的共同愿望。“一带一路”战略拉开了“草原丝绸之路”建设的序幕。然而，草原牧区较少的财政收入、落后的基础设施建设与牧区城镇化、产业化等的发展要求不相适应。只有不断探索内蒙古草原牧区科学的发展路径，才有望实现兴边富民和乡村振兴的中国梦。党的十八大报告提出到2020年全面建成小康社会的奋斗目标。2014年底，习近平总书记提出“四个全面”发展战略，其中全面建成小康社会是这“四个全面”发展战略的龙头，其核心在于“全面”，在于解决较低收入人口的发展问题。内蒙古牧区草地总面积为13.2亿亩，占全国草原面积的22%，占自治区国土总面积的74.5%。这里居住着汉族、蒙古族、回族、藏族等十多个民族。草原牧区经济与社会发展程度关系着众多少数民族乡村振兴的进程。由于自然条件较差，内蒙古草原牧区脱贫致富的难度较大。牧区人均GDP一般在1000~3000美元之间，属于第四世界，比第三世界还低2000美元，贫困发生率在 8%左右，高于全国平均 5 个百分点。从自然环境、生产生活方式的特殊性来看，草原牧区建设不能照搬农区建设的现成模式，必须创新经营体制，探索因地制宜的草原牧区建设和牧业发展新路。

第二，内蒙古自治区草原牧区的三产融合是深化畜牧业经营体制改革的需要。

中共十八届三中全会强调，推进农业经营机制体制创新，加快农业经营方式转变。在草原牧区实施家庭承包制，大大调动了牧民的生产积极性。但是，小牧经济与牧业生产适度规模经营之间的矛盾越来越突出，生产和再生产成本不断提高，单个牧民难以抵御自然灾害，畜群结构单一，草原蹄灾严重。探索科学的牧业经营体制，通过合作经济整合草场、整合劳动力、整合牲畜、整合资金，有利于提高牧业资源利用效率，提升防疫水平，提高牧民科技素质、管理能力和市场意识，提升牧业发展后劲。探索牧业发展规律，通过产业链延伸带动畜牧业专业化、规模化、科学化发展，有利于制定切实可行的畜牧业支持政策。

第三，内蒙古自治区草原牧区的三产融合是保障草原牧区可持续发展的需要。

内蒙古草原牧区分布在江河发源地和水源涵养区，以草原为典型植被，对下风处及其周边生态安全具有决定性意义。这里是欧亚大陆草原的重要组成部分，13.2 亿亩的草原面积是耕地面积的 9.06 倍，也是中国草原畜牧业生产基地。探索科学的草原利用方式，有利于促进经济、社会和生态系统的动态平衡，保障草原生态安全和牧区可持续发展。

第四，内蒙古自治区草原牧区的三产融合是主动适应经济新常态的需要。现阶段，中国经济由高速增长变为中高速增长，进入提质增效的新常态。经济新常态孕育着分工的深化机遇、低碳减排机遇、结构调整机遇、体制改革机遇和绿色发展机遇。特别是在全面建成小康社会后的重要历史时期，人们的需求呈现多样性，这为草原畜牧产品及其产业链延伸提供了广阔的空间。因此，研究内蒙古草原牧区产业转型升级，发展三产融合，既能应对经济发展增速放缓的挑战，也能适应提质增效的机遇，促进农牧业产业结构更加合理。

近年来，内蒙古自治区积极探索，统筹考虑生态保护、生产发展和生活改善，为妥善处理人、草、畜之间的关系以及促进草原畜牧业的发展，采取了一系列有效措施。这些政策的出台和实行已经体现出三产融合和可持续发展的基本思路，尤其是对现代家庭牧场模式的探索和对牧民专业合作组织的推广，都是对新的产业组织模式的尝试。禁牧、休牧、轮牧等制度的推行，有效平衡了经济发展与环境保护的关系。内蒙古草原牧区三产融合和可持续发展的建设思路虽未成体系，但已现雏形。在这种形势下，深化内蒙古草原牧区三产融合和可持续发展理论体系的研究，摸清内蒙古草原牧区三产融合和可持续发展的基础现状，创新内蒙古草原牧区三产融合和可持续发展的经济模式，具有较强的理论意义和现实意义。

1.3 结构安排

围绕上述研究目的、意义和思路，本书共分为十章。

第一章，导论。主要阐述了选题背景和研究的目的、意义，介绍本书的结构安排、研究价值及创新点，指明研究对象、研究方法和研究思路。

第二章，新制度经济学与可持续发展理论梳理与评析。主要从新制度经济学中的交易费用理论、产权理论、契约理论、合作互惠理论、分工理论，产业发展理论中的产业链理论、价值链理论、产业集群理论、农业多功能性等理论出发，结合可持续发展的基本思想、基本内涵以及基本原则，梳理出与我国草原牧区实施三产融合相契合的基本观点。论述了内蒙古自治区草原牧区通过三产融合的制度安排，实现产权融合，降低产业之间的交易费用，消除外部性，培养契约精神，优化产业结构，延长农牧业产业链，树立可持续发展理念，最终实现农牧民增收以及乡村振兴的路径。

第三章，三产融合与可持续发展的关系。通过对三产融合概念内涵和草原牧区可持续发展的独特内涵的阐述，总结了内蒙古自治区草原牧区实施三产融合的必要性。以可持续发展理论原则为依据，论述了内蒙古草原牧区实施三产融合对于促进产业均衡发展、保证资源持续利用、避免出现产能过剩、实现和谐发展和经济社会可持续发展的重要作用。即实施三产融合，模糊产业界限，促进产业均衡发展；实施三产融合，加快产业升级，保证资源持续利用；实施三产融合，促进产权融合，实现人人和谐共处；实施三产融合，针对人的需要，避免产能过剩。并通过对三产融合与续发展关系的深入论述，从延长农业产业链、实现产权融合、保障农牧民利益、保护农牧民土地权和塑造新时代的职业农民等四个方面提出了在实施三产融合过程中应该更加注意的问题。

第四章，内蒙古自治区草原牧区三产融合与可持续发展研究综述。这一章着重从国内外研究现状展开阐述。一是分别从推动农村牧区畜牧业发展、增强地区经济竞争力、缩小城乡差距以促进民族团结、促进农村牧区国民经济发展等四个方面阐述了内蒙古草原牧区实现三产融合对内蒙古经济可持续发展的重大意义。二是从产业融合概念及发展进程、产业融合的类型、国外牧区经济发展现状、国外牧区可持续发展政策和经验以及在生态保护的基础上如何发展草地畜牧业和开发附加值高的畜产品等方面阐述了国外三产融合与经济可持续发展的研究现状。三是结合国内学者对三产融合内涵、影响因素、实现途径、模式类型、研究的不足、政府的指导意见，以及对国内草原牧区可持续研究状况、影响牧区可持续发展的因素等的分析，阐述了国内草原牧区三产融合和可持续发展研究现状。

第五章，我国农村产业融合发展的历程回顾和动因分析。阐述了中华人民共和国成立以后我国以及内蒙古自治区产业融合的基本历程。1956 年中央正式提出“农业现代化”，实现了一产化；1958 年人民公社的建立实现了一二产业初步融合，并经过十年左右的发展，到 20 世纪 80 年代改革开放初期，一二产业融合已经发展到了高级阶段，政府开始引导从计划经济向市场经济转向；到 20 世纪 90 年代，出现了贸工农、产加销等一系列产业融合模式。随着新世纪的到来，中央提出城镇化发展战略，这为草原牧区三产融合发展提供了更有利的条件。并通过对制度变迁历程的梳理，总结了不同阶段的产业融合特点和动因分析，为进一步分析三产融合在内蒙古草原牧区的实施提供了历史依据。

第六章，三产融合的内在逻辑与评价指标构建。内蒙古草原牧区作为我国牧区的典型代表，它拥有与农区、山区、工业区等迥然不同的自然、经济、人文和社会环境，有着自身特殊的发展规律。如何科学准确地掌控草原牧区当前的发展进程，衡量其发展是否符合规律，是否符合可持续发展的规律，是当前亟待解决的核心问题。能否解决这一核心问题，关键取决于能否建立一套科学、有效的综合评价体系。通过深入考察内蒙古自治区促进草原牧区三产融合和经济可持续发展的成功模式以及可借鉴的若干经验，形成三产融合的指标体系，进而构建了内蒙古农村牧区三产融合的评价模型，使得农村牧区三产融合的效果和质量可以衡量、可以评价。

第七章，内蒙古自治区草原牧区三产融合的现状与问题。本章在实地调研的基础上，列举了内蒙古自治区产业发展融合的不同模式和不同利益联结组织。比如：产业融合模式包括种养结合型、链条延伸型、功能拓展型、技术渗透型以及多元复合型等三产融合类型。通过产业融合又催生了各种不同的利益联结组织。比如：订单合同型、股份合作型、技术资本服务型等等。通过对现状的描述，指出内蒙古自治区草原牧区三产融合还存在诸如产业融合发展层次较低、产业融合存在要素瓶颈约束、产业融合主体带动能力较弱、龙头企业规模较小、带动能力不强、龙头企业与牧户的利益联结机制不健全、投入机制不健全、资金短缺问题突出、资源优势未能转化为经济优势等问题。

第八章，内蒙古自治区三产融合实证分析。本章通过重点研究典型旗县产业和龙头企业的发展情况，列举了内蒙古自治区在第一、第二和第三产业发展上极具代表性并对其他产业发挥巨大辐射带动作用的旗县和企业。通过对企业参与、产业融合升级、牧民增收、生态环境良好的典型模式的解析，探索三产融合战略环境下产业发展的新模式，促进牧区由传统牧业为主的初级单一型产业结构向以生态牧业、生态工业、生态旅游业等有机融合发展的多层次产业结构转化。既可以拓展牧区就业渠道，又可以拓宽牧民的收入来源，实现农牧民收入持续稳定增长，形成良性的牧区生态与经济发展共存共生关系，为农村牧区产业融合、现代化牧区建设提供可借鉴的模式。

第九章，农村产业融合发展的国际经验与启示。本章从国外三产融合发展比较成功的国家中，选出具有典型模式的美国、日本、韩国、荷兰等国家的三产融合模式和经验。并以此为依托，总结出各自的特点和优势。结合我国特别是内蒙古自治区草原牧区的特点，论述了在内蒙古自治区草原牧区发展三产融合应该注意的问题和努力方向。

第十章，内蒙古自治区草原牧区三产融合的政策建议。目前，虽然国家制定了一系列支持牧区发展的相关产业政策，但与农区相比，政策的作用机制仍有许多不完善之处。内蒙古作为全国五大牧区之首，产业政策的制定对牧区产业结构调整、转型、升级乃至融合具有重要的现实意义。本章为牧区产业发展政策的制定提供了建议，为修订、完善现有牧区产业发展政策，促进我国牧区产业与经济可持续发展提供有力支撑。通过分析，探索产业发展和融合的新模式、新办法，提炼出内蒙古草原牧区产业发展的基本格局和典型模式，形成可操作和可推广的政策建议，更好地服务于产业转型升级和经济可持续发展。

1.4 研究价值

1.4.1 理论价值

内蒙古自治区草原牧区三产融合和可持续发展研究的理论价值体现在以下三

个方面。一是基于国家近期出台对牧业发展的政策精神，明确三产融合和可持续发展的构念内涵、特征、理论模型，建构内蒙古自治区草原牧区三产融合和可持续发展的指标评价体系。二是深入内蒙古自治区草原牧区，深入调研三产融合和可持续发展的基础现状和凸显的问题，为三产融和发展模式的形成和升级提供必要依据。三是客观认识内蒙古自治区草原牧区三产融合和可持续发展的形势和发展趋势，立足现有政策和基本发展思路，形成扶持三产融合和可持续发展的有效策略，形成符合发展实际的、可推广的新模式。

1.4.2 应用价值

内蒙古自治区草原牧区三产融合和可持续发展研究的应用价值体现在以下四个方面。一是系统客观全面梳理内蒙古自治区草原牧区产业发展情况，摸清底数。内蒙古草原牧区作为最大的具有完整生态边界的牧区战略发展单元，尽管已受到一定关注，但具体的牧区发展战略尚待完善，这也导致草原牧区总体产业发展仍然相对滞后。牧区与非牧区之间、牧业与其他产业之间、牧区城乡之间差距不断拉大。与此同时，牧区草地遭到破坏，退化、沙化问题严重，草地生产力不断降低，经济可持续发展的基础和支撑平台仍待进一步完善。本书从实际出发，系统客观全面梳理内蒙古自治区草原牧区产业发展情况，摸清产业发展和重点企业发展底数，为进一步实现三产融合和经济可持续发展战略奠定基础。二是研究牧区典型旗县的产业和龙头企业现状，总结三产融合的典型模式。通过重点研究典型旗县产业和龙头企业的发展情况，建立企业积极参与、产业融合升级、牧民增收致富、生态环境良好的典型模式。通过案例分析，探索三产融合战略环境下产业发展的新模式，促进牧区从以传统牧业为主的初级单一型产业结构向以生态牧业、生态工业、生态旅游业为主的多层次有机融合的产业结构转化。既可以拓展牧区就业渠道，又可以实现牧民收入来源的多元化。最终形成良性循环的生态与经济和谐共生的关系，为牧区产业融合、现代化牧区建设提供可借鉴的模式。三是为国家制定草原牧区产业发展政策提供咨询建议。目前，国家虽然制定了一系列相关产业政策支持牧区发展，但是与农区相比，政策的作用机制仍有许多不完善之处。内蒙古自治区草原牧区作为全国五大牧区之首，产业政策的制定对牧区产业结构调整、产业转型、产业升级乃至产业融合都具有重要的现实意义。因此，本研究可以为草原牧区产业可持续发展提供政策建议，为修订、完善现有牧区产业发展政策，促进我国牧区产业与经济可持续发展提供有力支撑。四是为内蒙古牧区产业发展提供具体的、可供实施的政策建议。本书通过构建三产融合评价指标体系和评价模型，分析评价内蒙古牧区三产的总体情况，并选取典型旗县和企业进行案例分析，探索产业发展和融合的新模式、新办法，提炼出内蒙古自治区草原牧区产业的基本格局和典型模式，形成内蒙古自治区草原牧区产业发展可操作和可推广的政策建议，更好地服务内蒙古牧区产业转型升级和经济可持续发展。

1.5 研究对象

本书旨在研究草原牧区三产融合和可持续发展问题，重点以内蒙古牧区旗县作为研究对象。草原牧区是指草原面积较大，或草原畜牧业经济在农业经济中所占比重相对较大的地区，也指以草原为依托，通过养殖草食牲畜，将丰富的草资源转化为畜牧产品的地区，比如内蒙古、新疆、西藏、青海等几个牧业省区。

内蒙古草原牧区面积居全国五大牧区之首，其草原面积多达 13.2 亿亩，是全国五大牧区草原面积总和的 30%，是全国草原面积总和的 22%，其草原面积占内蒙古国土总面积的 74%。《内蒙古统计年鉴 2015》显示，内蒙古自治区纯牧业旗县 33 个，半牧业旗县 21 个，牧区旗县和半牧区旗县总数占全国牧区、半牧区旗县的五分之一。[①] 以内蒙古自治区草原牧区旗县的产业发展过程为样本，进行深入全面的分析，研究对象具有一定的代表性，其研究结果具有一定的可行性。

表 1-1 内蒙古自治区牧区旗县一览表

牧区盟市	辖旗县数量	牧区旗县
包头市	1	达尔罕茂明安联合旗
呼伦贝尔市	4	鄂温克族自治旗、新巴尔虎右旗、新巴尔虎左旗、陈巴尔虎旗
兴安盟	1	科尔沁右翼中旗
通辽市	3	科尔沁左翼中旗、科尔沁左翼后旗、扎鲁特旗
赤峰市	5	阿鲁科尔沁旗、巴林左旗、巴林右旗、克什克腾旗、翁牛特旗
锡林郭勒盟	9	锡林浩特市、阿巴嘎旗、苏尼特左旗、苏尼特右旗、东乌珠穆沁旗、正镶白旗、西乌珠穆沁旗、镶黄旗、正蓝旗

① 高鸿雁、刘辉、张莉莉：《内蒙古草原畜牧业可持续发展浅思》，载《北方经济》，67～69 页，2012（15）。

续表

牧区盟市	辖旗县数量	牧区旗县
乌兰察布市	1	四子王旗
鄂尔多斯市	4	鄂托克前旗、鄂托克旗、杭锦旗、乌审旗
巴彦淖尔市	2	乌拉特中旗、乌拉特后旗
阿拉善盟	3	阿拉善左旗、阿拉善右旗、额济纳旗

草原牧区实施三产融合，产业组织优化是关键，制度健全是保障。本书基于解决现实问题的需要，探究影响草原牧区产业发展的制度成因，构建内蒙古自治区草原牧区三产融合评价指标体系，并重点从三产融合与可持续发展的关系，内蒙古自治区草原牧区三产融合的发展历程和特点，现状与问题，典型案例以及国外的经验及其启示等不同层面探索了内蒙古自治区草原牧区三产融合的路径，并提出了相关的政策建议。

1.6 研究方法

第一，田野调查法。本书分别以内蒙古自治区一二产业融合、二三产业融合、一三产业融合以及一二三产业融合较为成功的相关牧区旗县和相关龙头企业为典型对象进行了田野调查。笔者走访了自治区农牧业厅和相关旗县农牧科技局、旅游发展委员会等部门，考察了伊利集团、蒙牛集团等知名龙头企业，访谈了重要专家领导，调查了牧户、合作社和企业经营状况，得到了详实的数据资料，为研究奠定了数据基础。通过调查研究，理清了内蒙古自治区草原牧区产业融合发展的轨迹、相应的主要措施和取得的成效，发现了亟待解决的问题。通过调查研究，了解了基层广大牧民在产业发展、生活改善、基础设施建设等方面的诉求，有利于将其同相关专家的意见结合起来，提出更有针对性和可行性的政策建议。

第二，比较分析法。比较分析法包括横向比较和纵向比较。横向上看，通过与美国、韩国、日本、荷兰等国的对比，反映出内蒙古草原牧区地广人稀、边境线长以及在计划经济时代形成的传统思维定势等特点。纵向上看，新中国成立特别是 1956 年以来，中国经济在不同发展阶段都呈现出不同的产业融合模式，通过对每个阶段的比较分析，探索进入新时代的内蒙古自治区草原牧区三产融合的新模式。通过横向、纵向的对比，使问题分析更清晰，对策建议更具体。

第三，文献研究法。在确定选题之后，本书作者通过图书馆、互联网及相关期刊查找到大量有关“草原牧区产业融合”以及“牧区产业化”发展的研究成果和历史资料，将其归类分析，在此基础上撰写了研究综述。同时提出了需要进一步研究的问题，并据此设计了研究框架，最后确定研究的重点在于建立内蒙古自治区草原牧区三产融合的指标评价体系和提出相关政策建议，并进一步对草原牧区的产业制度完善、产业组织优化、畜牧业转型升级及草原牧区可持续发展进行深入的分析。

第四，定量分析与定性分析相结合。定量分析，就是以数字化符号为基础去测度所分析的对象，对分析对象的特征按照一个标准进行比较，来测度分析对象的特征数值，或求出某些要素间的变化规律。本书对牧区旗县经济指标和产业融合指标评价体系构建的研究，就是建立在大量数据分析的基础上。定性分析方法是根据一定的社会现象或不同事物所具有的不同属性及其发展中的矛盾变化，从内在规律性来研究事物的一种方法。它通常以公理、演绎逻辑和大量历史事实为分析基础，从事物的矛盾出发，描述、阐释所研究的对象。全书对内蒙古草原牧区三产融合的定性研究，以新制度经济学理论、产业制度理论和可持续发展理论为指导，以牧区实地调研经验和国内外三产融合的成功案例为基础，研究草原牧区三产融合的主要问题。

1.7 研究思路

草原牧区的可持续发展，关键是要优化产业结构，延长产业链，实现第一、二、三产业融合发展。只有不断促进产业融合，增加农牧产品附加值，才能实现草原牧区脱贫致富、同步小康。基于以上认识，形成了本书的研究思路。一是梳理国内外三产融合和草原牧区产业化发展以及可持续发展的研究成果，去粗取精、去伪存真，并结合草原牧区的实际情况加以吸收，找出值得研究的问题。二是选定典型的草原牧区旗县和典型企业，开展深入的田野调查，并与当地主管部门的工作人员和牧民交谈，了解真实的生产情况、存在的问题和合理诉求。三是从三产融合与可持续发展的关系、三产融合的发展历程、三产融合的现状以及存在的问题等方面对内蒙古草原牧区三产融合的可持续发展进行深入研究，生成草原牧区三产融合的指标评价体系，并提出相关政策建议，希望对内蒙古自治区草原牧区产业融合的可持续发展有所帮助。

2 新制度经济学与可持续发展理论梳理与评析

草原牧区实施三产融合是产业制度的创新，是产业链的延伸和整合，属于制度选择的研究范畴，并且事关我国农牧业的长期可持续发展。本章重点依托新制度经济学的基本理论、产业链理论以及可持续发展等相关理论，对草原牧区为何以及如何实施三产融合的产业制度提出了充分的理论和现实依据。因此，有必要对新制度经济学理论、产业链理论和可持续发展理论进行理论梳理，为后文的研究打下坚实的理论基础。本章涉及的新制度经济学理论主要包括交易费用理论、产权理论、现代契约理论、合理与互惠理论和分工理论；产业链理论主要包括产业结构优化升级理论、产业链延伸理论和价值链理论、农业多功能性理论、产业集群理论等；可持续发展理论主要指可持续发展的原则、内涵。

2.1 新制度经济学理论

新制度经济学就是在研究制度的过程中，大量使用经济学的方法。在制度经济学的代表人物科斯、诺斯之前，已经有人把制度作为经济学的研究对象了，最早把制度作为经济学研究对象的有约翰·康芒斯（John R. Commons）、约翰·加尔布雷德（John Galbraith）等。他们都是美国制度主义的代表人物，都主张和强调对制度的研究。

在科斯看来，分析制度的构成和运行过程时，要充分利用正统经济理论，通过研究发现这些制度在经济社会发展中的地位和作用，这就是新制度经济学。新制度经济学大大拓展了经济学的研究范围，而且促使人们思考经济学的研究范围到底是什么。①

制度分析是马克思在分析资本主义经济时使用的基本方法之一，其实质是对

① 盛洪、陈郁：《科斯的新制度经济理论》，载《世界经济研究》，1990（4）。

人的行为、对利益矛盾和对人与人之间关系的分析的总称。

新制度经济学是在经济全球化的背景下产生和发展的。近些年来，国际合作领域日益拓宽，国际竞争日趋激烈，这种竞争在很大程度上也是不同制度体系之间的竞争。在全世界范围内，一些发达国家在总结推动其经济增长的因素当中，把制度规则放在比较重要的位置。同时那些发展较慢的国家则开始努力效仿成功国家的制度，国家之间的竞争在很大程度上也是制度之间的竞争。尽管地区之间、国家之间制度的竞争是隐性的，但它却是客观存在的，并将随着国际化程度的加深而愈来愈激烈。

本书所研究的三产融合，实质上就是对产业制度的设计和选择。当前中国正处在经济转型发展和全面深化改革的重要关口，制度的选择将直接影响经济社会的可持续发展。

2.1.1 交易费用理论

交易费用是新制度经济学的核心范畴，交易费用思想最早来自科斯（1937）。阿罗（1969）是第一个使用“交易费用”这个术语的人，威廉姆森则系统研究了交易费用理论。交易费用经济学也就是新制度经济学，如果没有交易费用理论也就没有新制度经济学。[①] 在交易费用为零的情况下，我们就回到了新古典经济学的世界。正是因为有交易费用的存在，制度的重要性才显示出来，现实经济世界里没有交易费用的情形是不存在的。正因如此，才体现了新制度经济学的重要意义，这也正是近年来，新制度经济学逐渐成为显学且越来越火的原因。

从制度费用层次来讲，阿罗、张五常等人将交易费用的概念扩展为“制度费用”。包括信息费、谈判费、起草和实施合同的费用、界定产权的费用、监督和管理费用和改变制度安排的费用。[②] 也就是说，交易费用包括一切不直接发生在物质生产过程中的费用（张五常，2000）。

交易费用的大小主要取决于分工、经济发展水平、产业结构的转换和制度等因素。在市场经济体制下，分工越来越细，交易的层次也越来越多。亚当·斯密在《国富论》中研究了交换引起分工和专业化，从而大大提高生产率的情况，

---

① 卢现祥、朱巧玲：《交易费用测量的两个层次及其相互关系研究述评》，载《数量经济技术经济研究》，97~108 页，2006（7）。

② 魏崇辉：《新制度经济学的意识形态理论本质——基于构建基础与引入根由视角》，载《学术交流》，97~101 页，2011（10）。

探讨了分工与市场范围的关系，认为“分工受市场范围的限制”。斯密定理的具体含义是，只有当某种产品或服务的需求随市场的扩大而增长到一定程度时，专业生产者才能真正出现和存在。[①] 随着市场的扩大，分工和专业化的程度将继续提高。亚当·斯密这种表述存在一定的局限性。历史上，分工及专业化的发展严重地受交易费用提高的制约。亚当·斯密只看到了分工及专业化与市场范围的关系，而没有发现分工及专业化与交易费用的关系这个更深层次的问题。同时，不同时期交易费用结构存在很大差异。在早期，私人之间的交易费用占有较大比例；随着社会经济的发展，公共部门交易费用不断增加，并且替代了前者的部分功能，具有规模经济效应。政治制度重构产权的成本不断降低，这是因为过去私人之间的产权交易变为政府作为第三方参与的产权交易，大大减少了不确定性和矛盾，但也增加了其他经济部门的交易成本[②]。

本书研究的三产融合既涉及专业分工，也涉及产业结构转换，还包含了体制和制度等问题。这些对于降低交易费用都将起到至关重要的作用。

2.1.2 产权理论

关于产权的定义有很多种，在《大不列颠百科全书》中，产权是指法定权利客体，它将占有和财富结合在一起，通常强烈暗示个人所有权。在法律上，这个词指人与人之间对物的法律关系的总和。[③] 在另一部权威的经济学词典《新帕尔格雷夫经济学大辞典》中，产权被定义为通过社会强制达到对某种经济项目的多用途使用。除此之外，还有人把产权视为人们对物的使用所引起的相互关系，即一种人与人之间的基本关系。[④] 综上，产权是指由物的存在及关于它的使用所引起的人们之间互相认可的行为关系。

在一个资源充裕的世界里，产权是不起作用的。然而，资源稀缺是人类经济社会发展的基本现状，任何人的行为都受资源的制约。如果没有规定人们获取资源的竞争条件和方法，就会发生关于稀缺资源的利益冲突，并且不会进行基于产

① ［英］亚当·斯密著，凡禹译：《国富论》，上海，立信会计出版社，2012。

② 卢现祥、朱巧玲：《交易费用测量的两个层次及其相互关系研究述评》，载《数量经济技术经济研究》，97~108页，2006（7）。

③ 邓绍根：《记〈大不列颠百科全书〉在中国的首次销售》，载《出版发行研究》，78~80页，2004（2）。

④ 史蒂文·N. 杜尔劳夫、劳伦斯·E. 布卢姆主编：《新帕尔格雷夫经济学大辞典（第二版）》，北京，科学出版社，2016。

权定义的交易活动。因此，产权制度对资源使用决策的动机产生重要影响，从而影响经济行为和经济绩效。

在本书研究的三产融合产业制度当中，第一、第二和第三产业由原来各自为战转变为融合发展，逐渐模糊各产业之间的界限。在这种转变过程中，首要解决的问题就是产权问题。在第一、第二和第三产业中，农牧业的利润空间最小，也属弱势群体，在这种情况下，为了避免企大伤农、店大欺农，必须要对产权严格规范，充分发挥产权的功能。

一是产权的激励和约束功能。产权经济学的一个共同特征是强调了产权、激励与经济行为的内在关系。对未来产权确定度决定人们对财富种类和数量的积累。产权的激励功能是通过利益机制得以实现的，如果产权受到威胁和没收，就会造成人们对未来预期的不确定性。① 如果获取未来利益的概率较小，要求得到或创造资产的人就会很少，生产性资产的价值也会大大降低。同时，明确的产权将使所有者能够将他的努力成果转移给他的后代。正如孟子所说："有恒产者有恒心。"

约束和激励是相辅相成的，实际上，约束是一种负激励。我们知道，产权关系既是一种利益关系，也是一种责任关系。从利益关系说是一种激励，从责任关系说则是一种约束。如果只有利益而没有责任，或者只有激励而没有约束，产权就不能发挥应有的作用。良好界定的产权限制人们使用资产的方式，要求人们对他们行动或不行动的结果负责，产权是其中的重要因素。此外产权界定保证人们以某种方式承担其行为的成本。产权不清晰，责任就无法明确。一个明显的例子，在产权没有明确界定的情况下，对森林的乱砍滥伐将导致生态失衡、水土流失，因为这里只有利益而没有责任。因此，产权的约束功能表现为产权的责任约束，即在界定产权时，要明确当事人的利益和责任以便明确界定什么可以做，什么不可以做，使其了解侵权的后果和代价。由此，产权主体或当事人会更加自律。②

二是外部性内在化。外部性最典型的例子是所谓的烟尘。在对外部性的处理方面，传统经济学家庇古主张政府干预外部性（危害），而科斯等产权经济学家则提倡通过产权谈判和界定，使得外部性问题内在化。产权方法强调外部性与识

① 王凯军：《现代西方产权理论研究综述》，载《合作经济与科技》，53~54页，2015（20）。

② 黄明辉：《产权与资源配置、经济增长之关系探讨》，载《黔南民族师范学院学报》，56~60页，2007（2）。

别、交换、监督或执行产权的成本相关联，高交易成本导致显着的外部性。①②在产权经济学家看来，只有当内化的收入大于内化的成本时，产权的发展才有利于外部性的内在化。美国经济学家德姆塞茨指出：产权的主要功能之一是引导人们实现外部性的内在化。例如，在欧洲封建社会中将农奴转变为自由人是对财产权和外部性内在化的重新定义。我们知道，由于农奴对庄园主有人身依附关系，庄园主在使用农奴劳动时并没有支付农奴劳动的全部成本，而只支付了工资。如果农奴是自由人，那么他们可以与庄园谈判并要求庄园根据自由人的预期报酬向他们支付自由补偿。通过这种方式，所有者使用农奴劳动力的成本在计算中被内化。可见，产权在将外部性内在化的过程中所起的作用是十分明显的。

三是资源配置功能。产权与经济选择之间存在着系统关系，新产权方法的核心任务是要展示产权内容如何以特定和可预测的方式影响资源分配和使用。当其他条件不变时，任何物品的交换价值都取决于交易中所包含的产权束，资源中包含的产权将进入决策者的效用函数，产权制度的变化不可避免地影响人们的行为方式，并间接影响到资源配置、产出的构成和收入分配等。③

产权经济学家认为，相对于共有产权而言，私有产权的资源配置效率更高，正如美国经济学家阿尔钦所言：除私有产权外的其他产权都降低了资源的使用价值额与市场所反映的价值额的一致性。一方面，如果共同所有权意味着每个可自由使用的用户可以平等地分享或获得平均报酬，这将不可避免地导致过度使用资源，例如过度捕捞公海或河流中的鱼类资源。另一方面，如果共享产权意味着现有用户可以阻止更多用户，那么当现有成员最大化其平均生产（而不是边际生产）时，结果将更少。但我们不能误解为私有财产权绝对优于共有财产权，因为并非所有资源都可以通过私有财产权得到令人满意的控制，空气、水、电磁辐射、噪音只是其中的几个例子。因此，人们设计了其他形式的产权。④

可见，不同性质的资源必须具有不同形式的产权，只有适当的产权安排才是有效利用和优化生产资源分配的先决条件，事实证明了这一点。

① 王凯军：《现代西方产权理论研究综述》，载《合作经济与科技》，53~54页，2015（20）。

② 王晓征：《对需求定理反例的探讨》，载《时代金融》，245页，247页，2016（26）。

③ 袁庆明：《新制度经济学》，北京，中国发展出版社，2005。

④ 马诗经：《产权制度与市场机制》，载《财经研究》，1994（10）。

2.1.3 现代契约理论

现代契约经济学是由西方经济学家在20世纪70年代末创立的。它是在新古典契约理论基础上发展起来的最新契约经济理论。现代契约经济学的形成和发展经历了两个重要阶段：委托—代理契约理论阶段和信息不对称下的不完全契约理论阶段。

首先是委托—代理契约理论。在新古典的契约理论中，每一份契约都是完全契约。新古典的交易以人的完全理性、完全信息为基础，在完全竞争的市场中签订，不存在外部性，不需要交易费用，所有信息都可以通过市场的价格反映出来。因此，这样的契约是完全契约。如果放松完全信息的假设条件，这就是信息不对称条件下的契约选择。①

在现实的经济活动中，委托—代理关系无处不在，例如经理代表股东管理公司、律师给当事人提供服务、政府向市民征税等。委托—代理关系是人们在经济活动中的一种契约关系。在这种契约关系中，为了协调双方的利益，委托人希望设计一种契约机制来授权代理人从事某些活动，并要求代理人为委托人的利益着想。这种契约机制要求代理人采取适当的行动，同时实现自身的效用最大化和委托人的效用最大化目标。这样的契约也是最优契约。②

之后是不完全契约理论（incomplete contract theory）。不完全契约的思想源于科斯1937年的《企业的性质》一文。现阶段有两个不完全契约理论的分支：一是威廉姆森交易费用学派；另一支是以哈特为代表的新产权学派。③

契约当事人可供选择的对象是给定的，每种可供选择的结果的概率分布是已知的。这样，他就能够把所有的信息综合在单一的效用函数中，从而得出最优契约的结果。可是，在实际经济生活中，尽管人的行为选择是理性的，但人的理性选择不是完全的，而是有限的。

正是由于人的有限理性（bounded rationality）、交易成本、信息不对称、语言使用的模糊性等原因，才导致契约的不完全。④

---

① 杨一容：《基于制度短板的生态旅游资源补偿机制研究》，厦门，厦门大学硕士学位论文，2009。

② 袁庆明：《新制度经济学》，北京，中国发展出版社，2005。

③ BATTIGALLI P，MAGGI G 2003. *International agreements on product standard：an incomplete contracting theory*［M］. National Bureau of Economic Research Cambridge，Mass.，USA.

④ JONES B D. *Bounded rationality*［J］. *Annual review of political science*，19992（1）：297-321

2.1.4 合作与互惠理论

传统经济学强调经济当事人之间的竞争，忽略了合作与互惠。如果竞争能带来活力和效率，那么合作、互惠可以带来和谐与效率。事实上，竞争与合作是矛盾的统一体。在这个意义上，制度的功能是调节人们之间的相互关系，降低成本和信息的不确定性，最大限度地减少妨碍合作的因素，并创造合作条件，从而实现“合作盈余”。

到目前为止，国外有许多文献研究“互惠”问题。这些文献发现，个人在做经济决策时，也会表现出“互惠”倾向。即人们愿意牺牲自己的物质利益去帮助友善的人，愿意牺牲自己的物质利益去惩罚刻薄的人。这一事实与新古典经济学的“经济人”假设不一致，后者追求物质利益的最大化，并与新制度经济学中人类双重动机的假设相一致。追求物质利益的最大化，同时追求非物质利益的最大化。“互惠”的出现可以支持大量的合作行为。合作问题是传统经济学所忽视的问题，而恰恰是新制度经济学的问题。①

2.1.5 分工理论

分工协作理论的发展源远流长。分工在原始社会就存在，通过分工这种组织劳动的方式，大大提高了人们的劳动效率。在《理想国》中，柏拉图就论述到分工取决于人的先天禀赋，它对社会福利的增进有益处。亚当·斯密在《国民财富的性质和原因的研究》中指出，人与人之间存在交换的需求导致了分工的出现，并以扣针制造为例论述了分工可提高劳动生产力，进而促进社会普遍富裕。② 他还指出农业生产力的增进低于制造业生产力增进的原因是农业不能采用完全的分工制度。马克思对亚当·斯密的分工理论做了补充和发展。他认为分工不仅提高了生产力，也创造了生产力。分工提高生产效率的原因除了因工人反复进行同一工序熟能生巧之外，最重要的原因是协作，协作能节约非生产费用。马克思还对分工进行了分类，即个别分工、特殊分工、一般分工三种类型。第一种是生产单位内部分工，后两种是社会内部分工。

关于分工和产业融合的关系，周振华和姜奇平曾做过一些论述。周振华

① 卢现祥：《论互惠制度》，载《江汉论坛》，23~28 页，2008（8）。

② 亚当·斯密：《国民财富的性质和原因的研究》，北京，中国社会出版社，2000。

(2003) 对产业融合做了三项基本规定：一是产业融合不是产业“统一”；二是产业融合不是产业重叠；三是产业融合是产业分工模式中的一种。产业融合是在生产力高度发展、产业高度分工的基础上发展起来的，是有分工的统一，是在原有产业边界发生部分重叠和交叉的基础上进行的重新分工。在信息文明快速发展的今天，融合会成为社会财富增长的根本来源。[①] 姜奇平（2000）认为，融合通过生产者和消费者的合一减少了中间环节，减低了中间费用。他从产业层次上对产业融合和分工关系进行了三点描述。一是融合和分工在同一层面上是对立的，但在不同层面上未必对立；二是产业融合只是同一产业内部分企业的融合，其他企业在新的融合产业内部充当内部化分工的角色；三是在产业融合过程中，若内部协调成本大于分工产生的交易成本，则融合会停止。[②③] 这些学者的研究表明，分工曾是社会财富迅速积累的根本来源，但随着经济的发展，市场的大小和交易成本的大小使得分工存在一定局限，而产业融合可以打破这一局限，产业融合最初体现为产业集群现象。

2.2 产业结构优化升级

产业结构优化升级，包括了产业结构的高度化和合理化两方面内容。产业结构高度化，要求在现行产业政策的指导下，产业结构系统根据产业结构演化规律，不断从低级向高级演进，从而实现不断高度化的过程。产业结构合理化，则是从本质上反映出一个产业结构系统的聚合质量，它具体表现为系统的产出应该符合市场需求，同时对各产业之间的协调、资源的转换效率都提出了新的要求。产业结构高度化和合理化，是相辅相成的两各方面。合理化是高度化的基础，没有产业结构的合理化，高度化则不具备基础条件，非但达不到产业结构高度化，还有可能发生结构的逆转。而产业结构的高度化则是合理化的结果，结构合理化的任务就是向高度化推进。失去了这一目的，合理化就失去了研究的意义。[④]

在探讨产业结构的升级模式时，技术创新是学术界目前关注的焦点。提倡通

---

① 周振华：《产业融合：产业发展及经济增长的新动力》，载《中国工业经济》，46~52页，2003(4)。

② 姜奇平：《网络治道——Governance：用市场方式管理政府和企业（上）》，载《互联网周刊》，45~46页，2000b（48）。

③ 姜奇平：《网络治道——Governance：用市场方式管理政府和企业（下）》，载《互联网周刊》，47~48页，2000a（49）。

④ 刘贵富：《产业链基本理论研究》，长春，吉林大学博士学位论文，2006。

过新兴产业的创新和对传统产业的改造，来提升我国现有的产业结构。以这一观点为基础，学术界提出了四种优化模式。一是资源重组模式，出发点是1912年经济学家熊彼特发表的《经济发展理论》，在这部书中熊彼特首先提出了“创新理论”。在他看来所谓的创新就是生产要素的重新组合，包括以下五种情形，即：采用一种新产品，采用一种新方法，开辟一种新市场，控制原材料或半成品的一种新供应来源，实现任何一种工业的新组织。二是产业提升模式，其倡导以信息技术改造传统产业，例如引进先进的设备、制造系统CAD/CIMS来提升产业的科技含量，从而实现初级产成品向附加值高的产成品、高科技产品的转换。三是产业跨越模式，认为重大科技突破和技术创新往往能够创新一个新产业，或者在原有产业中通过创新促使主导产业跃升到一流水平，从而带动整个产业技术系统的大幅度跨越，最终实现通过一个达到或领先国际水平的产业来带动整个产业系统的提升。四是产业集群化模式，源于经济学家波特对国家创新系统中的集群现象进行的广泛分析，他认为大多数国家的产业是由企业群而不是单一的企业个体组成的，主要的技术创新者通常在同一个城市或地区。以上四种模式探讨将焦点都聚集到通过技术创新来提升产业层次。不可否认，技术创新是促使产业不断由低级向高级演进的决定性手段，然而针对现有的资源配置与利用情况，技术创新在实现产业结构合理化过程中的作用还不够明显。①

2.2.1 产业链延伸理论

对产业链的研究始于17世纪中后期，早期焦点是从宏观角度讨论劳动分工、专业化对经济发展的意义。当代中国经济学界对这一领域进行了进一步的研究探索。卢明华和杨小兵提出，产业链是认识和判断产业各环节竞争能力、确定产业竞争力与优势的有力工具，也为政府的战略决策提供了一种思维方法。在微观方面，冯炳英分析了企业控制产业链上下游或产业链关键环节的重要性，论述了产业链的整合可以降低企业的交易成本，消除市场压制，带来产业协同效应，促进技术转移和技术扩散，优化资源配置。产业链是产业层次和产业关联度以及资源加工深度的表达。

从产业链角度来研究产业结构的优化升级，一方面要求引入新的技术和各投入要素，通过延伸产业链来实现产品的深加工，进而推动产业价值链向高附加值

① ［美］约瑟夫·熊彼特著，王永胜译：《经济发展理论》，上海，立信会计出版社，2017。

区域延伸，进而推动产业的高端化进程。此外，从链条间供给关系来进行产业部门间的整合，精简结构臃肿行业的企业数量并引导衰退行业逐渐退出市场，实现资源的优化配置和生产能力的集中，最终达到产业结构的合理化。①

2.2.2 价值链理论

价值链概念最早由 Porter 提出并应用于分析企业行为和竞争优势。他认为，公司的价值创造过程主要是通过基本活动（包括生产、营销、运输、售后服务等）和支持活动（包括原材料供应、技术、人力资源和财务等）完成的。② 这个过程是相互关联的，它构成了公司价值创造的行为链，即所谓的价值链。在同一时期，Kogut 认为，价值链基本上是一个过程，在这个过程中，技术材料和劳动力结合起来形成各种输入环节，然后将这些环节结合起来，通过组装形成最终产品，最后通过市场交易。从本质上说价值链是一系列生产创造活动的总和，这些活动通过信息流、物流和资金流联系在一起。总之，产业链的本质就是价值链，一切围绕产业链所进行的讨论，其核心还是对价值形成和流转的研究。然而价值在产业原材料经过逐级加工直至消费者手上的过程中，分布并不是均匀的。在产业链中，价值转移和创造并逐级增加的整个过程就形成了产业价值链。

2.2.3 农业多功能性理论

农业多功能性研究源于日本"稻米文化"，为了保护和传承其"稻米文化"，日本于 20 世纪 80 年代末提出农业多功能性问题。经济合作与发展组织农业委员会于 1998 年首先提出农业多功能性（Agricultural Multi-Furntionality）概念，突破传统农业的思维框架，强调农业生产对于环境与乡村就业等非经济因素的影响，提出农业是具有社会、经济与环境多方面价值的初级产业，在提供粮食的基本功能外，农业还有塑造乡村景观、水土保持、再生性自然资源永续管理与维护生物多样性等环境利益，并具有维系乡村地区存活的社会利益。③

农业多功能性是指农业具有经济、生态、社会和文化等多方面的功能。一是满足人类生存和发展的粮食需要，确保食品安全，为工业发展提供优质充足的原

① 刘贵富：《产业链基本理论研究》，长春，吉林大学博士学位论文，2006。

② KAPLINSKY R，MORRIS M，2000. *A handbook for value chain research* [M]. University of Sussex，Institute of Development Studies Brighton.

③ 刘喜波、张雯、侯立白：《现代农业发展的理论体系综述》，载《生态经济》，98~102 页，2011 (8)。

料，生产具有国际贸易比较优势的产品，实现巨大的直接和间接经济效益。不仅如此，还有依赖于农业的不可估量的经济价值，如观光农业、体验农业、教育和农业。[①] 二是社会功能，主要体现在劳动就业和社会保障的功能上，促进社会发展。农业作为一种产业，可以容纳劳动力，而且农副产品的质量、数量和安全直接影响居民的健康状况和基本需求，涉及社会发展问题。在人口众多、经济发展不均衡的中国，农业的社会功能更加突出。三是政治功能，主要体现在农业在维护社会稳定中的作用。四是生态功能，主要体现在农业在支持和改善生态环境中的作用。农业的各种要素本身就是构成生态环境的主要因素。因此，农业的功能可以直接表现为生态功能。农业在维护生物多样性、防治自然灾害、保障二三产业正常运行、外部分解和消化其排放的负面影响等方面有着非常积极的效果。五是文化功能，主要表现在农业在保护文化多样性和提供教育、美学和休闲方面的作用。今天的农业发展是历史和文化的产物，它包含着丰富的文化资源。从这个意义上说，农业保护就是保护文化、保护文化的多样性。另一方面，农业对人们的教育、美学、世界观和人生观等价值观产生积极影响，有利于人与自然的和谐发展。

2.2.4 产业集群理论

迈克尔·波特于在 1990 年正式提出产业集群（Industrial Clusters）概念，同时提出产业集聚对规模经济的作用、对要素改变的影响，以及政府的政策作用与经济集聚的关系等重要命题。[②] 菲利普·库克在继承和拓展熊彼特创新理论的基础上，对知识经济条件下知识、学习与创新和产业集群的关系进行了探讨，从区域创新理论的视角，合理解释了全球化和信息技术高度发达背景下产业集群的创新模式和发展出路，并强调集体学习和隐性知识的重要作用。产业集群作为一种组织形式，其发展与产业结构调整、技术创新以及国家和地方经济发展的关系十分密切。[③]

① 姜卓简：《农村产业融合发展问题研究——以集安市人参产业融合发展为例》，吉林农业大学硕士学位论文，2018。

② IAMMARINO S，MCCANN P. *The structure and evolution of industrial clusters*：*Transactions*，*technology and knowledge spillovers* [J] . *Research policy*，200635（7）：1018-1036

③ 郑宏星：《国外产业集群文献评论：制度的视角》，载《沈阳师范大学学报》（社会科学版），5~8页，2008（3）。

一般认为，产业集群具有如下特征。一是集聚性，也就是说，地理邻近性和行业相关性。地理邻近性反映了构成产业集群的各个实体在空间上相邻，行业的相关性反映了各个实体之间固有的经济联系。空间集聚和产业联系使区域经济竞争形成了系统的整体功能。二是它具有竞争力。集聚区企业遵循“自然选择，优胜劣汰”的竞争法，竞争促使企业不断创新，竞争越激烈，集群越发展。三是一体化，集群是以某种产品、市场或生产要素为依托的经济联合体，企业之间是一种共生依存关系，上、下游产品之间联系紧密，生产和市场高度一体化。四是多样化，集群主要是中小型企业集群，操作灵活，适应性强，而适应市场的能力很强，则可以始终保持集群经济体系的多样性、稳定性和活力。五是生命周期性，产业集群遵循生命周期规律。

2.3 可持续发展理论

2.3.1 可持续发展的基本思想

可持续发展并不否定经济增长。经济发展是人类的生存和进步以及社会发展的物质保障。目前，发展中国家正面临着贫困和生态恶化的双重压力。贫困是环境退化的根本原因，生态恶化加剧了贫困程度。特别是在欠发达国家和地区，必须选择正确的能源和原材料使用方式，努力减少损失，消除浪费，减轻经济活动对环境造成的压力，实现经济的可持续增长。当前亟需站在保护环境特别是从保护存量资源的角度保护它们，逐步转变传统经济增长模型对可持续发展模式的影响。

可持续发展以自然资源为基础，强调环境承载力，追求人与自然的和谐。可持续性可以通过适当的经济手段、技术措施和政府干预来实现。其目的在于降低自然资源的消耗率，使其低于再生率。① 例如，形成有效的利润驱动机制，引导企业采用清洁流程，生产无污染项目；引导消费者采用可持续消费方式，推动生产方式改革。经济活动总会产生污染和浪费，但每单位经济活动产生的废物量可以减少。如果可以将经济因素纳入对环境因素的整体和系统考虑中，那么可持续发展是可以实现的。相反，如果处理不当，环境退化的代价将是巨大的，甚至抵

① 陈丽、杜诗劼、易廷辉、陈景春、杜静：《土地资源保护与可持续利用研究》，载《河南农业》，48页，51页，2018（8）。

消经济增长的影响。

可持续发展以提高生活质量为目标，适应社会进步。仅仅追求产值的增长并不能反映发展的内涵。学术界多年来就“增长”和“发展”的辩论达成了共识。“经济发展”比“经济增长”的概念更广泛、更深刻。如果社会经济结构不能改变，社会发展的一系列目标无法实现，就不能被认为是发展。

可持续发展是培育新的经济增长点的积极因素。总的来说，实施可持续发展来控制污染、保护环境、限制森林砍伐和浪费资源是实现经济社会高质量发展的积极因素。事实上，可持续发展的实施仅限于质量差、效率低的行业。在对这些产业做出一定限制的同时，为发展优质、高效、合理、可持续、健康发展的绿色产业提供了良好的机遇，并培育了大量新的经济增长点。①

2.3.2　可持续发展的原则

一是公平性原则。可持续发展的公平包含两层含义：一是代际公平，二是横向公平。可持续发展不仅要实现当代人之间的公平，而且要实现当代人与未来各代人之间的公平，这是可持续发展与传统发展模式的根本区别之一。公平性在传统发展模式中没有得到足够重视。理论上，后代应该拥有与当代人相同的权利。可持续性要求当代人考虑当下的需求和消费，还负责满足后代的需求和消费。因为与后代相比，当代人在资源开发和利用方面处于非竞争优势地位。世代之间的公平要求任何一代都不能处于支配地位，也就是说，每一代人都应该有相同的机会空间选择。

二是可持续性原则。这里的可持续性是指生态系统受到某种干扰时能保持其生产率的能力。资源环境是人类生存与发展的基础和条件，离开了资源环境就无从谈及人类的生存与发展。资源的可持续利用和生态系统的可持续性是人类社会可持续发展的首要条件。可持续性要求人们根据可持续发展条件调整自己的生活方式，并在生态限度内确定自己的消费标准。可持续发展的可持续性原则从一个方面反映了可持续发展的公平原则。②

三是和谐性原则。从广义上说，可持续发展就是要促进人类之间及人类与自

① 范柏乃、邓峰、马庆国：《可持续发展理论综述》，载《浙江社会科学》，41~45 页，1998（2）。

② 宋琳、刘文霞：《论科学发展观与可持续发展的关系》，载《中国集体经济》，191~192 页，2010（1）。

然之间的和谐。只有每个人在考虑和安排自己的行动时，都能考虑到这一行动对其他人（包括后代人）及生态环境的影响，并能遵循“和谐性”原则，可持续发展才能实现。

四是高效性原则。可持续发展的公平性原则、可持续性原则、和谐性原则实际上已经隐含了高效性原则。事实上，前三项原则已经构成了可持续发展高效性的基础。不同于传统经济学，这里的高效性不仅是根据其经济生产率来衡量，更重要的是根据人们的基本需求得到满足的程度来衡量，是人类总体发展的综合额的高效。

五是阶跃性原则。可持续发展旨在满足今世后代的需求。随着时间的推移和社会的不断发展，人类需求的内容和水平将不断拓展和提高，因此可持续发展本身意味着不断从较低层次向更高层次发展。①

2.3.3 可持续发展的内涵

首先是共同发展。地球是一个复杂的巨型系统，每个国家或地区都是这个巨大系统不可分割的子系统。该系统最基本的特征是其完整性。每个子系统都与其他子系统和行为交互。只要一个系统出现问题，就会影响其他系统的正常运行，甚至引起系统的整体突变。因此，可持续发展追求全面发展和协调发展，即共同发展。

二是协调发展。协调发展包括经济、社会、环境三大系统的整体协调，也包括世界、国家和地区三个空间层面的协调，还包括一个国家或地区经济与人口、资源、环境、社会以及内部各个阶层的协调，持续发展源于协调发展。

三是公平发展。可持续发展思想的公平发展包含两个维度：即时间维度和空间维度上的公平。时间维度上的公平是当代人的发展不能以损害后代人的发展能力为代价；空间维度上的公平是一个国家或地区的发展不能以损害其他国家或地区的发展能力为代价。

四是高效发展。可持续发展的效率不同于经济学的效率，可持续发展的效率既包括经济意义上的效率，也包含自然资源和环境的损益。因此，可持续发展思想的高效发展是指经济、社会、资源、环境、人口等协调下的高效率发展。②

① 龚胜生：《论可持续发展的区域性原则》，载《地理学与国土研究》，1999（2）。

② 范柏乃、邓峰、马庆国：《可持续发展理论综述》，载《浙江社会科学》，41~45页，1998（2）。

3　三产融合与可持续发展的关系

在我国国民经济所有产业中，最基础的产业莫过于农业。而以农牧业生产经营为主的广大草原牧区在大农业中的特殊地位是不可替代的，无论是在革命还是在建设的各个时期都对国民经济发展起到了重要的作用。党中央一直以来也非常重视草原牧区的工作，在不同历史时期都作出了重要决策和部署。[①] 党的十八大召开以后，以习近平同志为核心的党中央提出加强生态文明建设的战略部署，草原牧区工作也提高到了一个新的高度，使我国草原牧区建设呈现出一个崭新的局面。从现实情况来看，尽管从中央到地方各级党委、政府都对广大草原牧区的发展建设非常重视，既在政策的制定上给予优惠，也在资金投入上给予倾斜，提升了草原牧区基础设施建设水平，改善了草原牧区人居环境，但是我国草原牧区仍然存在经济发展不平衡、不充分，公共服务不配套等突出问题。[②]

在解决草原牧区三产融合的问题上，要充分认识到无论产业如何发展，无论产业按照哪种模式开展融合，都要遵循可持续发展的根本要求，确保在产业融合过程中不出现短期效应、不科学发展和不可持续发展的现象。这就要求我们要把握好草原牧区三产融合与可持续发展的关系。概括地讲，草原牧区三产融合与可持续发展要把握好三种关系。一是内容与形式的关系，三产融合只是产业发展的一种形式而已，它的最终目的是要实现草原牧区的可持续发展。三产融合这一形式是为可持续发展这一根本内容服务的。二是过程与结果的关系，在追求草原牧区可持续发展的过程中，通过产业之间的结构重组和优化，使农牧业内部各产业之间实现融合，使农牧业与其他产业实现融合。但不论怎么融合，也不论融合程度如何，它都是一个过程，最终都要向草原牧区可持续发展这一结果努力。三是

① 王金梅：《推动牧区美丽与发展双赢　访国家民委主任巴特尔》，载《中国民族》，11～14 页，2018（2）。

② 李英震、张顺：《内蒙古牧区旗县三产融合的可持续发展研究》，载《铜仁学院学报》，113～122 页，2018（5）。

现象与本质的关系，三产融合是经济发展中产业融合的一种现象，这种现象的产生是随着经济的发展和生产力水平的提高而逐渐显示出来的，不是人为凭空想象出来的，它有着一定的现实基础和理论基础。但是这种现象是由草原牧区要实现可持续发展这一本质内容所决定的。只有在保持可持续发展这一本质要求的前提下来发展三产融合才是符合客观规律的。

3.1　草原牧区三产融合发展的概念内涵

草原牧区三产融合发展是指在现代农业发展过程中，在广大草原牧区出现的第一产业、第二产业和第三产业的相互融合现象。草原牧区三产融合发展是产业融合的重要组成部分，是在农牧产品价格天花板以及成本地板的双重压力下实现草原牧区可持续发展的不二选择。

3.1.1　草原牧区三产融合发展的概念界定

在我国经济步入新常态、草原牧区发展进入新阶段的背景下，我国工农关系和城乡关系继续发生着重大变化，特别是现代科技和市场形态加快对传统种养业经营理念的改造，单纯重视初级产品生产的理念使农牧业发展越发难以为继。农牧业产前、产中、产后更加紧密衔接，产加销、农工贸环环相扣，生产专业化、产品商品化、服务社会化迅速发展，这就要求我们在重视农牧业生产的同时，必须高度重视与农牧业生产密切相关的各产业的发展，高度重视生产、加工、销售的有机结合及相互促进，大力推进农业产业化经营。因此，中央农村工作会议提出了把产业链、价值链等现代产业组织方式引入农业，促进一二三产业的融合互动等推进农牧业现代化的重大部署。草原牧区三产融合发展旨在将二、三产业与第一产业交互发展。这一概念的提出为我国未来的草原牧区发展指明了方向，加速了我国牧业现代化的进程。要加快推进草原牧区三产融合发展，首先要从理论和实践两个角度进行界定，明确草原牧区产业融合的概念和要求，并对三产融合以及各产业之间的关系进行探索，这样既可以为后续的研究有的放矢地提供目标保障，也为后续草原牧区产业融合的实践操作指明了方向。①

草原牧区一二三产业融合，狭义地讲，就是同一经营主体在从事畜牧业生产

① 邹赛、郝华勇：《中国农村产业融合对农民收入增长的影响研究》，载《中共云南省委党校学报》，162~172页，2021（6）。

的同时，在同一区域从事同一畜牧产品加工流通和休闲旅游，进而分享畜牧业增值增效收益的经营方式。广义地说，就是各类经营主体以畜牧业为基本依托，以畜产品加工业为引领，以资产为纽带，以创新为动力，通过产业间渗透重组和要素聚集，不断完善体制机制。将第一、第二和第三产业作为一个有机融合的整体加以推进，形成新技术、新业态、新商业模式，带动草原牧区的土地资源、民间资本、先进技术和市场导向的高效整合。最终实现产业链条和价值链条延伸、产业范围扩大、产业功能拓展和牧民就业增收渠道增加的经营方式。其基础是畜牧业，核心是充分开发畜牧业的多种功能和多重价值，将畜牧业流出到工商业和城市的就业岗位和附加价值内部化，将加工流通、休闲观光和消费环节的收益留在本地、留给牧民。①

草原牧区一二三产业融合发展与产业融合具有同根性，草原牧区三产融合可以借鉴传统产业融合的理论基础。草原牧区三产融合发展更多的是社会和经济的概念，根据经济发展的普遍规律，发生在第一产业的增加值所占份额很小，绝大部分增加值发生在第二、三产业。因此，在发展畜牧业的同时兼顾畜产品加工业与其他服务业，使得各产业协同发展，延伸畜牧业产业链，扩大牧区的产业范围，最终实现城乡一体化发展，提高牧民的收益水平。

3.1.2 草原牧区三产融合发展的内涵分析

草原牧区三产融合发展是在农村一二三产业分工基础上的交叉融合。亚当·斯密较早地将分工引入经济学领域，认为分工是提高劳动生产力、促进社会财富增长的关键因素，马克思对亚当·斯密的分工理论进行了继承和发展，将分工与协作联系起来，并区分了社会分工和生产组织内部分工。马歇尔延续斯密将企业内部分工等同于社会分工的观点，强调了分工及外部经济的自然增长是促进企业规模扩大的唯一因素。② 杨格论证了市场规模、产业间相互作用、自我演进的机制，使斯密定理动态化，从而超越了斯密关于分工受市场范围限制的理论。斯蒂格勒用分工理论来解释生产的制度结构和长期经济增长之间的内在联系，从产业生命周期角度分析了“市场容量决定分工”这一命题的正确性。以杨小凯为代

① 刘洪产、于孝保、朱云、王子第、王永惠、张景岩：《关于农村一二三产业融合发展的思考》，载《农村经济与科技》，278~279页，2018（11）。

② 席晓丽：《产业融合视角下的现代农业发展研究》，福州，福建师范大学博士学位论文，2008。

表的一大批新兴古典经济学家在古典经济理论的基础上，采用超边际分析的方法将斯密的分工理论和科斯的交易费用理论结合起来，建立了一个内生的企业制度演进理论。产业融合是指随着产业间技术融合、业务融合、价值融合不断发生，在原来分立的产业之间出现了不同程度、不同形式的融合趋势。融合是分工的反义词。然而，产业融合并不是对传统产业分工路径的否定。相反，产业融合不断催生新的产业，成为产业分工的新路径和新起点。草原牧区产业融合发展是在牧区一二三产业分工的基础上，牧业与牧区二、三产业的交叉融合。这种融合是对传统牧区一二三产业分工的延伸、修正和提升，其产生的多种新型业态，是草原牧区产业分工和社会分工进一步深化的体现。

草原牧区三产融合发展是畜牧业关联产业在专业化和规模化基础上的区域集聚。产业区位理论以杜能的农业区位论和韦伯的工业区位论为代表的古典区位论为开端。古典的区位理论一直把单个企业作为研究的出发点，以成本和运费的最省为目的，不计市场消费因素以及产品销售过程中存在的问题，也就是古典区位理论中的成本学派。

随着科学技术的不断创新，在工业化发展过程中，生产效率大大提高，第一产业逐渐被高度发展的第二、第三产业所取代，第二、第三产业在国民经济中成为主导。同时，随着道路等基础设施的不断完善，物流网络也迅速健全，运费因素再也不是生产的决定性因素了，市场因素顺理成章地成为产业生存的关键因素。区位理论也从此由古典区位论的成本学派逐步被近代区位论的市场学派所取代。从过去的研究单一的企业或工厂为出发点，转变为以研究整个城市或整个地区为出发点，其目的也从只关注成本和运费最低向关注市场最大化转变。[①]

市场学派中最具有代表性的人物有费特、克里斯泰勒和廖什，他们的理论分别为贸易区边界区位理论、中心地理论和市场区位理论。20 世纪 60 年代，全世界工业化、城市化发展加快，随之产生了现代区位理论，这一理论的核心要素是区域经济活动的最优组织。现代区位理论主要有四个方面的转变。一是从孤立研究区位生产、价格和贸易，转变为综合研究整个区位的生产、交换、价格、贸易等。二是从以单个经济单位为研究对象，转变为以区域总体为研究对象。三是从仅以经济产出为关注目标，转变为以人与自然全面协调发展为关注目标。四是从假设的理论推导转变为实证研究。

① 高培亮：《产业结构调整的西方学者研究述评》，载《中国市场》，119～121 页，2015（12）。

产业集群是在产业发展过程中，把在一定区域内相对集中的有一定关联性的企业或机构综合在一起而形成的。波特等人提出的产业集群理论特别强调了区域分工的重要性和区域内不同资源之间相互整合的能力。农业产业集群是农村产业融合发展的本质要求，它是在经济发展到一定程度时出现的。农业产业集群的出现大大带动了农业和农村经济结构的调整，使农业现代化的进程加快，提高了农村区域经济的发展效率。①

产业集聚理论是基于产业区位理论发展起来的，与之相关的还包括新经济地理学理论、交易成本理论等。20 世纪 90 年代，保罗·克鲁格曼等一些经济学家把地理学相关理论应用到产业布局理论中，形成了新经济地理学，并总结出工业产业布局的特点。即在规模经济和集聚效应的影响下，一个地区某种产业类型布局的越多，就会形成越多的集中。新经济地理理论继承了古典区位理论的某些精华，并在此基础上得到进一步的发展。它与建立在古典经济学基础上的古典区位论的最突出特点是把规模报酬递增、集聚效应和不完全竞争等因素考虑进来，使之较古典区位论变得更加全面，因此成为工业产业布局理论的前沿。②

草原牧区三产融合发展是畜牧业上下游产业在一体化基础上的产业整合。通过整合，可以延长草原牧区畜牧业产业链，使农牧民的收入渠道由以往单一的养、种植业变为多个业态，可切实增加农牧民收入。畜牧业产业链的构建相比其他产业链有其自身的特殊性：一是蓄牧业产业链比其他产业链的相关联产业范围更宽泛，第一、第二和第三产业都涵盖其中；二是畜牧业生产方式本身以及不同的蓄牧业产业之间也存在非常显著的差异。

畜牧业产业链的发展可大大促进草原牧区一二三产业的融合。一是以多种不同的方式大力发展畜牧业产业链组织，改变传统畜牧业组织产业链短的现状，不断密切相关产业链组织，使整个产业链从生产端到销售端，从单一行业产业到综合产业，从短产业链到长产业链，从小产业链到大产业链，从产业链内部到产业链之间，实现一二三产业融合发展。二是挖掘农牧产品品牌、生产特色农产品以及发挥相对竞争优势，并使之形成完整的产业链条，使农业产业链组织得到不断优化，激活产业链内在动力，为一二三产业融合提供坚实基础。三是大力加强对

① 朱艳华：《区域经济可持续发展条件下岳阳市产业布局研究》，长沙，湖南师范大学硕士学位论文，2009。

② 向世聪：《产业集聚理论研究综述》，载《湖南社会科学》，92~98 页，2006（1）。

畜牧业产业链关键环节的管理，保证一二三产业融合发展的可持续性和长期性。四是为农业产业链发展创造宽松的法律和政策环境，保障一二三产业融合发展的政策环境。五是建立畜牧业产业链战略联盟，实现畜牧业产业化经营，将畜牧业的产、供、销各环节进行整合，实现一二三产业融合发展。

3.1.3 草原牧区产业融合发展中各产业间的关系

在既往产业化发展的阶段，如产业协作、产业集聚，产业间的关系及作用机理主要体现在分工协作与相互促进上，而产业融合中各产业间的关系是融合关系，边界不再清晰，作用机理是共生机理，一荣俱荣。草原牧区产业融合发展中，既存在着产业渗透与产业交叉延伸的初级阶段，这时产业间的关系是互惠互利的协作关系，是相互促进的协同发展关系；也存在着产业重组的高级阶段，此时产业间的关系是共生关系，不可分离。我国草原牧区产业融合发展的作用机理主要来自技术创新的带动效应、内部化与规模化的带动效应，以及高附加值环节对低附加值环节的带动效应等。

事实上，产业化发展的阶段已经从理论上解释了各产业间的相互关系。在不同的产业化阶段，不同产业之间的关系具有一定的层次递进的差异。基于产业经济学与产业组织理论，结合过去的历史发展经验来看，产业化的发展可以粗略地分为四个阶段：产业协作—产业集聚—产业集群—产业融合。这四个阶段相互紧密渗透，相互关联，具有一定发展阶段上的递进性，但又不能完全向前覆盖。如果从产业链的角度来说，产业协作延伸了产业链的长度，产业集聚拓展了产业链的宽度，产业集群增强了产业链的厚度，产业融合将长度、宽度与厚度紧紧拧在了一起，所以它事实上与过去的产业化阶段并不相同，可以说是进入了一个产业发展的崭新阶段。

三产融合可分为产业之间的渗透、产业之间的交叉延伸和产业之间的重组三种类型。产业渗透是产业融合的初级阶段，在这一阶段，同一主体在不同的时间或空间范畴从事着至少两种及以上且具有关联性的产业工作，此时产业间的关系是互利互惠的协作关系。产业交叉延伸是产业融合的中级阶段，在这一阶段，同一主体可能在同一时间与空间范畴内进行不同产业的工作，但是具体工作任务的产业性质仍然相对清晰，此时产业间的关系是相互促进的协同关系。产业重组是产业融合的高级阶段，在这一阶段，同一主体在同一时间与空间范畴内进行不同产业的工作，并且具体工作任务的产业性质不再清晰，或者说具体工作任务同时具有多个产业的性质，此时产业间是共生的关系。

产业渗透式的融合大多发生在科技含量高的产业中，而且是一种在传统产业的边界处发生的产业融合，某种意义上具有兼业的性质。如在20世纪90年代，伴随着信息技术和生物技术的快速发展，其普遍渗透到传统工业中，催生了机械电子产业、航空电子产业以及生物电子产业等。又如在传统商业和运输业中大量运用电子网络技术，从而产生了电子商务和新型物流业等产业。再比如在汽车制造中引入高科技，产生了光机电一体化的新产业等。[①] 产业渗透是产业融合的初级阶段，在这一阶段，尽管同一主体往往开始从事至少跨越两种产业的业务，但仍然是在不同的时间范畴内由同一主体从事不同产业，因而只是产业融合的初级阶段。比如农民一半的时间种玉米，一半的时间去玉米加工厂工作。在这一阶段，两种产业间的关系是互利互惠的协作关系，农民作为兼业主体同时从事一二产业环节，有助于减少交易成本和平均边际成本，通过内部化和规模化为两个产业环节都创造更多的附加值。

产业交叉延伸式的融合是指针对不同产业的短板，在产业融合过程中，实现产业功能的相互补充，从而实现产业链的延伸。通常表现为以服务业为主的第三产业向第一、第二产业的延伸和渗透。比如乡村旅游、农家乐采摘、农业庄园观光等。这种融合类型处于产业融合的中级阶段。在这一阶段，同一主体可能在同一时间范畴内进行不同产业的工作，但是工作的产业性质仍然相对清晰。比如采摘园区的农民，在顾客采摘时进行自己的修剪工作与采摘收费，在同一时间进行着第一产业与第三产业的工作，但是这两种工作仍然是可以清晰区分出来的，即他做的哪些属于第一产业，哪些属于第三产业。在这个阶段，产业间的关系是相互促进的协同关系。采摘园的农民可以不通过采摘而仅通过种植获利，但远远少于与第三产业结合的收获，而脱离了第一产业，第三产业的观光休闲农业就脱离了根基，缺少核心竞争力与载体，因此两种产业间的关系是相互促进的协同关系。

产业重组主要在相互之间存在紧密联系的产业中发生，通常是指在同一大类产业内部不同的子产业或不同行业之间，这些子产业或行业之间又存在着较为密切的联系，这种情况下的产业融合就是产业重组式的融合。具体是指将原本独立

① 孙永波、王道平：《产业融合及如何促进我国产业融合的发展》，载《北京工商大学学报》（社会科学版），105~110页，2009（1）。

存在的多个产品生产按照同一标准结合到一起的整合过程，通过重组型融合后生产的产品和提供的服务是不同于或者高于原有产品和服务的新型产品和服务。比如，第一产业内部的种植业、养殖业和畜牧业等子产业之间，可以通过生物技术重新整合产业链，形成绿色农业和生态农业等新型业态。① 在农业领域，如国内外许多室内有机农业，通过传感等技术手段对无土种植模式进行升级，适时按照作物需求给予光照、温度、空气、水、养料等作物生长必备的要素，进行规模化作物生产。这里的工作人员或者说开展此商业活动的企业主体，在同一时间、同一空间从事着第一产业与第二产业两种工作。农作物种植属于第一产业，但由于将农作物生产各环节标准化为一种工业化的步骤，因此又具有鲜明的第二产业特性。通过技术手段将第一产业与第二产业进行重组，完全打破了两个产业的界限，同一主体从事的具体工作任务不能清晰地区分到底属于哪个产业，这就是产业重组作为产业融合高级阶段的典型案例。在这个阶段，产业间的关系是一种共生关系，脱离了第一产业，则不存在第二产业，脱离了第二产业，第一产业也不复存在。

3.2　草原牧区可持续发展的独特内涵

1987 年，世界环境与发展委员会在《我们共同的未来》报告中提出，当今世界的发展应该是“既能满足当代人的需要，又不对后代人发展需要的能力构成危害”的发展，这就是被学界公认的可持续发展的定义。它包括需求和限制两个层面的含义，需求是指世界各国人们的生活基本需要，这个基本需要应该被放在特别优先的位置上来考虑；限制是指就目前的技术状况和社会组织而言，对为满足眼前而损害将来的行为施加的限制。② 就现实而言，可持续发展就是必须要协调好人的发展、环境治理、经济增长、社会文明和科技进步五大关系。作为重要生态区域的草原牧区，其可持续发展有着独特的内涵。③ 它是我国区域可持续发展战略中不可或缺的重要组成部分，在我国整个生态可持续发展系统中占有重要地位，与森林、湿地等可持续子系统相比，源于草原牧区的生态功能和产业功能

① 陈柳钦：《产业发展的集群化、融合化、生态化》，载《重庆邮电学院学报》（社会科学版），831~835 页，2006（6）。

② 蔡守秋：《论可持续发展对我国法制建设的影响（上）》，载《法学评论》，18~24 页，1997（1）。

③ 包庆德：《当代发展观演进的生态文明向度》，载《内蒙古师范大学学报》（哲学社会科学版），39~44 页，2008（3）。

此双重功能的可持续发展的内涵较为独特，如果我国草原牧区不能实现可持续发展，就不能实现全国的可持续发展，没有全球草原牧区的可持续发展就不可能有全球的可持续发展。我国的草原牧区分布在13个省（区）的268个牧区、半农半牧区县（旗、市），全国国土总面积的40%为草原牧区。这样一个具有特定生态功能和产业功能的独特区域发展单元，在我国区域可持续发展中的特别战略地位是不言而喻的。与其他区域的可持续发展理论相比，草原牧区的可持续发展更具有独特的本质和内涵。保持草原牧区的可持续发展，必须要处理好牧民与草原牧区可持续发展及畜牧业与草原牧区可持续发展的关系。只有在明确三者在草原牧区可持续发展中的地位和作用的前提下，才能对草原牧区可持续发展的独特内涵有准确的把握，为草原牧区可持续发展奠定坚实的基础。①

3.2.1 牧民与草原牧区可持续发展

由人类社会与自然环境所组成的客观世界，在基本层面上涵盖了物质生产、人类的生产及环境的生产这三大生产及其之间的联系。三大生产呈闭环状，物质流在它们之间能否顺畅地流动直接决定着世界系统和谐与否，从而决定人类社会的发展是否能够持续。因此，人类是社会经济可持续发展的主要推动力量，但在一定意义上来看，人类也是社会可持续发展的沉重负担。由此可见，适度的人口数量规模、优良的人口素质以及合理的人口结构是实现人类社会经济可持续发展的必要条件。

在草原牧区可持续发展过程中发挥关键作用的是牧民。就我国目前的状况来看，草原牧区又是少数民族人口的集中分布区。我国268个牧区和半牧区县（旗、市）分布有哈萨克族、乌孜别克族、维吾尔族、蒙古族、回族、藏族等少数民族，人口1427万人，占全国少数民族总人口的13.4%。② 在草原牧区居住的少数民族无论在生产生活方式还是民俗、民风等各个方面，都有其独特性。他们主要以牧业生产为主，收入来源主要依靠养殖牲畜等。所以，在解决草原牧区人口的可持续发展这一促进草原牧区可持续发展的首要问题时，关键要把握好两个方面的问题。一是实现草原牧区人口规模平稳、适度。近年来，我国草原牧区人

---

① 王亮、马林：《中国牧区可持续发展：模型推演、路径选择与对策建议》，载《大连民族学院学报》，329~332页，2012（4）。

② 李文龙、高鸿雁、吕君、李凌：《内蒙古草原旅游产业转型升级和改善农牧民生计的思考》，载《北方经济》，2021（9）。

口增长高于全国平均水平。中华人民共和国成立以来，内蒙古总人口增长不到四倍，而内蒙古草原牧区人口增长超过八倍。① 快速增长的草原牧区人口必然要向大自然不断索取，致使草原牧区生态恶化，贫穷与落后一直困扰着牧区的牧民。为了控制草原的持续恶化，保证其永续利用，以实现牧民的可持续发展，就要不断有序控制草原牧区人口增长速度，以实现草畜平衡。这是保障牧民收入水平和实现草原可持续发展的核心和关键。二是实现草原牧区少数民族文化的有效传承。在发展草原牧区经济的同时，必须要保留草原牧区少数民族的文化，并努力使其继承和发扬下去，使之与新时代社会主义核心价值观相结合，与中华民族优秀传统文化相融合，使之成为草原牧区人们的精神家园。千百年来，草原牧区牧民通过独特的生产生活方式，在长期的游牧生活中，草原牧民创造了丰富的合理保护和利用草地资源的民间风俗以及具体的经验和方法。在发展牧区经济的同时，要让这些宝贵的文化和经验得以传承和发扬光大，促进草原牧区的可持续发展。②

3.2.2　草原与草原牧区可持续发展

草原与耕地、森林和海洋等自然资源一样，都属于不可或缺的战略资源，在我国经济和社会发展中起着不可替代的作用。尤其在涵养水源、防风固沙、调节气候以及维护生态多样性等方面具有不可替代的重要功能。

一是具有生态服务功能。草原面积在我国全部绿色生态植被系统中占63%，在我国国土总面积中占41.7%，且主要分布在我国北方和青藏高原等边疆地区，是我国与亚洲许多国家的重要绿色生态屏障，发挥着稳定生态环境的重要作用。③

草原是我国重要大江大河及其主要支流的发源地，这些江河的上中游大都流经草原区，草原还起着涵养水源、保护水质的作用。同时草原还通过供氧固碳、防风固沙，直接影响我国气候和自然环境的改善。这道草原绿色屏障的作用发挥得好不好，取决于草原生态建设的状况。

二是具有提供物质原料的经济功能。④ 草原除了发挥生态屏障作用外，在我

---

① 包红霞：《内蒙古牧区发展中的人口经济问题》，内蒙古大学硕士学位论文，2005。

② 杨光梅：《草原牧区可持续发展的生态经济路径》，载《中国人口·资源与环境》，2011（S1），444~447页。

③ 谢雯、谢军安：《草原资源生态补偿法律机制研究》，见《生态文明与环境资源法——2009年全国环境资源法研讨会（年会）论文集》，702~706页，2009。

④ 韩忠英：《论草原保护与可持续发展》，载《今日畜牧兽医》，70页，2018（7）。

国第二、三产业发展过程中发挥着重要的物质原料支撑作用。草原自然资源丰富，拥有独具特色的畜牧业资源，作为第二产业的原料基地，源源不断地为其提供大量包括饲草、肉、乳、毛、皮、药材等在内的初级产品。这些丰富的资源对于食品、纺织、制革、制药等第二产业的发展起到了重要的促进作用。同时草原的自然景观和独具特色的草原文化也为第三产业尤其是旅游业的发展提供了条件，二者相得益彰。

三是具有维护人类生存与安全的社会功能。草原生态系统完备与否决定着草原自身能否良好地存续下去，同时也严重影响着水域、农田、森林等其他生态系统的正常循环。改革开放前期，随着经济快速发展，季节更替特别是春夏之交，出现雾霾天气和扬尘天气，大范围、大强度的洪涝灾害时有发生，主要河流的水质下降，这些都与上游植被破坏尤其是草原被破坏有直接关系。

由于我国草原大部分分布在属于干旱、半干旱和高寒地区的黄土高原至青藏高原东缘以西的地带，其生态系统受自然环境的制约，较为脆弱，缺乏足够的承载能力。随着经济的发展，草原牧业经济和草原农业经济不断扩张，造成草场严重退化、水土流失、土地沙化、洪水泛滥、气候变坏等问题。在生态环境遭到破坏的同时，也直接影响了人们正常的生产生活秩序。从微观视角来看，草原是牧民生产生活中最基本的、赖以生存的生产资料，如果草场不能得到有效的保护，牧民将无法在草原上生存。从宏观角度来讲，草原生态直接关系到我国生态安全的全局，关系到美丽中国建设的成效。草原牧区的可持续发展就是要对天然草场资源进行科学适度的利用和有效保护，促使草场、牲畜、环境协调发展，从而使其成为取之不尽、用之不竭的生产生活资源。草原生态系统的可持续发展对草原牧区的可持续发展起着直接决定作用，只有坚定不移地走可持续发展之路，才能使自然资源保护与可持续发展相互促进。

3.2.3 畜牧业与草原牧区可持续发展

畜牧业是指通过人工饲养、繁殖牲畜，并取得肉、蛋、奶、羊毛、山羊绒、皮革、蚕丝和药材等畜产品的产业。畜牧业是牧民与草原进行直接物质交换的重要节点，是牧区经济发展的基础，也是牧民的主要收入来源。与牧业相关的生产方式、经营模式、产业结构和制度设计的可持续性对畜牧业产业的安全和可持续发展具有重要影响。

李伟民等定义的畜牧业可持续发展是以农业可持续发展为出发点，结合我国畜牧业发展的实际情况，使资源、环境、人口、技术等因素与养殖业既保持紧密联系又保持协调发展，以确保畜产品既能满足当代人的需求，又能满足后代人的需求。① 而草地畜牧业的可持续发展应该在草地生态环境承载能力的范围内，在草地和家畜经济生产规律的指导下，合理开发利用草地资原，既使草地生态环境不再恶化，又使畜产品满足人类的需求。可持续畜牧业的基本目标是实现环境质量和生态的平衡，把保护环境资源与满足人类需要放在同等重要的地位，建立起生态平衡、经济发展、技术可用和社会可接受的新型畜牧业生产方式。其表现在以下四个方面。一是生产可持续性。畜牧业的生产可持续性主要在于未来生产率和产量，也就是长期维持产出水平，生产可持续性特征是适应社会食物安全的要求的。二是经济可持续性。畜牧业的可持续性能否取得可观的经济效益将直接影响其能否维持和发展下去。作为草原牧区主要产业的畜牧业，其生产效率必须要不断提高，畜产品应具有很强的竞争力，畜牧业如果缺乏经济可持续性，最终会被被淘汰。三是社会可持续性。畜牧业的可持续性指能够满足人类对畜产品基本需求和牧区社会环境的良性发展，能够持续不断地提供优质的畜产品。牧区社会环境改善主要包括人口数量的控制和素质的提高、基础设施不断完善、生活环境不断改善、牧区剩余劳动力就业机会不断增加和消除贫困。四是生态可持续性。畜牧业的可持续性指畜牧业生产所需的草地等自然资源的永续发展和草原生态环境的良好维护。畜牧业可持续性的四个目标既具有相对独立性，也具有相关性，因此仅强调某一单一的可持续发展目标特征是难以实现畜牧业的可持续发展的。②

3.3 我国草原牧区的特点及发展三产融合的必要性

草原牧区是具有特定生态意义的区域，在我国陆地生态系统中面积最大，共有 60 亿亩，其战略地位非常重要。在涵养水源、构建西北生态安全屏障、维护我国战略资源安全等方面都具有不可替代的作用，与其他生态系统相比有着鲜明的特点。③

① 郭晓丽：《我国畜牧业可持续发展的思考》，载《企业导报》，107 页，2013（4）。

② 李闯：《农业生产的环境成本估算及政策建议》，北京，中央民族大学硕士学位论文，2010。

③ 李英震、张顺：《内蒙古牧区旗县三产融合的可持续发展研究》，载《铜仁学院学报》，113～122 页，2018（5）。

3.3.1 对于维护民族团结和边疆稳定具有重要的政治意义

我国牧区半牧区范围广大，包括内蒙古、西藏、新疆、青海、甘肃等 13 个省（区）268 个县（旗、市），这些区域 80%都是民族自治地方，少数民族人口集中，还与 12 个国家相邻，占我国边境线总长的 60%。草原牧区的和谐稳定直接关系到民族团结和国家的长治久安。

草原牧区有着悠久的历史和厚重的文化底蕴，也拥有丰富的特色资源。如果能充分发挥草原牧区的自然资源优势和历史文化优势，把第一产业与其他产业特别是第三产业有机融合，就会大大改善牧区现有的经济状况，同时在维护民族团结和边疆稳定等方面发挥重要作用。

3.3.2 对于乡村振兴和我国第二个百年目标实现具有重要的经济意义

草原牧区是我国脱贫人口较多而且最为集中的地区，在党中央科学部署下，2020 年全面脱贫，乡村振兴任务艰巨。全国牧民收入水平比全国农民收入水平低，日常生活必需品价格和生活成本比农区偏高。党中央向全国人民庄严承诺，实现全面现代化一个区域都不能少，一个民族都不能少。广大牧民脱贫愿望特别强烈，追求美好生活热情特别高，但是仅凭“输血”式的帮扶只能解决眼前的困境，要想使广大牧民真正走向共同富裕，就必须要增强自身“造血”能力。只有发展三产融合，改变传统的生产方式，构建高效的产业融合模式，加上当地人民在与恶劣的自然条件作斗争的过程中养成的勤劳勇敢、吃苦耐劳的优良品质，乡村一定会振兴，在决胜现代化的伟大征程上发挥积极作用。

3.3.3 对于解决劳动力直接就业、促进草原牧区可持续发展具有重要的社会意义

草原牧区历来以第一产业为主，尤以畜牧业为主。由于气候恶劣、地广人稀、公共基础设施建设成本高、自然条件差等客观因素制约，致使草原牧区基础设施普遍发展滞后，严重制约了产业结构的调整和优化。广大牧民仍以草原放牧养殖为主要生活来源。近年来，虽然在畜牧产品加工上有所突破，但与第二产业、第三产业的融合还没有真正实现，或者说融合不够充分。对于牧民来说，单凭处于产业链上游的初级农牧产品而获得的利润是极其微薄的，增收缓慢。草原牧区天然的牧业资源丰富，旅游资源禀赋独特，历史文化厚重，若能将畜牧业与

畜产品加工业以及旅游业充分融合发展，可大大促进草原牧区劳动力就业，为解决农村牧区留守儿童和空壳村等社会问题发挥根本作用。

3.3.4 对减缓草场压力和保护我国生态安全具有重要的生态意义

我国有丰富的草场资源，天然草场面积是全国耕地面积的3.2倍，是全国森林面积的2.3倍。草场既是主要大江大河的发源地和水源涵养区，又是我国生物多样性的重要基因库，并且对于调节气候、防风固沙、涵养水源、保持水土等方面有重大作用。由于草原牧区产业结构单一，低收入人口集中，为了增加收入，牧民逐年扩大放养规模，导致草原承载压力越来越大，草原遭到不同程度的破坏。据统计，90%的草场都存在退化现象，50%的草原存在沙化现象，形势十分严峻。① 通过三产融合，使牧民从单一的依靠放牧养殖谋生的生产方式转变为集放牧养殖、生产加工、物流交通、草原旅游等为一体的三产融合发展的生产方式。通过转变生产方式，实现调节生产结构和增加牧民收入的目的，还能减少草原承载压力，在保护生态安全方面发挥应有的作用。

近年来，草原牧区发展取得了一定成绩，但与人民日益增长的美好生活需要还有一定差距。只有充分发挥比较优势，实施三产融合发展，才能实现草原牧区又好又快发展。

3.4 实施三产融合促进草原牧区可持续发展

马林教授在《民族地区可持续发展论》中指出，可持续发展具有三个方面的基本内涵。一是需求，即指发展的目标要满足人类生存的需求；二是限制，指人类的行为要在大自然的制约之下进行，即人类在追求美好生活的同时，应坚持人与自然的和谐统一，而不是不合理地消耗资源、破坏生态环境；三是公平，强调同代人之间、不同代之间、人与动物之间、不同地区之间以及不同国家之间的公平。并在此基础上提出了可持续发展的公平性、可持续性、和谐性和需求性等四原则。这对内蒙古牧区旗县三产融合的发展有着非常重要的指导意义。

十二五期间，作为全国五大牧区之首的内蒙古自治区经济增速超过全国平均水平，在产业结构转型升级、提高农牧民收入方面取得了显著的成绩，但上述发展不平衡、不充分等问题依然存在，特别是牧区旗县的经济增长差距尤为明显。

① 《气候变暖过度放牧中国90%可利用天然草原退化》，中国新闻网，2006年11月18日。

如何变输血式的脱贫为自身造血式的致富。如何实现农村的的可持续发展，是摆在各级政府面前的重大课题。2017 年中央一号文件提出：要实现农业供给侧结构性改革，加快农村第一、第二和第三产业融合互动。这一政策的提出，对改善农村牧区产业结构有着重要的现实意义。

3.4.1 实施三产融合，模糊产业界限，促进产业均衡发展

可持续发展理论中的公平性原则指的是具有公平的选择性，这里的公平包括两层含义：一是指同一代中人与人之间的横向公平；二是指代与代之间的纵向公平。可持续发展除了实现同代人与人之间的公平外，还要实现本代人与下一代以及未来各代人之间的公平。这是可持续发展与传统发展模式的根本区别之一。除上述两方面含义以外，产业之间均衡发展也应该是可持续发展题中应有之义。可持续发展理论要求当代人在考虑满足自己需求与消费的同时，也要对下一代及未来各代人的需求与消费负起历史的责任，还应该为各产业之间的均衡发展负起责任。

十三五期间统计数据显示，内蒙古牧区旗县发展极不平衡，有的牧区旗县经济年均增长速度超过 10%，而有的牧区旗县年均增长仅 2%左右。各牧区旗县年均增长速度表现更为悬殊，最大差距高达 20%。这种地区间发展的不均衡，不符合可持续发展的基本原则。而牧区旗县实施三产融合发展，可以模糊产业之间的界限，使经济发展成果惠及各行各业，缩小地区之间的发展差距，逐步实现产业均衡发展。

3.4.2 实施三产融合，加快产业升级，保证资源持续利用

可持续发展理论中的持续性是指在生态系统受到某种干扰时，仍然能保持其正常的生产能力。自然资源和环境资源是人类生活与生产的最基础条件，离开了资源环境人类就无法生存下去。所以任何一个国家都不可忽视对资源和生态环境的保护性利用。

2020 年，内蒙古牧区旗县第一产业比重为 11.7%，第二产业比重为 39.6%，第三产业比重为 48.8%。[①] 明显表现为第二产业比重过高，第三产业发展不充分，与后工业化时代的标准还有一定差距。同时，在一度追求 GDP 的惯性思维

① 此数据出自内蒙古自治区人民政府网站上的《内蒙古自治区 2020 年国民经济和社会发展经统计公报》。

的影响下，造成局部地区对煤炭、天然气、草场等资源的开发过度，保护不够。在可持续发展理论的指导下，实施三产融合发展，可以转移经济增长对第二产业的过度依赖，也能起到对自然资源和生态环境的保护作用。既保证经济发展速度，又保证生态系统免遭破坏而保持永续良性发展。

3.4.3 实施三产融合，促进产权融合，实现和谐发展

可持续发展理论除了强调公平性以外，更加强调和谐性，正如《我们共同的未来》报告中所强调的，“可持续发展的战略不但要促进人与人之间的平等相处，更要促进人与自然界的和谐共处”。[①] 只有每个人在行动时，不仅考虑如何安排自己的行动，还要考虑自己的行动对其他人（包括后代人）及自然界所造成的影响，且能自觉地按和谐原则办事，可持续发展才有可能实现。在产业结构调整升级、实施三产融合的过程中，产权融合是不可回避的一个课题。从制度经济学的产权理论角度看，三产融合就是要实现一个产权主体把第一、第二和第三产业融合链接在一起，把原来分散在不同产业的产权集中起来，变为同一产权条件下的不同分工，使各产业能够在同一产权下分工协作，实现和谐发展。

3.4.4 实施三产融合，针对人的需要，避免出现产能过剩

传统发展模式的理论依据是传统经济学理论，所追求的目标与可持续发展截然不同。它单纯追求经济总量的增长，没有考虑到资源的有限性，这种发展模式会不断增加对资源环境的压力。可持续发展模式则是把公平和可持续性作为基本原则，立足于人的基本需求而发展人，不是单纯追求经济总量的增长。就现实情况而言，我国总体上存在严重的产能过剩，还存在人民日益增长的美好生活需要和不平衡、不充分的发展之间的矛盾。在片面追求经济增长的过程中，未能很好地关注人的需求，从而造成产能大量过剩，这对资源是一种极大的浪费，对生态也是一种极大的破坏。实施三产融合是与供给侧结构性改革相适应的。通过三产融合，从人的需求出发，使产业结构趋于科学合理，克服盲目发展，避免出现产能过剩。

① 《我们共同的未来》，是世界环境与发展委员会关于人类未来的报告，1987 年 4 月出版。

4 内蒙古自治区草原牧区三产融合与可持续发展研究综述

我国是世界草地面积最大的国家之一，拥有内蒙古、青海、新疆、西藏、甘肃五大牧区的丰富草场资源，天然草地 4 亿公顷，占国土总面积的 41.7%。① 草原是由多个物种要素构成的完整生态系统，是自然资源的宝库，是维系生态平衡与稳定的天然屏障，也是牧区牧民赖以生存繁衍的根基。然而，牧区草场的脆弱性在牧区经济发展中也呈现得越来越明显。全世界范围内的草场均呈现不同程度的退化，畜草失衡，牧区经济发展与生态环境保护的矛盾也日益尖锐。特别是在当前气候环境逐渐恶化的背景下，牧区可持续发展与我国国家生态安全、产业安全、地区经济发展、民族地区和谐稳定等国计民生大事的关系越来越紧密。2015 年中央一号文件首次提出"推进农村一二三产业融合发展"的创新思路。我国众多专家学者随之对其进行了深层次的研究与探讨。②

4.1 实现内蒙古草原牧区三产融合对经济可持续发展的重大意义

随着产业融合在经济发展中日益凸显的重要性，国内外专家学者都高度关注内蒙古草原牧区三产融合对经济可持续发展的作用，并围绕该问题进行了多领域研究。如何推进内蒙草原牧区的产业融合进程，促进内蒙古经济可持续发展，这是关乎中国生态发展与社会经济和谐的重大社会经济难题。为了更好地研究此问题，笔者总结了以下四点研究意义。

4.1.1 内蒙古草原牧区三产融合有利于推动草原畜牧业快速发展

内蒙古草原牧区作为一个具有特定生态意义的区域，其在我国可持续发展中

① 鲍君:《草原牧区可持续发展现状与对策》，载《兽医导刊》，92 页，2021（1）。

② 白建华、杨文凤、刘天平:《民族地区易地扶贫搬迁村产业发展的困境与路径选择：以西藏察隅县 L 村为例》，载《贵州农业科学》，152~158 页，2021（7）。

的战略地位非常重要。2015年中央一号文件提出，要大力发展畜牧业的产业化，促进一二三产业融合互动。推进草原牧区一二三产业融合发展，有利于延长产业链，提高产业附加值。立足资源优势，以市场需求为导向，大力发展特色畜牧业、畜产品加工业、牧区服务业，扶持发展一村一品、一乡（县）一业，壮大县域经济。有利于带动牧民就业致富，挖掘畜牧业多种现实功能，实现草原休闲、旅游以及文化传承价值，有利于打造一批集历史文化、地域风情和民族特点的特色旅游村镇和草原牧区旅游休闲产品。有利于改善草原基础设施条件，通过产业融合发展，促进硬件条件改善，使线上线下营销能力增强，管理水平和服务质量提高。有利于深入研究各种惠民政策的制定和落实，通过三产融合的逐步推进，陆续出台相关政策，从而使三产融合的发展得到制度保障。

内蒙古草原牧区具有特殊的地缘战略位置，位于北纬37°～53°之间，是全国养殖奶牛和绒山羊的最佳地带，是全国种植玉米、杂粮杂豆、马铃薯的最佳地带，农畜产品资源呈现出明显的多样性，绿色农畜产品丰富。全区人均耕地面积达0.24公顷，是全国平均水平的3倍，居全国之首。① 大量草场资源是现代化农业基础资源的主要组成部分，内蒙古三产融合的实行有利于牧区农业向集约化、专业化、组织化发展，提高农业综合生产能力。

4.1.2　内蒙古草原牧区三产融合有利于增强区域经济竞争力

内蒙古草原牧区发展一直受基础设施不完善和经济结构单一的限制，经济发展滞后。虽然牧区发展历史悠久，但由于地处边疆，自然条件所限，畜牧业所需的基础设施建设成本过高，故其总体规模还比较小。再加上地区之间的发展极不平衡，无法满足目前畜牧业生产发展的需要。长期以来，草原牧区一直实行粗放式的经营模式，工业和服务业不发达，仍然沿袭传统的放牧畜牧业模式，没有改变靠天养畜的状况。这种单一的畜牧业结构严重阻碍草原牧区商品经济的发展。② 由于地域广阔，草原牧区畜牧业也比较分散，畜产品的产业链没有形成，成为长期制约草原牧区综合经济实力提高的关键因素。

内蒙古草原牧区实行三产融合，将极大刺激人们的消费需求发生变化，农牧

① 吴应蔚：《内蒙古农牧业产业化发展现状、问题及对策》，载《现代农业》，50～51页，2012(8)。

② 包诺敏：《内蒙古新牧区建设现状及对策分析》，载《中国乡镇企业会计》，5～6页，2012（5）。

业不仅要提供饮食，更要提供如生态观光等多种服务。为顺应消费需求变化，农牧业要由单纯在耕地上想办法到面向整个牧区资源做文章，这就为牧区发展第三产业提供了机会，改变了原来单一的畜牧业结构，同时为畜牧业延长产业链、提高畜牧产品产量和质量、增加产品附加值提供了更大的空间。

此外，内蒙古草原牧区的发展实际上是区域的内生性发展，牧区和农牧业资源开发要保持一体性。我国作为农业大国，当前已形成了独具特色的产业结构、区域性农产品和农业主产区，但在开发农业资源上，区域优势还没有充分发挥出来，民俗、文化遗产等方面欠缺科学的开发。① 内蒙古草原牧区三产融合就是要把牧区的各种资源充分利用起来，在区域内挖掘资源潜力，形成内生发展动力，为区域经济发展拓宽渠道，增强区域竞争力。

4.1.3 内蒙古草原牧区三产融合有利于缩小城乡差距

过去，内蒙古牧区第一、第二、第三产业是隔绝的，内蒙古草原牧区因产业隔绝而划分为不同区域，区域之间交流不畅，存在农牧业区域基础设施不完善、科学技术水平低下、资金短缺的情况。而第二、三产业区资金技术相对进步，区域差距逐渐扩大，使得内蒙古牧区发展滞后，不利于民族团结和社会稳定。

通过内蒙古草原牧区三产融合，人才流、信息流、资金流、生产要素在产业间合理流动，避免在经济高速发展的背景下牧区萧条。为了保持农村经济和环境可持续发展，实行内蒙古牧区三产融合，可促进牧区活力和农牧业多功能的发挥，是内蒙古牧区繁荣的一个具体抓手。产业之间要有联动，牧区农牧业作为第一产业要有加工业，要有乡村旅游，就是要实现农牧产品生产+加工+乡村旅游一体化，促进农牧业产业升级，这有利于农牧业经济稳定发展，缩小不同产业区域经济发展差距，促进民族团结，维持社会稳定。

4.1.4 内蒙古牧区三产融合有利于我国牧区国民经济可持续发展

我国人口众多，随着经济社会的不断发展，人口、食品、资源和环境等问题日益凸显。由于我国农业基础设施比较薄弱，农业发展方式较粗放，农业生态环境保护不力，耕地、淡水等资源高度紧张，农业基础设施和技术装备相对落后，

① 包红英：《“促进农村牧区一二三产业融合发展”是农牧民增收的新渠道》，载《实践》（党的教育版），2018（1）。

保障国家粮食安全和主要农产品供给的压力依然很大。解决这些问题，维护国家整体经济安全，不可能单靠农业、农村和农民自身解决，还需要全社会和第一、第二以及第三产业的联合协作。绝不能头痛医痛，脚痛医脚，应该从根本上采取有效措施加以治理，走保护生态环境、充分合理地利用自然资源的可持续发展道路。①

内蒙古草地资源丰富，这是实现牧区国民经济持续发展的重要基础资源，草地资源是牧区可持续发展的基础条件。实行牧区三产融合，第一、第二和第三产业协调发展，避免各产业各自为战，避免破坏性开采等行为的发生，有利于保持草地覆盖面积，减少草地荒漠化、沙漠化。可以充分利用草地广阔的天然优势，结合技术手段，推行“互联网+农业”模式，结合当地民族风情，发展牧区特色产业，为促进内蒙古牧区经济又好又快发展发挥重要作用，同时也为我国国民经济可持续发展做出重要贡献。②

内蒙古牧区三产融合与经济可持续发展研究对于我国社会经济可持续发展、边疆民族地区和谐稳定具有重大意义，也能为我国民族地区社会经济科学发展提供决策参考与建议。

4.2　国外三产融合与经济可持续发展研究综述

4.2.1　产业融合概念发展进程

许多国外学者在刚出现小范围产业融合现象时就展开了研究。受当时技术发展的限制，并未将融合现象拓展到整个行业或产业，而是仅就产品的融合现象进行分析。产业融合的概念最先是由 Rosenberg（1963）在一篇有关美国机械设备的演化研究中提出来的，他将这种采用相同技术制造不同产品的现象称为“技术融合”。美国麻省理工学院的 Negrouponte（1978）在分析计算机、出版印刷和广播电视之间的关系时指出，在三者重叠的交叉处发展最快，此处也会成为有最大创新点的产业融合区。③

① 张雪梅：《中国西部地区产业生态化的发展路径研究》，兰州，兰州大学博士学位论文，2009。

② 李英震、马林、张顺：《内蒙古自治区三产融合的新制度经济学分析》，载《财经理论研究》，1～9页，2017（5）。

③ 李英震、宋宝剑：《农村三产融合发展研究综述》，载《大连民族大学学报》，568～571页，2017（6）。

在20世纪80年代，国外学者普遍接受并开始将融合现象扩充到世界各行业之间。Yoffie（1997）从企业的角度出发定义产业融合，认为企业之间若想将产品融合，就要采用新的技术战略和发展路线，并提出了具体的CHESS模型来分析企业融合过程中的各种因素。① 20世纪80年代，Oettinger、Nora和Mince通过研究使得不同形式的媒体，如图片、声音、动画等融合在一起，并称这种现象为“数字融合”。Alfonso和Sierwolt（1998）在对1984—1992年间计算机、通信和电子产品的数据进行分析后，提出了产业融合的核心是技术融合，但技术融合了，并不代表完成了产业融合的整个过程，接下来还包括产品业务融合和最后的市场融合。

进入21世纪后，数字技术和计算机网络大面积普及，产业之间的边界越来越模糊，技术变革引发产业边界重新界定。Lind（2005）建立了产业生命周期理论模型来分析产业融合的现象。② 此后，有关产业融合的概念变化就一直吸引着大量学者的关注。③

就目前的情况，农产品加工、食品加工、肥料生产等产业被第二产业加工制造企业吸附。农产品的流通、与农业相关联的情报和服务业等产业也被第三产业中的批发零售业、情报业等行业所吸附。作为第一产业的农业仅剩通过种养殖提供初级农产品这一单一功能了。针对这一现实情况，日本的今村奈良臣提出了农业的六次产业化，设想将这些被第二产业和第三产业吸附的产业返还给农业。④ 农业六次产业化可以定义为：在农村充分有效地利用农村地区资源，以第一产业的农业为基础，综合发展农产品加工等第二产业和农产品直销、餐饮业、休闲农业等第三产业，是农村各产业有机整合的过程。⑤

随着互联网行业的发展，世界愈发形成一个整体，当初亚当·斯密所提出的专业化与分工的现象将不再明显。产业之间的区别将逐渐消失，一、二、三产业

---

① 蔡勇志：《零售业产业融合研究》，福州，福建师范大学硕士学位论文，2006。

② ONO R，AOKI K. *Convergence and new regulatory frameworks：A comparative study of regulatory approaches to Internet telephony*［J］. *Telecommunications Policy*，199822（10）：817-838

③ 胡安俊：《产业生命周期：企业家精神、聚焦、匹配、转移、空间结构的综合研究》，北京，中国人民大学出版社，2016。

④ 崔振东：《日本农业的六次产业化及启示》，载《农业经济》，6~8页，2010（12）。

⑤ 韩艳萍：《内蒙古大兴安岭林区全域旅游发展问题探析》，载《中国经贸导刊（中）》，141~142页，2019（6）。

之间将会互相融合，形成你中有我、我中有你的局面。①

4.2.2 产业融合的类型

由于技术进步和社会开放，企业之间的竞争关系降低，合作比例升高，从而导致产业间边界模糊的现象（植草益，2001）。对于产业融合的分类角度，国外以往的研究主要有三种。

第一种是按照产品或产业性质分类，将产业融合分为替代性融合和互补性融合。如果一项技术替代了另一项技术，称为替代性融合；如果两项技术相互融合将会产生比单独运行更大的效应，称为互补性融合。在这种分类的基础上，Pennings 和 Purannam（2001）将经济学中的供给和需求参数融入，建立了一个 2×2 的矩阵模型，将产业融合继续细化为需求替代性融合、需求互补性融合、供给替代性融合、供给互补性融合四种类型。②

第二种是按产业融合的过程分类，将产业融合分为功能融合和机构融合。如果消费者在日常消费过程中，发现两个产业的产品之间形成替代关系或互补关系，则称为功能融合；如果企业认为两个不同产业的产品间存在联系，并同时生产或销售这两个产业的产品，则称为机构融合。Malhotra（2001）继续从功能融合和机构融合两条主线继续细化出三种融合程度不同的项目，即功能和机构的高度融合、高功能和低机构的融合、低功能和高机构的融合。③

第三种是按技术融合产生的创新性程度分类，Hacklin（2005）认为可以分为应用融合、横向融合和潜在融合三种类型。应用融合是指两种以上的已知技术融合产生的成果能够创造更多的附加值；横向融合是指一种及以上的已知技术和一种及以上的新技术融合，成果可以横向加强已有的技术；潜在融合是指两种或两种以上的新技术融合产生了新的技术概念，并带来了技术发展上的累积性进展。④

---

① 李英震、宋宝剑：《农村三产融合发展研究综述》，载《大连民族大学学报》，568~571 页，2017（6）。

② 王婉婷：《北京市文化创意产业与旅游业融合发展研究》，载《北京财贸职业学院学报》，35~40 页，2020（4）。

③ 邓寅：《中国“三网融合”发展进程与问题研究》，南宁，广西大学硕士学位论文，2012。

④ Hacklin F.，Marxt C，Fahrni F. *An Evolutionary Perspective on Convergence：Inducing a Stage model of Inter-industry Innovation*［J］. *International Journal of Technology Management*，201049（1-3）：220-249. http：//dx. doi. org/10. 1504/IJTM. 2010. 029419

4.2.3 产业结构的变化伴随经济增长过程

在世界经济的发展进程中，出现过三次历史性的转变，分别是两次工业革命和一次新技术革命。

第一次工业革命，蒸汽机的发明使得自耕农阶级消失，工业资产阶级和工业无产阶级发展壮大起来，促进了世界经济的重心由农业转向工业，大量机械化生产代替了手工生产，提高了工作效率，为企业带来了更大的经济效益。

第二次工业革命通过技术创新，强化了第二产业在世界总经济中所占的比重，同时将通信部门带入第三产业，使得重工业的产值比重超过轻工业，成为经济的核心。

19 世纪开始的新技术革命主要以美国的原子能和电子计算机技术为主导。随着技术的更新迭代，各个资本主义国家的第三产业都超过了国内生产总值的一半。1950 年美国第三产业占国内生产总值的 58.0%，1960 年英国第三产业占国内生产总值的 53.0%。[①]

Lind（2011）提出经济结构的变化使得全世界农业就业率从 80%下降到 10%左右，全球也从农业社会转为工业现代化社会。在金融危机前，西方的资本主义国家普遍实行“去工业化”策略，将本国的工业、制造业移到劳动成本更低廉的东南亚国家，使得本国就业迅速从第一、二产业转向第三产业。金融危机的爆发使得西方资本主义国家意识到完全依赖第三产业会使本国经济虚拟化。[②] 因此，为了增强本国在制造业的就业人数，美国提出了“再工业化”计划，德国提出了“工业 4.0”计划。这也使得日后产业结构变化的方向和规律更值得广大学者关注。中国在金融危机后，由于世界范围内制造业的竞争压力加大，经济增长开始放缓，出现经济新常态。为了缓解当前中国经济发展的困境，产业结构的转变和产业融合变得十分重要。

4.2.4 国外牧区经济发展现状

Thornton 在 2002 年提出，全世界 23%的较低收入人口居住在撒哈拉以南的

① R. 费罗德：《1700 年以来的英国经济》，271 页，London Eduard Arnonld，1996。

② 沈坤荣、田伟：《后危机时代的中国经济增长——结构性特征及其国际比较》，载《江苏行政学院学报》，55~60 页，2010（1）。

非洲地区，其中有60%的人口主要依靠家畜饲养生存。这些地区有2500万牧民和2.4亿农牧民将畜牧业作为主要收入来源。[①] 近年来，草原生态系统的破坏，使牧民生产成本增长的速度高于收入增长的速度，这对于以草原为唯一收入来源的牧民来说，形势十分严峻。除了当前出现的制约经济发展的问题外，还可能带来一系列社会问题。

国外学者和专门研究机构普遍认为目前世界草原牧区生态系统恶化的趋势在不断加剧。世界水土保持技术组织（WOCAT）（2009）报告显示：全世界3.4亿公顷牧场中有2.5亿公顷受到土壤退化的影响，比例高达73.5%。世界自然基金会（2007）根据相关证据得出：由于管理不到位、居住地转换不科学以及受气候变化等因素的影响，世界牧场的生物多样性明显下降。千年生态系统评估预计气候改变将是本世纪物种多样性减少的主要原因。Elliot Fratkin（2003）等认为牧区管理不善是导致牧区退化的主要原因，也促使干旱地区的干旱程度不断增加。Sandford（1983）归结当前的牧区发展情况，提出世界上大部分牧区正在经历土地退化和沙漠化，导致牧区退化和沙漠化的主要原因是过度放牧，其制度原因是牧民传统经济与社会制度，特别是共有土地产权制度。Dumanski（1994）从构建草原健康评价体系出发，研究草原生态系统的监测和调控方法，通过生态移民实现草原生态经济系统可持续发展的研究。

4.2.5 国外牧区可持续发展政策和经验

在澳大利亚，对畜产品、饲料和兽药等的质量都有非常严格的要求，对于没有达到标准的畜牧产品不准销售，对牧区的草原建设、森林采伐以及水利开发等都以法律的形式进行了规范，要求企业必须严格执行，违反者一律从重追究法律责任。[②] 为了鼓励农牧场主积极发展生产，政府还制定了包括对农牧业先进技术实行免税、对农用物资实行免税和补贴等相关优惠政策。对农用小型卡车、拖拉机及其备用零部件、汽柴油等都实行免税，对牲畜倒场放牧产生的牲畜运输费，政府补贴50%，对于不倒场放牧的牲畜，草料涨价的部分由政府补贴，对牧民出

① 吴英慧、高静学：《牧区可持续发展研究评述》，载《大连民族学院学报》，342~345页，2012（4）。

② 杨丽娟：《澳大利亚畜牧业发展特点简介》，载《贵州畜牧兽医》，28~29页，2014（4）。

售的牲畜，实行缓税政策，推迟 5 年后再征收。[①]

在澳大利亚政府的政策鼓励下，牧场主按照行业规则组成了很多生产合作组织，在这些合作组织中，畜产品生产者直接参与流通，拥有本行业产品的收购、定价、仓储、加工、运输、销售等全部产业链功能。各合作的牧场主利益均沾、风险共担。为了确保农牧业生产者的切身利益，澳大利亚政府还立法规定，生产者合作组织不受反垄断法的限制。在全澳大利亚设有大量的活畜交易市场，交易市场中有较好的设施设备，生产者出售活畜时可以以会员身份委托生产合作组织在交易市场中拍卖活畜。[②]

新西兰是一个草场资源非常丰富的国家，其畜牧业较为发达，养殖户可以免费申请租用草场。奶牛养殖场也可以在自家的私有牧场种植牧草，用于饲养和放牧奶牛。新西兰对草场的改良和建设都非常重视，采取分区围栏放牧以及种养相结合的养殖方式，在生产上实现了规模化。

新西兰还把生物技术引入牧区，对牧场的牲畜粪便进行无害化处理和循环利用。新西兰普遍采用生物技术直接把畜禽粪便制成生物有机肥或用于生产沼气，主要采用堆肥法来处理畜粪，既减少二次污染，还有利于改良土壤。养殖场采用堆肥处理法处理的牲畜粪便，一部分以有机肥的形式用于牧草种植，另一部分通过深加工，生产出质量较好的堆肥产品。这种技术的利用不仅解决了畜牧业发展对环境的污染问题，还使牧场废弃物实现了有效的循环利用。[③]

4.2.6 在生态保护的基础上发展草地畜牧业

草地资源在一个国家经济发展中兼有经济和生态双重价值。国际上畜牧业比较发达的国家都非常重视对生态环境的保护。只有具备良好的生态环境，才能保证畜牧业的持续发展。在此前提下，大力发展草地畜牧业，协调草地资源的生态效益和经济效益。美国、新西兰、澳大利亚等国家，在天然草场保护和人工草场

---

① 张立中、辛国昌：《澳大利亚、新西兰草原畜牧业的发展经验》，载《世界农业》，22~24 页，2008（4）。

② 刘亚军：《不同放牧强度对坝上草地植被和土壤理化性质的影响》，保定，河北农业大学硕士学位论文，2009。

③ 曲峻岭、董晓霞：《新西兰奶业发展概况及环境保护政策》，载《中国食物与营养》，20~23 页，2014（8）。

开发方面都制定了非常严格的制度。①

新西兰为了改善草地的土壤环境，提高土壤肥力，采用了以白三叶与黑麦草为主体的混播草种的种植方式，通过这种方式种植的草地，其营养含量和产量大幅度提高，从而实现提高畜产品产量和品质的目的。

澳大利亚政府不断加强草原建设，合理载畜，防止草原荒漠化。根据降水的多少确定牧草的产量，进而确定载畜量，由此确定饲养规模。这对于保护草场的再生能力是非常有效的。为了防备天灾，每个家庭牧场几乎都建有自己的人工饲草料基地，并储存充足的优质青干草和精饲料。澳大利亚的牧场绝大多数是畜群专业牧场，一般不搞马、牛、羊混合的牧场。专业养牛牧场又分为肉牛牧场、奶牛牧场、种牛牧场，专业养羊牧场又分为毛用羊牧场和肉用羊牧场等，以此来加强对草场的管理和保护。②

4.2.7 注重开发附加值高的畜产品，增加畜牧业利润

发达国家在畜产品精深加工上投入很大，通过畜产品的深加工打造独具特色的产品品牌，提高了畜牧业的附加值和利润。比如新西兰畜产品素以绿色环保、卫生安全、营养健康而闻名。他们非常关注市场需求，在深度市场调研的基础上开展新产品的研制和开发，这使他们的畜产品有很好的声望。每年畜产品出口量占全国总出口创汇量的50%，占日需品出口的80%，现已成为新西兰经济最重要的支柱产业之一。③

4.3 国内草原牧区三产融合和可持续研究状况分析

2015年中央一号文件首次提出推进农村一二三产业融合发展的创新思路。随之我国众多专家学者对其进行了深层次的研究与探讨。我国三产融合理论由六次产业化延伸而来，崔振东研究与解释六次产业化，通过分析农业六次产业化的理论与做法，总结和归纳农业六次产业化的特点及本质，解释了六次产业化的政

① 杨武、曹玉凤、李运起、李建国：《国内外发展草地畜牧业的现状与发展趋势》，载《中国草食动物》，65~68页，2011（1）。

② 张立中、辛国昌：《澳大利亚、新西兰草原畜牧业的发展经验》，载《世界农业》，22~24页，2008（4）。

③ 李含琳：《西部民族地区草产业与畜牧业同步推进模式探讨》，载《柴达木开发研究》，13~16页，2013（2）。

策含义，提出了我国农村的可持续发展应选择以外生性为先导，逐步推进内外型混合发展模式的建议。[①②]

4.3.1　三产融合的内涵

姜长云教授认为，三产融合从根本上属于产业融合，是基于技术创新或制度创新，使产业边界模糊，从而形成产业发展一体化模式。[③] 通过产业渗透、产业交叉和产业重组等路径，延长产业链、价值链，引发产业功能升级、业态多样、组织方式灵活和商业模式创新等重大变化，就是要依托农业，立足农村，惠及农民，重点在县和县以下，关键在创新。

赵海认为，农村一二三产业融合是农村各类农业产业组织通过产业链的延伸、利益机制的完善，打破农产品生产、加工、销售分裂的状态，使整个链条各环节融会贯通、各经营主体和谐共存的良好产业生态。从融合主体划分，可分为内源性融合和外源性融合。从融合路径划分，可分为组织内融合和组织间融合。[④]

徐旭初教授认为，三产融合的发展实质是农业在多功能、多层次、多维度上特别是纵向一体化上的发展。其发展基点在于通过推进原材料生产、农产品加工和物流、农产品营销等一二三产业融合发展，使产业链的增值收益更多地留在农村、留给农民。其发展路径，一要延长农业产业链，提高农业附加值，不断增加农民的农业经营性收入；二要积极拓展农业的多种功能，挖掘乡村康养休闲、旅游观光、文化教育的价值，发展多种形式的农村服务业，增加农民工资性收入和创业性收入；三要激活农村要素资源，增加农民财产性收入，其发展关键是要以资源优势为立足点，以市场为导向，激活相关闲置生产要素等，其中最重要的是大力发展以劳动与资本等多要素结合的农村股份合作组织形式，大力构建与三产融合发展相适应的经营机制和利益机制。[⑤]

---

① 崔振东：《日本农业的六次产业化及启示》，载《农业经济》，6~8 页，2010（12）。

② 李英震、马林、张顺：《内蒙古自治区三产融合的新制度经济学分析》，载《财经理论研究》，1~9 页，2017（5）。

③ 姜长云：《日本的“六次产业化”与我国推进农村一二三产业融合发展》，载《农业经济与管理》，5~10 页，2015（3）。

④ 赵海：《论农村一二三产融合发展》，载《农村经营管理》，26~29 页，2015（7）。

⑤ 徐旭初：《浅谈推进农村一二三产业融合发展》，载《中国农民合作社》，21~22 页，2015（3）。

4.3.2 我国三产融合发展影响因素研究

姜长云教授认为，我国农村实施一二三产业融合发展应该有更宽的思路，凡是涉及农村一二三产业融合发展的，凡是推进农业现代化和农业发展方式转变的，均应支持。在我国推进农村一二三产业融合发展的过程中，固然需要借鉴发达国家的经验，但对于所谓经验的借鉴，应本着客观、谨慎的态度。要尊重我国城乡二元结构的实际以及产业分工的规模，着力引导农产品初加工、特色加工和旅游消费型经济到农村发展。鼓励外部植入型经营主体在推进农村一二三产业融合发展过程中发挥引领和示范作用，增强本土化的经营主体参与农村一二三产业融合发展的能力，有效提升农村一二三产业融合发展的层次。①

学者林建华认为，我国一二三产业融合要以农民家庭、农民合作社和农村家庭农场为平台和载体。在此基础上，从现代农业的发展趋势看，非常关键而重要的问题是靠农业机械化的发展来解决三次产业的融合。②

刘国明教授从农村一二三产业融合的背景意义出发，认为我国三产融合要走出一条中国特色农村一二三产业融合发展的道路。在这条道路上我们要明确，融合的基点在农业，融合的关键在农产品加工及休闲农业，融合的主体在新型经济体系，以及融合的保障在市场和政府两只手的共同作用。③

郑风田、乔慧等认为，我国产业融合发展中，要把新型农业经营主体作为农村一二三产业融合发展的基础；把政策鼓励作为农村一二三产业融合发展的保障；把农业供给侧结构改革作为农村一二三产业融合发展的新动力。在我国农村一二三产业融合发展过程中，要抢抓机遇，直面挑战，充分发挥各层级主体的作用。把微观主体作为引擎，以中观层面的发展为形式，以宏观政策为保障，合力推进农村产业融合。要确保农业、农民在一二三产业融合中始终处于主体地位，政府要着力提供法律、资金、基础设施建设等多方面服务，促使农村一二三产业融合有序推进。④

---

① 姜长云：《日本的“六次产业化”与我国推进农村一二三产业融合发展》，载《农业经济与管理》，5~10页，2015（3）。

② 林建华：《在“三产融合”中发挥农机化作用》，载《农机质量与监督》，46页，2015（8）。

③ 王军：《农业现代化视野的产业融合互动及其路径初探》，载《今日财富（中国知识产权）》，1~3页，2021（9）。

④ 乔慧、程郁、曾起艳、郑风田：《农业技术培训对农户农业收入影响的实证研究——基于1123户农户的调研》，载《调研世界》，13~17页，2016（5）。

董荣奎、赵一帆认为中央出台的有利政策是促进三产融合的重要保证。农牧民以土地、草场、牲畜等资产入股农畜产品加工业和批发零售业，是促进三产融合的基础表现形式，可以建立企业与农民之间紧密的利益联结机制，实现企农共赢。①

4.3.3 我国三产融合发展实现途径研究

孟春、高雪姮认为，优化产业结构是我国实现三产融合的前提条件，并要坚持三项基本原则。一是切实尊重农民意愿、保护农民利益和保障农户承包土地的合法权益；二是要明确三产融合的前提是增加农民收入，否则不可为；三是地方政府要做好农民的保护伞，提高保护农民合法权益的能力，坚决打击企大欺农、店大欺农等现象，努力开创农村工作的新局面。②

李静、盖志毅认为，建设有效的农产品流通体系是推动农村一二三产融合发展的必要途径。流通体系的建立首先要建立相应的法律法规，确立政府监管者的地位，保障农民和消费者的利益。其次，优化中国农产品流通载体，建立适当规模的农业产业组织。三产融合要建立现代公司管理制度，进行公司化的管理，以法人制度为基础，建立起产权明晰、管理有序、秩序公平、监管有力的统一交易场所，吸引原来分散的农户集中在一起进行交易。采用委托代理的方式来规范市场交易，使农产品流通渠道更加完善，同时要加强交易市场的基础设施建设，为农产品流通交易提供载体。最后，利用现代信息技术，打造高效的农产品信息管理平台，实现农产品供需信息共享，实现产销信息互动，充分发挥市场在调节农产品流通交易方面的优势。③

王道荣对宿州市三产融合发展进行了分析与研究，认为在农村发展三产融合应转变农业发展方式，创新发展理念；严格规范土地经营，大力培育农村三产融合主体并激发其发展活力；构建包括生产体系、经营体系等在内的农业产业体系，提升三产融合的工业化水平，增强三产融合的发展动力；拓展现代农业服务

---

① 董荣奎、赵一帆、何佳、张晓霞：《三产融合——农村经济可持续发展的新举措》，载《内蒙古农业科技》，144~147 页，2015（6）。

② 孟春、高雪姮：《大力推进三产融合加快发展现代农业》，载《发展研究》，7~8 页，2015（1）。

③ 李静、盖志毅：《日本农产品“地产地消”流通模式对中国农产品流通体系路径优化的启示》，载《世界农业》，68~71 页，2015（11）。

业的内涵，挖掘发展潜力，破除影响三产融合发展的要素瓶颈，凝聚发展合力。①

4.3.4　我国三产融合的模式及类型

王铁军认为，中国推动一二三产业融合，正试图通过市场化手段，将传统农业、农村、农民所构成的庞大社会基础改造成为空前庞大的国家战略空间，形成“经济带+产业集群+社区”的国家战略模式。②

赵海整理其以往的调研情况，得出四种一二三产业融合类型，即农户主导型、农民合作社主导型、龙头企业主导型以及“互联网+X”型。③

何钦在福建农村的调研中发现，农村三产融合发展中存在六种形式：“合作社+家庭农场+专业户”——新型经营主体造就农村三产融合发展模式；“公司+农户+基地”——龙头企业推进农村三产融合发展模式；“农业+园区”——特色农业园区引领农村三产融合发展模式；“农业+旅游”——休闲观光助推农村三产融合发展模式；“农业+旅游”——休闲观光助推农村三产融合发展模式；“农业+品牌”——品牌效应促进农村三产融合发展模式。④

4.3.5　我国政府对三产融合的提出及指导意见

2015年中央一号文件《关于加大改革创新力度加快农业现代化建设的若干意见》围绕促进农民增收、加大惠农政策力度，首次提出要着力推进农村一二三产业融合发展。主要内容如下：增加农民收入，必须要在延长农业产业链、提高农产品附加值上做文章。要立足现有资源优势，根据市场需求，积极发展特色种养殖业、特色农产品加工业、农村服务业。各级政府要扶持开发一村一品、一乡（县）一业，不断壮大县域经济，带领农民就业致富。积极拓展农业功能的多样性，挖掘乡村生态休闲、旅游观光、康养结合、文化教育等价值。建设一批具有历史特点、地域特点和民族特点的特色旅游村镇，开发多形式、有特色的乡村旅游产品。对乡村旅游休闲基础设施建设加大投入力度，提高服务水平和管理质量。针对乡村旅游休闲发展的用地、财政、金融等内容制定科学合理的扶持政策

① 王道荣：《宿州市探索农村三产融合发展的新思路》，载《安徽农学通报》，8～10页，2015（23）。

② 王铁军：《六次产业背后的国家战略意图》，载《农经》，26～28页，2015（6）。

③ 赵海：《论农村一、二、三产业融合发展》，载《中国乡村发现》，107～114页，2015（4）。

④ 何钦：《福建农村三次产业融合的调查与思考》，载《当代农村财经》，45～48页，2015（12）。

和税收优惠政策，激活农村闲置资源，增加农民财产性收入。①

2015年末国务院办公厅印发的国务院办公厅《关于推进农村一二三产业融合发展的指导意见》，具体内容如下：主要目标是到2020年，基本形成三产融合发展总体水平明显提升、产业链更加完整、功能更加多样、业态较为丰富、经营主体利益联结紧密、产城融合更加协调的新格局。农业竞争力显著提高，农民收入普遍增加，农村活力明显增强。

农村产业融合方式做到类型多、方法活。包括加快新型城镇化推进速度、调整农业结构，以农业与牧业相结合、农业与林业相结合和循环发展为导向，加快农业种植养殖结构优化调整，着力发展绿色农业。延伸农业产业链条，发展农业生产性服务，鼓励开展代耕代种代收、大田托管、统防统治、烘干储藏等市场化和专业化服务。开发拓展农业的多种功能，推进传统农业与旅游、教育、文化、康养等产业的深度融合，发展多种新型业态，采用大数据、云计算等技术，大力发展农产品电子商务，引导产业集聚发展。②

培育多元化农村产业融合主体。以家庭农场和农民合作社为基础，以龙头企业为示范，充分发挥供销合作社综合服务功能，带动建立多种行业协会和产业联盟，利用农村"四荒"（荒山、荒沟、荒丘、荒滩）资源发展多种经营，治理农业环境、修复农田水利建设和生态。③

采用多种形式，建立起利益联结机制。大力发展订单式农业，鼓励龙头企业在坚持平等互利原则的基础上，与农民合作社、农户和家庭农场签订稳定的农产品购销协议，保持长期稳定的供需关系。在农村积极引导发展股份合作，使工商企业在健全风险防范机制方面承担起社会责任。

提升多种渠道的农村产业融合服务。搭建农村产业融合公共服务平台，特别是搭建农村综合性服务的信息化平台，提供电子商务、乡村旅游、农业物联网、价格信息、公共营销等服务。创新农村金融服务，发展农村普惠金融，优化县域金融机构网点布局，推动农村基础金融服务全覆盖。健全农村产业融合推进机

① 李喆：《浅析现代农业产业体系的发展现状与前景》，载《山西农经》，153~155页，2021（20）。

② 黄花：《我国农村一二三产业融合发展的理论探讨》，载《中国石油大学学报》（社会科学版），22~27页，2019（2）。

③ 《中共中央国务院关于加大改革创新力度加快农业现代化建设的若干意见》，载《中国农民合作社》，8~14页，2015（3）。

制。加大财税支持力度，开展试点示范，落实地方责任，强化部门协作。[①]

李克强总理在2015年12月23日的国务院常务会议上指出，推进农村产业融合发展，不能再走过去“村村点火、户户冒烟”的老路，而要以新型城镇化和农业现代化协调并进作为重要载体。农村三产融合要密切结合新型城镇化的发展进程，农产品加工企业要进入产业园区和城镇，以此推进“产城结合”的新型城镇化发展。我们在上一轮国企改革中拆分垄断企业，形成市场竞争，这是进步。千万不能再回到垄断的老路上。要根据时代发展和当前进一步推动市场竞争的需要，把兼并重组和混合所有制改革结合起来，确保国有资产保值增值。[②]

4.3.6 国内草原牧区可持续发展的涵义界定

早在1986年，钱学森在《草原、草业和新技术革命》中就提出了知识密集型草产业理论和草原牧区的发展模式。一直以来，草原牧区对于我国生态环境的保持、促进国民经济发展以及民族地区民生水平的提高发挥着不可替代的作用。近年来伴随着经济的快速发展，草原牧区的生态环境遭到了严重破坏，这一问题引发国内学界对牧区发展的理论与实践层面开展了广泛的研究。

在系统的草原牧区可持续发展理论体系尚未真正建立起来的情况下，国内学者对草原牧区可持续发展的内涵和界定也并不清晰，没有形成统一的认识。付桂军结合内蒙古地区的特征提出了牧区可持续发展的内涵与特征，指出民族地区草原牧区可持续发展绝不可忽视民族性，在追求经济发展的同时，还要兼顾人口、资源、环境的同步发展。[③] 韩柱提出，牧区经济可持续发展机制应包含草原生态保护长效机制、基本草原保护与生态补偿机制、牧区经济发展社会化服务机制与草原畜牧业专业化、市场化发展机制。[④] 潘建伟等《建立中国牧区统筹发展的体制机制研究》指出，中国牧区具有边疆民族性、生态环境脆弱性、产业结构单一性、社会发展滞后性等特征，提出牧区经济要与生态环境、社会环境协调发展，实现牧区区域协调发展，并构建牧区统筹发展的体制机制，从而实现牧区可持续

① 国务院：《推进农村一二三产业融合发展》，载《中国农民合作社》，5~6页，2017（11）。

② 李克强：《加快推进农村一二三产业融合发展》，载《中国应急管理》，15页，2015（12）。

③ 付桂军：《内蒙古半农半牧区可持续发展评价》，载《干旱区资源与环境》，33~38页，2009（6）。

④ 韩柱：《牧区经济可持续发展研究》，载《现代经济信息》，196~198页，2012（17）。

发展。[①] 郎侠指出，草原牧区的可持续发展就是在对天然草场资源进行合理的利用和有效的保护及改造，保证草场—家畜—环境协调发展，从而使草地资源形成可循环利用、取之不尽、用之不竭的局面。草原牧区的可持续发展要采取如下战略措施：天然草场的合理利用和保护，积极培育优质牧草和良种家畜，发展牧区教育事业，提高牧民文化素质，以及确保牧区发展政策的持久性、稳定性和现实性。[②]

许多学者以普遍联系的辩证分析视角，扩展了牧区可持续发展的分析范畴，将牧区可持续发展与其他相关问题的关联性进行比较研究，从中总结出牧区可持续发展的一些特征。秦丹等论述了生态环境与牧区经济发展的关系，指出，牧区经济可持续发展的前提是草原生态环境的稳定。[③] 柴永青等提出草地农业生态系统包含前植物生产层、植物生产层、动物生产层和后生物生产层四个生产层，处理好四个生产层之间的关系，有利于草原牧区牧业社会的转型，实现可持续发展。[④] 潘建伟等从科学发展观的角度提出要实现牧区协调统筹发展，必须建立包括完善与构建牧区决策监督机制、牧区服务型公共财政制度、牧区预警和应急机制、牧区城乡协调发展等体制机制。[⑤] 史俊宏等认为，牧区可持续发展与牧区人口存在辩证关系，人口因素是制约牧区可持续发展的重要因素之一。[⑥] 汪丽萍提出，西部农牧区发展特色经济有利于生态文明建设，有利于提高经济发展的质量和效益，促进农牧民就业和增收。[⑦] 李泉认为，草原牧区可持续发展与提高草原的农牧民生活质量以及完善农牧民生活保障等密切相关，是草原牧区的重要组成部分。[⑧] 王关区指出，草原生态经济系统良性循环与草原牧区发展战略选择、产

① 潘建伟、张丰兰、奥嫩：《建立中国牧区统筹发展的体制机制研究》，载《经济研究参考》，24~34页，2010（45）。

② 郎侠：《对中国牧区可持续发展问题的探讨》，载《四川畜牧兽医》，10页，2005（3）。

③ 秦丹、刘长根、龙炳清、谭江月：《浅论西藏草原生态建设与牧区经济可持续发展》，载《四川环境》，37~39页，2004（2）。

④ 柴永青、曹致中：《草地农业生态系统4个生产层理论对肃北县畜牧业可持续发展的指导》，载《草业科学》，160~164页，2010（4）。

⑤ 潘建伟、张丰兰、奥嫩：《建立中国牧区统筹发展的体制机制研究》，载《经济研究参考》，24~34页，2010（45）。

⑥ 史俊宏、赵立娟：《牧区可持续发展的人口问题研究》，载《内蒙古财经学院学报》，33~36页，2008（6）。

⑦ 汪丽萍：《西部农牧区特色经济与经济发展方式的转变——以青海省为例》，载《改革与战略》，99~102页，2011（5）。

⑧ 李泉：《甘肃草原牧区发展的难点问题剖析》，载《农业开发与装备》，3~6页，2010（7）。

业结构调整、生态产业发展、制度创新、技术创新、牧区防灾减灾以及牧民收入等问题密切相关。[①]

4.3.7 影响牧区可持续发展的因素分析

国内学者对制约和影响我国草原牧区可持续发展的因素有较多研究，研究结果大致趋同。其中比较集中的观点是认为影响我国牧区可持续发展的主要因素是草畜失衡。2004 年 7 月 10 日，内蒙古自治区副主席雷·额尔德尼在全区水上保持工作会议上的讲话，以内蒙古为例论述了内蒙古生态环境情况，对内蒙古生态环境现存问题进行归结，指出气候环境对草原生态系统具有重要影响。魏虹、汪飞杰比较全面地分析了影响牧区可持续发展的因素，认为制约我国五大牧区可持续发展的因素主要有十项，分别是经济成本高、基础设施差、经济规模小、气候恶劣、水资源匮乏、农业劳动者素质不高、土壤侵蚀严重、生态脆弱、人口发展和科技贡献率低等。[②] 焦玉光等分析了游牧变为定居、引入农业生产模式、人为因素和气候变化等多重因素促使草原退化。[③] 丁勇认为，经营规模与经营行为都是影响家庭牧场可持续发展的重要因素，指出可持续发展水平较低的牧户在获得能源、信息等资源和应对环境灾害方面的能力较弱，而可持续发展水平较高的牧户则反之。[④] 黄莹霞等强调了自然因素对牧区可持续发展的影响，认为引起草原退化和牧区生态环境恶化的重要自然因素是气候的恶化和自然灾害的发生。[⑤]

国内学者一致认为，过度放牧导致草畜失衡，是致使草原退化、破坏牧区可持续发展的主要原因。张旭等以甘肃省甘南州玛曲县的阿孜畜牧试验场为例，根据实际数据得出过度放牧导致天然草地退化，严重影响牧区的可持续发展。[⑥] 路战远等提出草原牧区高污染、高耗能工业的发展是造成草场资源破坏与环境污染

---

① 王关区：《关于内蒙古新牧区建设的几点思考》，载《北方经济》，30~33 页，2011（11）。

② 魏虹、汪飞杰：《五大牧区草业发展与水资源关系研究》，载《中国农学通报》，300~305 页，2005（4）。

③ 焦玉光、李树强、王宇、廉博、崔仲楠、包庆：《论草原牧区的可持续发展》，载《内蒙古草业》，19~21 页，2008（4）。

④ 丁勇：《天然草地放牧生态系统可持续发展研究》，呼和浩特，内蒙古大学博士学位论文，2008。

⑤ 黄莹霞、陆文铭、王丽娜：《甘南州草地生态系统现状及可持续发展对策》，载《甘肃科技》，5~8 页，80 页，2011（8）。

⑥ 张旭、冯琦胜、于惠、王玮、梁天刚：《甘南牧区草畜供求动态变化与调控——以阿孜畜牧试验场为例》，载《草业科学》，648~655 页，2011（4）。

的主要因素。[①] 王关区指出，我国牧区经济发展中存在草原退化严重、草原产权不明晰等问题，影响了牧区经济的可持续发展。孟淑红所著的《典型草原畜牧业及“三牧”问题研究》比较全面地分析了内蒙古草原牧业、草地生态经济、草地资源、草业发展现状及特点和主要存在的问题，指出当前畜牧业存在的主要问题是草原未得到合理利用。[②] 刘振江等认为，在我国畜牧业规模化、集约化程度不断提高的背景下，牲畜养殖和畜产品加工业带来了严重的环境污染，使生态环境不断恶化。在草场资源遭到破坏的同时，使畜牧业自身的可持续发展和国民经济发展受到了严重的制约。[③] 张莉通过研究城市化对牧区发展的影响，得出内蒙古城镇化进程中困难重重，只有找准病症所在，结合多重要素综合考虑，制定科学的、合理的、可行的自身发展模式，才能实现与建立牧区城市化的可持续发展模式。[④]

4.3.8 牧区可持续发展模式研究

国内学者根据我国不同草原牧区的特征，构建了不同的草原牧区可持续发展模式。邓艾认为，要加快牧区经济发展、治理草原生态退化，就必须构建以草原生态牧业、草原生态工业和草原生态旅游业为主体框架的草原牧区生态经济模式。[⑤] 秦丹通过对西藏草原数据的量化分析，得出西藏草原生态经济的可持续发展涉及自然条件和社会条件。其中自然资源多数处于不可控的状态，而社会条件大多是可以控制的。并根据可控科技、资金、物资等因子建立了西藏地区草原生态经济可持续发展模型。[⑥] 杨光梅提出了实现草原牧区可持续发展的生态经济路径，通过构建牧区可持续发展的生态经济路径框架图，明确了可持续发展中的关键要素与主要问题。[⑦] 闵文义等则认为，现行草原牧业经济制度已不能适应社会

---

① 路战远、刘孝忱、栗林：《内蒙古新牧区建设中的制约因素分析》，载《内蒙古科技与经济》，13~17页，2010（18）。

② 王关区：《牧区经济发展中存在的主要问题及其对策》，载《内蒙古社会科学》（汉文版），114~119页，2010（3）。

③ 刘振江：《我国畜牧业可持续发展研究》，载《安徽农业科学》，3416~3417页，2007（11）。

④ 张莉：《内蒙古城市化对牧区发展的影响》，载《现代经济信息》，395页，2014（5）。

⑤ 邓艾：《创造市场才会大赢》，载《经营者》，1页，2002（11）。

⑥ 秦丹、刘长根、龙炳清、谭江月：《浅论西藏草原生态建设与牧区经济可持续发展》，载《四川环境》，37~39页，2004（2）。

⑦ 杨光梅：《草原牧区可持续发展的生态经济路径》，载《中国人口·资源与环境》，444~447页，2011（S1）。

经济发展的客观要求，应推行城镇化战略，实行专业化生产来推动草原牧业的现代化建设以实现牧区可持续发展。① 苏大学针对西藏草地畜牧业发展提出科学发展战略，发展模式应从传统的纯牧区逐步向半农半牧区和农区过渡，形成牧区繁育，农区、半农半牧区育肥，城镇加工的分布格局，并根据不同地区资源与生态特点提出了可持续发展的途径。② 张立忠教授在题为《中国草原畜牧业的发展模式研究》的国家社科基金项目中，用实证和比较的方法全面系统地研究了国内外草原畜牧业发展模式的形成条件、特征、演变、生命力、局限性等内容，对我国内蒙古、新疆、青海、西藏等重点牧区的草原畜牧业发展模式进行设计，设计涵盖畜牧业经营的规模、主导生产项目的选择和辅助生产项目的优化配置等，确定了草原畜牧业生态效益与经济效益的最佳结合点。布尔金、赵澍等在2002—2004年新疆草地调查数据、2006—2008年中国科学院组织的“新疆生态建设和可持续发展战略”考察和调研数据的基础上，提出新疆要尽快实现从传统的放牧畜牧业到现代化畜牧业的转变，这是新疆草地畜牧业可持续发展必经的战略性转型。③ 解柠羽、马林、张扬通过实地调研，并对其调研的模式进行了总结和提炼，指出只有兼顾畜牧业系统开放、民生改善及生态恢复的动态平衡，才能实现牧区的可持续发展。④

4.3.9 牧区可持续发展指标与评估研究

我国天然草场辽阔，草原牧区的自然条件差异性较大，掌握真实的数据难度较大，所以建立全国性牧区可持续发展指标体系也比较困难。我国大部分学者都是结合区域草原牧区的特点来设立相应的指标体系。李泰君等在自然资本等五种资本形式研究的基础上，构建了家庭牧场可持续发展综合评价指标体系，定量评价了内蒙古白音锡勒牧区30个家庭牧场可持续发展的现状⑤。王晓鹏等构建了青

---

① 闵文义、才让加、戴正：《城镇化：西部民族地区草原牧区可持续发展的必由之路——阿克塞县草原牧区可持续发展模式调研报告》，载《西北民族研究》，188~195页，2004（3）。

② 苏大学：《西藏草地畜牧业发展战略的调整》，载《草地学报》，44~47页，2005（S1）。

③ 布尔金、赵澍、何峰、徐大伟、朱小林、李向林、辛晓平：《新疆草地畜牧业可持续发展战略研究》，载《中国农业资源与区划》，120~127页，2014（3）。

④ 解柠羽、张扬、马林：《基于牧区可持续发展的内蒙古阿巴嘎旗草原保护红线划定问题研究》，载《大连民族学院学报》，605~607页，2014（6）。

⑤ 李泰君、牛建明、董建军、丁勇：《典型草原区家庭牧场可持续发展评价与对策研究——以内蒙古白音锡勒牧场为例》，载《安徽农业科学》，14424~14427页，14432页，2009（29）。

藏高原牧区可持续发展评价指标体系，并对青海省内的30个牧区县做出发展现状评价。[①] 吴璇等在锡林郭勒高原和呼伦贝尔高原典型草原区中选取19个调查点，计算了不同植物群落的活力和恢复力指标，从草地生态系统健康评价的角度出发，用特定指标来衡量草地活力及其恢复情况，得出内蒙古典型草原的退化现状。[②] 陈海燕等通过内蒙古等6省区牧户调研数据，就不同区域内牧户对现行的草原生态保护及相关补贴政策的认知情况、评价情况以及政策实施后牧户的养殖困难和政策期望进行分析，提出了相关对策建议。[③] 张莹、肖海峰基于内蒙古、青海、甘肃、河北四省区农牧户调查问卷数据，比较分析不同地区、不同特征农牧户对草原畜牧业扶持政策的认知和评价，在分析农牧户生产经营中面临的问题和政策需求的基础上，提出了相关对策建议。[④]

4.3.10 实现牧区可持续发展途径研究

我国学者对实现牧区可持续发展的途径研究得比较全面，探索的实现途径也比较成熟。特别是在少数民族牧区实现可持续发展的过程中，结合不同系统对草地资源的不同影响方式，有针对性地制定措施，主要途径包括以下几个方面。

一是建立科学的牧区草场产权，实施草场依法流转。蔚俊等通过对甘南地区草地畜牧业发展状况及主要问题进行分析，指出产权界定不清晰导致了公共牧场的退化，提出要有关于草地产权的相关制度设计，保障草原牧区草地资源的有效配置。[⑤] 敖仁其等提出，有效的草原产权模式是草原牧区可持续发展的制度保障，在设计草原所有权制度体系时要充分考虑到不同民族、不同文化传统、不同生态与经济因素。[⑥] 延军平提出，在经济发达地区采取牧权交易的方式实现生态

---

① 王晓鹏、曾永年、曹广超、丁生喜：《基于多元统计和AHP的青藏高原牧区可持续发展评价模型与应用》，载《系统工程理论与实践》，139~144页，2005（6）。

② 吴璇、王立新、刘华民、梁存柱、王炜、刘钟龄：《内蒙古高原典型草原生态系统健康评价和退化分级研究》，载《干旱区资源与环境》，47~51页，2011（5）。

③ 陈海燕：《农牧户对草原生态保护补奖政策的评价与期望——基于内蒙古等6省区绒毛用羊养殖户问卷调查数据的分析》，载《农业经济与管理》，73~81页，2013（5）。

④ 张莹、肖海峰：《可持续发展背景下草原畜牧业扶持政策评价与需求分析——基于农牧户的视角》，载《家畜生态学报》，15~22页，2015（4）。

⑤ 蔚俊、龙瑞军、高新才、李文卿、尚占环：《甘肃甘南地区草畜平衡现状与发展对策》，载《草原与草坪》，52~56页，2007（3）。

⑥ 敖仁其、达林太：《草原牧区可持续发展问题研究》，载《内蒙古财经学院学报》，26~29页，2005（2）。

交易，而在经济欠发达地区则采用生态购买和生态补偿的办法。[①] 余露等分析了不同类型草场流转的困难，提出了促进草场合理流转与实现可持续发展的建议。[②] 赖玉珮与李文军根据内蒙古具体案例，从人、草、畜三者相互关系的角度阐明草场流转在一定程度上可以缓解草场供求矛盾，有利于牧区人与自然发展的平衡，但是草场流转无法根本解决草场牧民贫富分化问题，被流转草场过度利用的问题也无法解决。[③] 刘加文提出，加快推进草原承包确权登记颁证工作，对于维护土地所有人合法权益，打牢草原牧区生态保护的基础，促进牧区可持续发展等方面都具有重要作用。[④] 李玉新、魏同洋等认为，政府有力的保障制度是建立科学的牧区草原产权、实施草场合理流转的前提。[⑤]

二是建立科学的畜牧业生产方式，科学保护与建设草原，强化草畜平衡。郑友民根据青海近年来畜牧业生产存在的问题与实践经验，提出了牧区畜牧业生产方式转变的若干建议，特别提出了重视牧区专业合作社扶持与发展的问题。[⑥] 高迎军结合鄂尔多斯市的草畜业发展情况，提出对天然草场的植被加强保护等措施。[⑦]。周俊根据川西北牧区情况，提出"以草为本、草业优先"的策略来实现草原牧区的可持续发展。[⑧] 杨振海提出，种草养畜是石漠化地区生态建设和脱贫致富的关键措施。[⑨] 贾幼陵认为，推进草畜平衡是实现生态补偿的前提条件，是

① 延军平、张志民、张小民、张璐：《草原牧区生态与经济互动途径研究》，载《干旱区资源与环境》，68~74页，2008（4）。

② 余露、汪兰溪：《探索牧区草场流转发展之路——以宁夏盐池牧区为例》，载《农业经济问题》，105~109页，2011（4）。

③ 赖玉珮、李文军：《草场流转对干旱半干旱地区草原生态和牧民生计影响研究——以呼伦贝尔市新巴尔虎右旗M嘎查为例》，载《资源科学》，1039~1048页，2012（6）。

④ 刘加文：《发展南方草地畜牧业必须突破效益制约》，载《草业科学》，1913~1916页，2013（12）。

⑤ 李玉新、魏同洋、靳乐山：《牧民对草原生态补偿政策评价及其影响因素研究——以内蒙古四子王旗为例》，载《资源科学》，2442~2450页，2014（11）。

⑥ 郑友民：《发展合作社经济转变牧区畜牧业生产方式着力促进牧区可持续发展》，载《中国畜牧业》，20~23页，2012（18）。

⑦ 高迎军、张祥云、李云廷、张金平：《强化草畜平衡推动鄂尔多斯市畜牧业可持续发展》，载《畜牧与饲料科学》，107~108页，2009（2）。

⑧ 周俊：《"以草为本、草业优先"——川西北牧区可持续发展的新路径》，载《农村经济》，113~115页，2011（5）。

⑨ 杨振海：《种草养畜是石漠化地区生态建设和脱贫致富的关键》，载《中国牧业通讯》，8~9页，2010（20）。

保护草原和牧区的重要任务。①

三是转变牧区产业结构，打造生态牧业。秦丹等提出实现牧区可持续发展，必须调整牧区的产业结构，大力发展草原生态旅游业。② 佟海彪强调草业经济的发展促进牧区经济的发展，牧区经济的发展对草业经济具有反作用，应不断推进牧区草业产业化经营模式。③。才让三智提出，草原对生态环境与经济发展的重要性，加快发展牧区草原生态旅游业，促进关联产业发展，是当前增加农牧民收入与实现牧区可持续发展的需要。④ 王世金等认为，牧区生态旅游发展必须以生态安全建设为目标，以退牧还草工程、生态保育工程、人文景观开发和牧区新农村建设为依托，正确处理好生态环境与草原旅游发展的关系，从而促进牧区生态、经济社会的协调发展。⑤

四是减轻人口压力，实施牧区生态移民。这是当前的一个热点，目前现实中解决得并不好。国内学者比较关注这方面的研究。敖仁其等认为，牧区人口的增加已经超出草地承载能力，因此导致草原退化，可以建立畜牧业生态补偿基金，牧区人口适当退出牧业，转而从事其他产业。张丽君等分析了西部草原牧区在生态移民进程中存在的问题，提出并完善了促进牧区可持续发展的移民对策。杨光梅认为，实现草畜平衡的重要途径是减少牧民数量，引导过剩牧民进行产业转移，是实现牧区可持续发展的有效路径。⑥

五是增加财政投入，建立牧区生态补偿机制。近年来，随着国家关于建立草原生态保护补助奖励机制政策的实施，针对如何加大财政投入，完善公共财政制度，建立牧区生态补偿机的制研究逐渐增多。娜仁图雅在分析内蒙古草原畜牧业发展现状的基础上，提出增加草原畜牧业的供给，发挥公共财政政策对草原畜牧

---

① 贾幼陵：《加强兽医协会建设推动兽医事业发展——贾幼陵在中国兽医协会成立大会上的讲话》，载《兽医导刊》，5~6页，2009（11）。

② 秦丹、刘长根、龙炳清、谭江月：《浅论西藏草原生态建设与牧区经济可持续发展》，载《四川环境》，37~39页，2004（2）。

③ 佟海彪、张熹、孟慧君：《建设新型畜牧业，走循环经济之路》，载《内蒙古财经学院学报》，39~42页，2007（4）。

④ 才让三智：《少数民族牧区草原生态旅游业发展探索》，载《青海畜牧兽医杂志》，51~53页，2012（1）。

⑤ 王世金、焦世泰、王淑新：《西部生态安全建设与草原生态旅游发展研究》，载《中国草地学报》，100~104页，109页，2010（6）。

⑥ 敖仁其、达林太：《草原牧区可持续发展问题研究》，载《内蒙古财经学院学报》，26~29页，2005（2）。

业可持续发展的激励作用。① 杨光梅建议建立中央财政专项转移支付，建立生态补偿基金，统一划拨，提高基金使用效率。② 哈斯与周娜根据内蒙古实施草原生态保护补助奖励政策落实情况撰写了调研报告，说明了实施的基本情况，总结出牧区实施生态补偿存在的若干问题及解决对策。③ 巩芳等提出蒙古草原生态补偿包含直接成本、机会成本和草原生态服务功能价值三方面的内容，并确定了内蒙古草原牧区补偿标准为 47.55 元/亩，以及补偿标准动态调整的修正系数。④ 刘兴元等针对草地类型、草地利用现状、草原生态屏障重要性和生态环境脆弱性等不同因素，将草地划分为生态保护功能区、生产功能区和适度利用功能区等，并针对不同功能区的特点设计了生态补偿方案。⑤

吴精华提出，牧区应通过完善与落实《草原法》，禁止滥垦、滥牧等行为，保护牧区生态环境。⑥ 焦玉光等认为，制定适合牧区发展的正确政策是实现牧区可持续发展的前提条件，强调牧区可持续发展依赖于政府政策的稳定性。敖其仁也提出政策对牧区可持续发展的重要意义，通过对草原畜牧业生产方式变迁进行分析，提出了相应的技术策略与政策调整方向，并对放牧模式进行了具体案例分析与政策分析。⑦

---

① 娜仁图雅：《促进内蒙古草原畜牧业可持续发展的公共财政政策研究》，载《企业经济》，134~137 页，2010（1）。

② 杨光梅：《草原牧区可持续发展的生态经济路径》，载《中国人口·资源与环境》，444~447 页，2011（S1）。

③ 哈斯、周娜：《草原生态保护补助奖励政策落实情况调研报告》，载《北方经济》，39~40 页，2012（13）。

④ 巩芳、长青、王芳、刘鑫：《内蒙古草原生态补偿标准的实证研究》，载《干旱区资源与环境》，152~154 页，2011（12）。

⑤ 刘兴元、尚占环、龙瑞军：《草地生态补偿机制与补偿方案探讨》，载《草地学报》，126~131 页，2010（1）。

⑥ 吴精华：《中国草原退化的分析及其防治对策》，载《生态经济》，1~6 页，1995（5）。

⑦ 焦玉光、李树强、王宇、廉博、崔仲楠、包庆：《论草原牧区的可持续发展》，载《内蒙古草业》，19~21 页，2008（4）。

5 我国农村产业融合发展的历史回顾与动因分析

农村产业融合发展概念的提出并不是一蹴而就的，而是经过了一个很长的过程。它是在我国农业与农村经济发展的基础上，伴随着农业与农村经济政策的不断推进而不断发展的。十一届三中全会以来，随着改革开放的不断深入，全国农村普遍贯彻落实家庭联产承包责任制，取消了人民公社制度，不断提高农副产品收购价格，农牧业产品不再统购统销。沉睡的经济活力得到激活，广大农村焕发了久违的生机。在之后的发展中，我国政府根据农村经济在不同阶段出现的各种新现象和新问题，及时调整农业与农村经济政策，这些举措和经历都为推进我国农村产业融合发展积累了丰富的经验。

5.1 我国及内蒙古农牧业三产融合发展的历史回顾

在过去60多年时间里，我国农村农牧业政策经历了“一产化”“二产化”“三产化”三个演变阶段，目前进入了第一、第二和第三产业融合发展的新阶段。①

5.1.1 服务于城市工业化的农业“一产化”阶段

1956年，我国正式提出“农业现代化”的战略方针，即在国家工业化的大背景下推进农业作为第一产业的基础性发展，其主要目的是扩大土地种植规模以实现农业机械化，从而促进工农产业的产品之间交换，并巩固工农联盟，完成从农业农村提取城市产业资本，完成原始积累的历史性任务。为此组建了高级社，以乡为单位把土地集中连片，为拖拉机下乡创造条件。这可称为服务于城市工业

① 李英震、马林、张顺：《内蒙古自治区三产融合的新制度经济学分析》，载《财经理论研究》，1~9页，2017（5）。

化的农业“一产化”阶段。

这一阶段，内蒙古凭借解放较早的优势，通过组织农牧业相互支援和实现农牧业合作化，改进耕作技术和提高畜牧业生产技术水平，发展水利和进行植树造林、水土保持工作，积极地逐步实现农牧业机械化，有97%的农牧民加入高级农业生产合作社，内蒙古农村已经实现了合作化。①

5.1.2 一、二产融合的初级阶段

1958年，农村的集体经济发展为“人民公社”。国家又把涉农的中小企业权力下放到乡镇级，大办“五小工业”，为更多城市工业品下乡创造条件，大大提升了农业的装备系数和技术贡献，这可称为一、二产融合的初级阶段。

1958年6月，内蒙古自治区根据全国农业发展纲要，结合自身具体情况制定了《内蒙古自治区1956年到1967年农牧业发展规划》。制定这个规划的目的在于迅速发展内蒙古自治区农牧业生产力，增大粮食、经济作物、牲畜、畜产品和林木的产量，对国家社会主义工业化给予支援。这一阶段，地方的工业和手工业通过下乡、上山、下牧区等形式，为农牧业生产提供服务。比如：大力支持研究和制造适合内蒙古地区需要的农牧业机械、新式农具、牧具、水利工具、车辆和其他生产资料，发展化学肥料、农药、兽药的制造，发展合作社的小型工业和手工业，建立农具和其他生产、生活用品的修配和制造作坊、工厂，发展利用农副产品、土特产品、畜产品加工的工厂和作坊，实现了一、二产业的初步融合。②

5.1.3 乡镇企业引领农村产业发展阶段

改革开放后，农村和牧区的农牧民的思想观念得到进一步解放，国家积极鼓励农村乡镇企业发展，农村产业化发展步入乡镇企业异军突起的阶段，所有乡镇企业的主体都是集体（乡镇、村）所有制，其参与者基本上是农民和牧民，所以大部分乡镇企业初期均建立在农村和牧区，起初的主要业务也是源自于农业、牧业及其延伸产业。此时乡镇企业便成为最初的农牧业与其他产业融合互动的组织模式。在这一时期，中央为促进乡镇企业的快速发展，在1984年的中央1号文件中，将当时还被称为“社队企业”的乡镇企业定性为农村经济的重要支柱，

---

① 刘建威：《建设三产融合发展示范镇推动乡村产业高质量发展》，载《惠州日报》，2022年7月20日。

② 温铁军、高俊：《温铁军：农业“三产化”阶段的制度创新》，载《乌有之乡网刊》，2015（9）。

并对当时农村兴起的饲料工业、食品工业等作为社会急需又能较快发展的几个产业部门加以明确，同时要求各有关部门和地方要给予积极的指导和扶持。① 同年，在中共中央、国务院转发原农牧渔业部的《关于开创社队企业新局面的报告》中，将原来的“社队企业”正式更名为“乡镇企业”，并指出：乡镇企业已经成为我国国民经济的一支重要力量，对国营企业起着重要的补充作用。与此同时，国家还结合实际出台相关政策推进城乡、工农互动发展。在 1984 年中央 1 号文件中，中央明确要求设在农村和草原牧区的所有企业、事业单位，都要坚持互惠的原则，通过为当地农民提供所需要的各种服务，来促进商品生产发展、加强工农联盟、建设社会主义新农村。在这一时期，通过政策的出台和实施，大大改善了我国乡镇企业发展的政策环境。从此，结束了我国因长期计划经济而使一二三产业长期割裂的局面，标志着我国的一二三产业融合发展进程正式开始。②

随着改革开放的逐渐深入，因为较好的内部经营机制和短缺型经济的外部环境而异军突起的乡镇企业找到了自己的发展空间。因其从一开始就生存于计划经济之外，从生产项目的确定、原材料的采购到产品的销售，从用工制度到分配制度，方方面面都受市场调节。乡镇企业是在市场经济环境下发展壮大的，是按市场规律办事的。在短缺型经济环境中，企业生产的产品不愁卖，只要生产出来，基本都能销售出去。可以说，内部良好的经营机制，外部供不应求的市场环境，加之国家政策的扶持，是乡镇企业蓬勃发展最主要的原因。这可称为一、二产融合的高级阶段。③

改革开放以来，内蒙古自治区较早地在农村推行了家庭联产承包责任制，在农村牧区创造性地实行以“草场公有、承包经营、牲畜作价、户户有养”为原则的“草畜双承包责任制”，使农牧民的生产积极性得到激发，促进了农村牧区各行业蓬勃发展。④ 随着农村牧区经济体制改革的不断深入，乡镇企业的所有制形式和经营方式发生了很大变化。个体和联户办的企业迅速扩大，形成了集乡

---

① 王军：《农业现代化视野的产业融合互动及其路径初探》，载《今日财富（中国知识产权）》，1~3 页，2021（9）。

② 张静静、王迎春、詹妮、杨雄年、李宁：《新时期农业科技创新型企业的概念与发展态势》，载《农业科技管理》，72~76 页，2021（2）。

③ 许奕、程静月、张宝贤：《关于一二三产业融合发展推动农业供给侧结构性改革路径的探讨》，载《现代经济信息》，1~2 页，4 页，2018（17）。

④ 李媛媛、盖志毅、马军：《内蒙古牧区政策的变迁与农牧业发展研究》，载《农业现代化研究》，15~18 页，2010（1）。

办、村办、联户办、个体办及股份、联营等多种形式为一体的多轮驱动的发展局面。到 1992 年，内蒙古自治区就已经拥有 31.66 万家联办和个体乡镇企业，占全区乡镇企业的 96.4%，产值高达 63 亿元，占全部乡镇企业的 61.5%，第一、二产业高度融合。①

5.1.4 贸工农、产供销一体化发展阶段

经过十几年的不断发展，极大地提高了农业生产力，但是此时的市场经济体制还不完善，出现了部分农产品滞销的现象。同时，分散的农户因惯性思维等的束缚，很难在短时间内适应市场经济的规则。为了解决这一问题，地方政府及一些特定行业也陆续出台了一批支持贸工农、产供销一体化的扶持政策，这是我国农业一二三产业融合发展的关键时期。此外，在理论界和全国各地都掀起了对农业市场化、农业产业化发展进行研究和探索的热潮，通过理论与实践的结合，在比较研究的基础上，最终形成了农工商、产供销一体化的新时期农业三产协调发展模式。②

1993 年，国务院印发的《九十年代中国农业发展纲要》要求，在广大农村推行“种养加”和“贸工农”模式，开发农村新兴产业，促进农林牧渔业与第二产业协调发展，发展贸工农一体化、产供销一条龙的系列化综合服务。四年后，国家经贸委印发《关于发展贸工农一体化的意见》的通知，深入贯彻落实党的十四届五中全会提出的“大力发展贸工农一体化经营”相关精神，并指出要在比较成熟的地区适当扩大“贸工农一体化”的试验点范围和品种数量，努力攻关建立良好的贸工农一体化利益联结机制和运作机制，找准贸工农产业链中相对薄弱的环节，通过技术创新、资源整合、银企合作等方面的支持，加强农产品基地化建设，重点扶持一批贸工农一体化龙头企业快速成长起来，并鼓励跨区域、跨部门、跨所有制联合发展。③

20 世纪 90 年代，形成于山东潍坊等地的商品化农业成为“农业产业化”的典范。主要是借鉴泰国“公司+农户”的正大模式，推行贸工农一体化、产加销一条龙的经营方式。贸工农一体化是指按照市场需要组织生产和加工，形成生

① 李英震、马林、张顺：《内蒙古自治区三产融合的新制度经济学分析》，载《财经理论研究》，1~9 页，2017（5）。

② 段海波：《刍议农业产业融合机制和农业产业化》，载《改革与战略》，75~78 页，2014（5）。

③ 张晓山：《推进农业现代化面临新形势新任务》，载《农村青年》，43~45 页，2019（4）。

产、加工和流通环节紧密相连的产业体系，它是我国农业现代化的一种经营体制。有多种贸工农的经营组织形式，主要包括农产品加工、保鲜、运输和销售环节及其外延环节的经济实体或利益共同体。它一出现，就显示出旺盛的生命力和巨大的优越性，为农村经济的发展注入新的活力。这可称为一、二、三产融合的初级阶段。①

这一阶段，内蒙古自治区农畜产品加工龙头企业的不断发展和畜产品产量的大幅提高，大大推动了全区农牧业产业化发展。农牧业资源和规模效益不断提升，吸引了一大批区内外知名企业集团和民营企业来内蒙古投资办厂，加速了内蒙古第一、二、三产的有机融合。

2000 年 10 月，中共中央十五届五中全会召开，全会通过的《中共中央关于制定国民经济和社会发展第十个五年计划的建议》，着眼于社会经济的整体发展和社会主义现代化进程，明确提出了实施城镇化战略的问题。城镇化的提出，不仅在空间上为城乡融合提出了要求，更为三产融合提拱了广阔的发展空间。②

在 2006 年首届亚洲品牌 500 强评选中，内蒙古的伊利集团、蒙牛集团、鄂尔多斯羊绒三家农畜产品加工企业榜上有名，全区产加销一体化、贸工农一条龙的现代农牧业产业体系初步形成，全区产业化经营覆盖全区农牧户的 50%以上。

5.1.5 农业产业化快速推进阶段

进入新世纪以来，随着我国加入世界贸易组织，农业对外开放进入新阶段，农业产业结构需要进一步深化改革，急需改变传统单一的种养结构，提升农业整体竞争力。我国学术界分别通过对日本农业六次产业化做法进行分析和对农业六次产业化特点进行提炼，解释了六次产业化的政策含义，提出了我国农村的可持续发展应该选择以外生性发展为先导，逐步推进内外混合型发展模式的建议。③

《中华人民共和国国民经济和社会发展第十个五年计划纲要》明确提出：农业产业化经营是推进农业现代化的重要途径，鼓励在农业生产经营中采取“公司+农户”和“订单生产”等多种经营模式，支持从事农产品加工销售的企业和科研院所一起带领农户进入市场，并与农户结成利益联结体，建立利益共享和风

① 李英震、马林、张顺：《内蒙古自治区三产融合的新制度经济学分析》，载《财经理论研究》，1~9 页，2017（5）。

② 兰永海、温铁军：《中国城镇化战略的历史意义》，载《中国合作经济》，18~19 页，2013（12）。

③ 崔振东：《日本农业的六次产业化及启示》，载《农业经济》，6~8 页，2010（12）。

险共担的经营机制。在财政、税收、信贷等方面出台相关优惠政策，帮扶一批重点龙头企业快速发展。[①]

农业产业化的发展通常被看作是20世纪90年代“贸工农、产供销一体化”模式的升级版，并且政府的政策支持力度和政策支持范围更大。在2004—2010年的7年时间里，每年的中央一号文件都强调对农业产业化经营和相关龙头企业发展的大力支持。从2006年开始，农业部组织实施农业产业化和农产品加工推进行动，这项行动计划中的重点是发展壮大龙头企业和农民合作社，提高农产品加工转化率，大力培育农产品品牌，完善利益联结、风险保障、监督约束、行业协调四个机制等。在财政上，中央财政设立了农业产业化专项资金，对龙头企业的标准化生产基地建设、农民技术培训以及技术升级和节能减排等方面给予支持。在税收上，减免龙头企业农产品增值税、部分进口农产品加工设备所得税，免征进口关税等。在贸易方面，降低重点龙头企业成立进出口公司的门槛，放宽龙头企业经营范围，龙头企业出口项目融资也得到了中国进出口银行的支持。在资金上，农业部于2009年与中国农业发展银行共同签发了支持龙头企业发展的意见，在贷款方面对龙头企业仓储设施、基地建设、技术改造等固定资产投资和季节性农产品收购给予支持。[②③] 2010年，在借助国家农业综合开发产业化经营项目和中小企业发展专项资金对龙头企业的扶持的基础上，在农业产业化基地建设、农产品产地初加工等方面，国家的政策扶持更为突出。2011年，农业部发布了《关于创建国家农业产业化示范基地的意见》，明确了通过示范基地开展对龙头企业集群发展、农业标准化规模化生产、农产品品牌质量安全水平建设等创建任务，并将已有的农业产业化专项资金有针对性地向农业产业化示范基地建设方面倾斜。为了实现休闲农业持续健康发展的目标，2014年农业部发布通知，要求对休闲农业在水、电、排污、垃圾清运、产品宣传、招商引资、服务平台利用等多个方面给予扶持，促其快速发展。

此外，2012年以来，浙江、陕西、安徽等多个省份不断探索并优化农业产业化组织，出台了一系列政策，包括支持农民专业合作社、鼓励家庭农场、扶持种养大户等新型农业经营主体。这一时期，我国的农业生产和经营已经逐步摆脱

---

① 黄连贵、张涛、张照新：《探索起步快速发展——推进我国农业产业化经营又好又快发展之一》，载《农村经济与科技：农业产业化》，8~12页，2008（10）。

② 吴健、朱松：《流动性预期、融资能力与信用评级》，载《财政研究》，72~75页，2012（7）。

③ 吴春贤：《兵团推进农业现代化的财政政策选择》，载《新疆农垦经济》，54~59页，2012（4）。

了空间单一和要素分散的限制，作为第一产业的农业与第二、第三产业的融合发展日趋明显，成效更加突出。①

5.1.6 农产品加工业与休闲农业引领发展阶段

党的十八大以来，在新一届中央领导集体的带领下，全国农村产业融合快速发展。首先，农产品加工业成为农村三产融合的引领力量。“十二五”时期，农产品加工业一直保持快速增长，在结构调整、产业集聚、技术创新和专用原料基地建设等方面都实现了较快发展。截至 2015 年，全国规模以上农产品加工企业多达 7.8 万家，2015 年全年完成主营业务收入近 20 万亿元。2013—2015 年，年均增长率超过 10%，农产品加工业与农业产值比由 2010 年的 1∶0.59 提高到 2015 年的 1∶0.45。与此同时，创新在农业产业融合中发挥了重要作用，依托多家技术研发中心，初步构建了国家农产品加工技术研发体系，使一些共性关键技术问题得到突破，推动和推广了一批成熟技术的应用。② 产业集聚的特点十分明显，比如在东北和长江流域的水稻加工集聚区，在黄淮海流域的优质小麦加工集聚区，在东北的玉米和大豆加工集聚区，在长江流域的优质油菜籽加工集聚区，在中原地区的牛羊肉加工集聚区，在西北和环渤海的苹果加工集聚区，在沿海和长江流域的水产品加工集聚区等。在加工业快速集聚发展的同时，形成了一大批以公司加农户、龙头带基地为示范的规模化、标准化、专业化的原料生产基地，辐射带动农户超过 1 亿户。

其次，休闲农业与乡村旅游成为农村产业融合发展的一个新领域。休闲农业现已成为重要的新兴农业产业形态和新型消费业态。随着物质生活水平的不断提高，城市人口对乡村休闲、养生、养老、旅游等的需求越来越多，不断催生休闲农业新业态。农村农业呈现出乡村景观化、业态多样化、项目创意化、布局集群化、投资多元化、营销信息化、产业融合化等新特点，大大促进了乡村传统文化和优秀民俗的保存。农村公共服务体系的完善，对农村产业融合、农业增效、农民增收、农村环境改善和经济社会发展做出了积极贡献。③ 据统计数据显示，2015 年全国各类休闲农业经营主体多达 180 万家，接待人次超过 22 亿，经营收

① 张义博：《农业现代化视野的产业融合互动及其路径找寻》，载《改革》，98~107 页，2015（2）。

② 陈晓嘉：《论农村农产品加工业的扶贫功能》，载《商情》，134 页，2013（10）。

③ 李小云：《农村一二三产业融合发展是实现产业兴旺的重要路径》，载《农村 · 农业 · 农民（B 版）》，42~44 页，2018（11）。

入超过4400亿元，从业人员790万。其中农民从业人员630万，受益农民550万户，全国有3300万农民从事与休闲农业相关的产业。①

在此基础上，2015、2016、2017年连续三年的中央一号文件，明确指出了我国农业现代化面临的重大挑战，同时强调要加大第一、二、三产业融合发展的力度。2017年，中央强调农业供给侧结构性改革的主要方向为“去库存、降成本、补短板”其重点也是推动农村三产融合。②

5.2　三产融合的动因分析

5.2.1　政府政策倾斜是三产融合的制度动因

在产业和企业的发展过程中政府的角色是为其提供良好的政策环境。在产业融合初期，政府相关政策的出台、产业制度的制定等都将对产业融合发展起到积极的引导和保护作用。在生产要素方面，政府积极投资有利于推动产生专业性强的高级生产要素。政府采购措施有利于技术创新和产业升级。管制政策的松紧程度也影响着产业融合的进程。政府可以通过提高和放低行业的市场准入门槛，来决定其他相关行业业务参与本行业竞争的数量。如果政府实施收紧的产业融合政策，就会延缓三产融合的进程。相反，如果实施宽松的政策，就会加快三产融合的进程。

5.2.2　农业供给侧结构性改革是三产融合的政策动因

在我国经济进入新常态的背景下，面临着农产品供求由偏紧转变为偏松，农产品市场价格也不再像以前那样连续多年上涨，价格“天花板”和成本“地板”双重压力齐至，面对资源环境“硬约束”加剧等新的挑战。国内国际农业资源扭曲配置的问题依然严重，国内国际大宗农产品价格差距很大。我国粮食生产成本过高，在国际上完全不具备优势，增产越多，亏损越多，迫切需要加快结构性改革，转变生产经营方式。推进三产融合发展成为我国发展创新型经济、实现农业供给侧结构性改革的内在要求。

① 陈荣彬、姚晓东、张永成：《实施乡村振兴战略及可借鉴发展模式》，载《农业开发与装备》，39~40页，2018（11）。

② 李英震、马林、张顺：《内蒙古自治区三产融合的新制度经济学分析》，载《财经理论研究》，1~9页，2017（5）。

5.2.3 丝绸之路经济带是三产融合的国际合作动因

从国际市场角度，丝绸之路经济带建设对三产融合的产业结构、投资领域、产业交流等都将带来全新的思考。对融合发展的机制、条件、新业态的出现有积极作用。内蒙古在丝绸之路经济带建设中拥有得天独厚的区位优势、资源优势和文化优势，分别与国内最大的重工业和主要产粮基地辽宁、吉林、黑龙江三省，国外资源丰富、经济落后、地广人稀的草原之国蒙古国，以及依赖自然资源程度高、进出口贸易不发达、市场经济发展不完善、土地面积大的俄罗斯交界。内蒙古是我国自然资源最为富集的地区之一，其煤炭资源、稀土资源、畜牧产品非常丰富。同时，内蒙古与蒙古国在文化背景、风俗习惯等方面有历史和现实的多元联系，有与蒙古国保持有效沟通的条件。所有这些都是内蒙古与丝绸之路经济带沿途国家搞好经济合作发展的有利条件。在机遇面前，发展农产品精深加工，拓展农业产业链和价值链，打造农村一二三产业融合发展新格局，通过“接一连三，双向延伸”，打造产业链相加、价值链相乘、供应链相通“三链重构”模式，形成“农业+健康”的产业链条是内蒙古农牧业发展的必然选择。内蒙古自治区应在原有乳业、绒纺业等拥有比较优势产业的基础上，使三产融合在丝绸之路经济带发展建设中得到更快的发展。①

5.2.4 消费者需求结构变化是三产融合的需求动因

需求是产业发展的源泉，没有需求就没有供给，或者说没有需求就没有有效供给，就不会有产业的发展和社会的进步。需求结构变动直接影响产业结构的变动。市场需求对农牧业生产具有直接的导向作用，最终产品的数量和结构取决于市场需求的结构。从未来发展趋势看，市场消费需求逐步向高端化、个性化、多样化转变，这必将要求农牧业产业结构不断地向高层次和多层次升级。按照普遍的需求原理，在同样质量和品位的商品中，消费者倾向于选择价格较低的商品。② 这就要求，在未来的市场竞争中，企业不但要有生产研发高品质产品的实力，还要有价格上的优势，物美价廉才能立于不败之地。这都要求农牧业要与第

① 吴顺：《“一带一路”开放战略下内蒙古经济发展的 SWOT 分析》，载《现代交际》，31 ~ 33 页，2015（8）。

② 李英震、马林、张顺：《内蒙古自治区三产融合的新制度经济学分析》，载《财经理论研究》，1 ~ 9 页，2017（5）。

二、三产业紧密融合，互动发展。

5.2.5　农牧民增收致富是三产融合的心理动因

为帮助农村牧区较低收入人口稳定脱贫，内蒙古各级政府全力推进社会救助与扶贫开发政策。建档立卡对较低收入人口针对不同致贫原因实施精准救助。截至2016年底，24.06万名符合条件的农村牧区较低收入人口被纳入农村牧区低保，依靠社会救助政策脱贫。但仍有80.3万较低收入人口和26个贫困旗县。只靠政府救济的脱贫是难以持续的，只有引导人们把增收致富的强烈愿望转化为促进三产融合的强大内在心理动力，积极参与到三产融合中来，才能确保实现永久脱贫。共同富裕需要三产融合提供制度、产业支持。

5.2.6　创新驱动是三产融合的技术动因

技术创新为农牧业与其他产业价值链上高度相关部分的断裂、分解、重组提供了重要支撑。以信息技术、生物技术为代表的现代技术创新，使服务业与农牧业边界的技术渗透扩散成为可能。高新技术对农牧业的渗透，促使农牧业与其他产业的技术壁垒逐渐消失，并使产业间的边界趋于模糊，推动了新业态的产生。

5.3　未来一个时期我国农村产业融合发展展望

5.3.1　农业供给侧结构性改革引领农村三产融合发展

目前的农业供给侧结构性改革，其实是以十多年来我国农业农村黄金期为起点的。十多年的快速发展取得了巨大的成就，但也造成了一些新的问题。2004年以来，我国农业年均增加值4.4%，农民人均纯收入年均增长8.8%，粮食产量年均增长3.1%，至2016年，实现“十二连增”。[①] 但是，随之而来的问题也浮出了水面。一是中国农业国际竞争能力下降；二是可持续发展能力下降；三是供需匹配能力下降；四是增收支撑能力下降。要解决这些问题，首要的任务就是在农业供给侧进行结构性改革，这也是中央多次强调的。从制度经济学的角度来讲，分工越细，交易越多，交易成本就越高。解决三产融合问题的实质也是农业

① 黄鹏飞：《“让中国制造走遍全球”——一位台商眼中的“一带一路”》，载《中国工人》，26页，2017（7）。

供给侧结构性改革的问题，就是要解决分工和融合发展这两者之间的关系问题，二者之间有着一定的内在逻辑联系，具体来说：

一是要增加农民就业密度。我国现在第一产业占 GDP 的比重为 9%，第一产业占就业的比重为 28.3%，这说明我国的城乡二元体制还没有完全消除，特别是在土地集体所有制这样的背景下，第一产业的就业比重很难随着工业化、城镇化的提高而相应下降到发达国家的水平。农民群体中会有相当比重的 40 至 50 岁的人员到了一定年龄之后退出劳动力市场，回到农村，这种劳动力不能有效使用，对新常态下中国经济的发展非常不利。① 要为这一部分人找一些事情干，让他们的时间得到充分的利用。我国提出的大力推进三产融合，是一个很重要的出发点。

二是提高产业链竞争力。在推进三产融合的过程中，推进产业链整合是其中的重要一环。2001 年我国加入 WTO 的时候，为国内农业设置的边际保护防火墙非常低，农产品平均关税是 15%，只有世界平均水平的四分之一。大米、小麦、玉米、棉花、食糖等五个产品实行关税配额管理，配额外可以实行高关税，如主粮 65%。目前 5% 的配额外关税还能够把国外的产品挡在外。但是从长远看，65%的关税不足以抵挡我国和他国之间的资源禀赋差异。要提高农产品的竞争力，就要想办法提高产业链的竞争力。比如温氏股份的模式，公司+家庭农场构成一个比较完整的产业链，就是在生猪产业提高产业链的竞争力非常好的模式。②

三是保障农产品质量安全。我国现在的农产品成本高、价格贵，质量不高，这些问题不解决，农业是没有前途可言的。要努力保障从田间到餐桌的食品质量控制。现在大量加工企业，特别是对质量安全敏感的出口型加工企业，倾向于直接经营种养殖业，实行一产和二产的一体化，从源头保障产品的安全。三产融合，结为利益共同体，比三产分割更有利于保障农产品的质量安全。③

5.3.2 脱贫攻坚战略促进农村三产融合的发展

脱贫攻坚战略成功与否事关全面建成小康社会的成败，事关人民群众的福祉，脱贫攻坚一个都不能少。党的十八大以来，党中央把脱贫攻坚作为实现第一

① 叶兴庆：《实现更高质量更可持续的农村和谐稳定》，载《农民日报》，2016 年 5 月 28 日。

② 叶兴庆：《实现更高质量更可持续的农村和谐稳定》，载《农业日报》，2016 年 5 月 28 日。

③ 叶兴庆：《实现更高质量更可持续的农村和谐稳定》，载《农业日报》，2016 年 5 月 28 日。

个百年奋斗目标的重要内容，摆在了更加突出的位置上，着力实施精准扶贫，不断丰富和拓展中国特色扶贫开发道路，不断开创扶贫开发事业的新局面。2015年11月29日，中央印发《中共中央国务院关于打赢脱贫攻坚战的决定》，明确提出了到2020年全国农村实现脱贫的宏伟战略目标。2015年12月15日，国务院新闻办公室举行“十三五”脱贫攻坚工作有关情况新闻发布会，扶贫办负责人指出，精准扶贫的主要途径是做好“五个一批”，即：发展生产脱贫一批，易地搬迁脱贫一批，生态补偿脱贫一批，发展教育脱贫一批，社会保障兜底一批。[①] 在“五个一批”当中，最主要的途径应该是发展生产，也就是要求在广大农村发展产业，只有有了产业，才能为较低收入人口提供工作岗位，使其能够自食其力，才能变“输血”为“造血”。通过几年的努力，我国已实现全面小康，农村产业发展迅速，农民大幅增收，农村正在振兴。

由此可见，在广大农村发展产业是多么重要。而在历来以传统的种养殖业为主的农村，如果不改变传统产业的经营模式，很难提高农民的收入水平。在这种情况下，只有实施产业融合，延长产业链，提升价值链，才能让农民在原有固定的土地上得到更高的利润。

5.3.3　当前农牧业发展形势为农牧区一二三产业融合发展创造良好基础

当前，粮食产量持续提高，农民收入增长持续加快，农业物质技术装备条件提高，新型经营主体不断涌现，现代农业发展稳步推进，这些为农村一二三产业融合提供了良好的发展基础。粮食综合生产能力再上新台阶。2015年我国粮食总产量6.21亿吨，连续8年稳产在万亿斤以上，农民人均可支配收入达到11422元，增幅连续6年高于城镇居民收入增速。2014年底，农田有效灌溉面积达9.37亿亩，占总耕地面积的52%，农业科技进步贡献率、主要农作物耕种收综合机械化率分别达到56%和62%。[②] 以土地制度、经营制度为核心的农村改革全面深入推进，初步形成了家庭经营、合作经营、集体经营和企业经营等多种经营

---

① 于文豪：《中国特色减贫道路的法治逻辑》，载《中国高校社会科学》，91~103页，158页，2021（5）。

② 《全面推进重点突破加快实现农业现代化——农业部部长韩长赋解读〈全国农业现代化规划（2016—2020年）〉》，载《北方牧业》，35页，2016（21）。

方式共同发展的新格局。[①] 截至2014年底，全国拥有87万家家庭农场，128万家农民合作社，12万家农业产业化龙头企业。围绕现代化农业综合示范区建设，各地结合自身条件和特点，积极探索，涌现了一大批如黑龙江垦区现代化大农业、江浙经济发达地区精品高效农业等先进典型。据统计，已有20个国家级现代农业示范区实现了基本农业现代化，为农村一二三产业融合发展创奠定了良好的基础。

5.3.4 乡村振兴战略将切实有效带动农村三产融合的发展

党的十八大以来，在新一届中央领导集体的带领下，全面深化农村改革，扎实推进农业现代化和新农村建设，持续加大强农、惠农、富农政策力度，农业农村发展取得了历史性成就。农业供给侧结构性改革成绩显著，农村民生问题得到全面改善，农民收入连续增加，粮食的生产能力又攀新高，脱贫攻坚顺利开展，农村人居环境有所好转，农民获得感显著增强，农村社会和谐稳定，农业农村的各项发展成果为“三农”工作积累了宝贵的经验。

党的十九大做出乡村振兴的重大战略部署，这是实现中央提出的两个一百年奋斗目标的双重历史任务，是新时代做好“三农”工作的必然遵循。2018年，中央印发的《中共中央国务院关于实施乡村振兴战略的意见》，明确指出要把着力构建农村一二三产业融合发展体系贯穿于实施乡村振兴的全过程。要挖掘农业产业的多种功能，拓宽和延伸农业产业链条，完善各种经营主体的利益联结机制，在农村采用保底分红、股份合作、利润返还等多种融合形式，让农民在产业链中获得属于自己的收益。在一二产业融合上，主要工程是提升农产品加工业的效率，尽量实现农产品就地加工，并针对农产品销售中存在的突出问题，在产后分级、包装和营销等方面加强投入。在二三产业融合上，在新形势下，大力加强农村电子商务基础建设，出台优惠政策引导各类市场主体发展电子商务，把特色农牧产品放到电商平台上销售。支持鼓励一批具有综合示范作用的电子商务平台到农村发展，提高农村流通建设速度。在一三产业融合上，加强休闲农业和乡村旅游工程建设。在休闲、观光、康养、特色民宿和特色小镇建设上，做到设施完备、功能多样，对利用闲置农房开展旅游的要提供便利。这些具体要求对于农村三产融合将起到一定的促进和引领作用。

---

① 孙中华：《我国现代农业发展面临的形势和任务》，载《东岳论丛》，17~23页，2016（2）。

6　三产融合的内在逻辑与评价指标构建

中央一号文件第一次提出农村三产融合发展是在 2015 年，这一提法使得农村三产融合得到了国家政策的支持，也使其上升到了国家战略层面，对于改变农业发展方式、优化产业结构、推动农业的现代化、实现农民致富的美好愿望都具有重要的现实作用。

农业现代化是全中国完成现代化的重要一环。没有农业的现代化，就没有全中国的现代化，农业现代化也是中国工业化和信息化同步发展的最关键一步。但由于种种原因，我国农业现代化与工业化和信息化相比一直明显滞后。从世界各发达国家实现农业现代化的过程来看，三产融合发展作为农业现代化的必由之路已成定势。但是，如何评价三产融合的现实效果，是一个客观难题。从内涵来看，三产融合是在农业生产过程中逐步把第二、第三产业融合进来。三产融合一直强调要在注重农业基础地位的前提下逐步完成三大产业的深度融合发展，实现农业由单纯的种植农作物向加工农产品和销售农产品等领域拓展和延伸，进而在农村空间上实现三大产业结构及相关联的基础设施的集聚，促进农业附加值的上升和农民的增收。三产融合的快速发展，有赖于通过拓展农业的多功能性，按照可持续发展的理念生产出本地化、可持续、替代性食物。现有的评价指标体系在设计上，一般从产业增长、科技贡献、社会福利三方面来评价三产融合的现实效果。首先，从产业发展与融合方面看，三产融合应具有快速发展和深度融合的能力，这种融合通过互动与集聚可以带动经济综合发展，推动三产结构优化。其次，三产融合的核心目的在于实现规模增长，带来产业升级，形成具有发展先导性、可持续发展性的先导产业。最后，三产融合是集新兴科技和传统产业于一身的深度融合，是第一、第二和第三产业之间的结构调整，既是全局性的产业，又是支柱性的产业，还具有高福利性，是对社会整体福利的促进。因此，三产融合的客观评价指标应包括产业发展潜力、社会贡献性、产业关联度等客观指标。

三产融合的发展不能照搬他国经验和模式，要因地制宜，既适合本国市场的需要，又符合本地区产业发展的需要。我国地区经济发展严重不平衡。东部沿海开放地区经济发展形势较好，产业升级较快；中部地区工业基础较好，传统农业省发展较为滞后，还有待进一步提升；西部由于区位、传统、基础等劣势处于落后地位。因此，各个地区应该根据本地区的实际，把当地的经济发展状况作为出发点。三产融合恰恰是一种实现手段，其目的是复合性的，既具有较强的经济目的性，也利于促进社会的进步与发展。因此，三产融合不仅限于经济效益，还应该具有可持续性，有利于产业的长期健康发展。一个地区三产融合能否正确实现战略目的，并制定合理的发展政策，需要从上述目标出发构建评价指标体系。

6.1 三产融合的内在逻辑

6.1.1 三产融合的经济学分析

制度经济学中交易成本的概念是由经济学家科斯提出的，其理论的根本论点就是对企业性质的解释。实际上产业之间的资源交换也可以用交易成本来解释。

由于经济体系中不同产业内容的存在，产生了专业分工，进而在产业内部也产生了专业化分工的现象，并随着价格波动，产业也会呈现显著的溢出现象。由于行业之间在运用市场价格机制过程中的成本相对偏高，而形成向其他产业的融合或溢出效应，形成了效率更高的经济组织。交易成本就是泛指为促成交易发生在各产业系统之间形成的交换成本，因此要做到明确的界定是很难的。例如，目前很多火电厂，由于煤炭价格的波动，都投资或入股煤矿，以求获得稳定的供给价格，这种情况越来越多，慢慢由企业之间的经济行为变成了产业之间的融合。

三产融合在某种程度上看，就是交易成本行为的外化。所谓的交易成本，就是在一定的社会结构中，人们在自愿交往和彼此合作的前提下，实现某种交易所花费的本钱。简单来讲，交易成本就是人与人协作需付出的成本。交易成本是专业化分工的必然产物，交易成本的高低，必然导致社会的进一步演化。从本质上说，除了“鲁滨逊”的世界以外，只要有人类交往的地方，就会存在交易成本，它是人类社会生活中无处不在的组成部分。

交易成本理论对企业机制进行了集中的论述，认为企业机制是人类追求经济效率所形成的组织体。交易成本是交易商品或资产的专有属性（asset specificity）。[①]

① 彭真善、宋德勇：《交易成本理论的现实意义》，载《财经理论与实践》，15~18页，2006（4）。

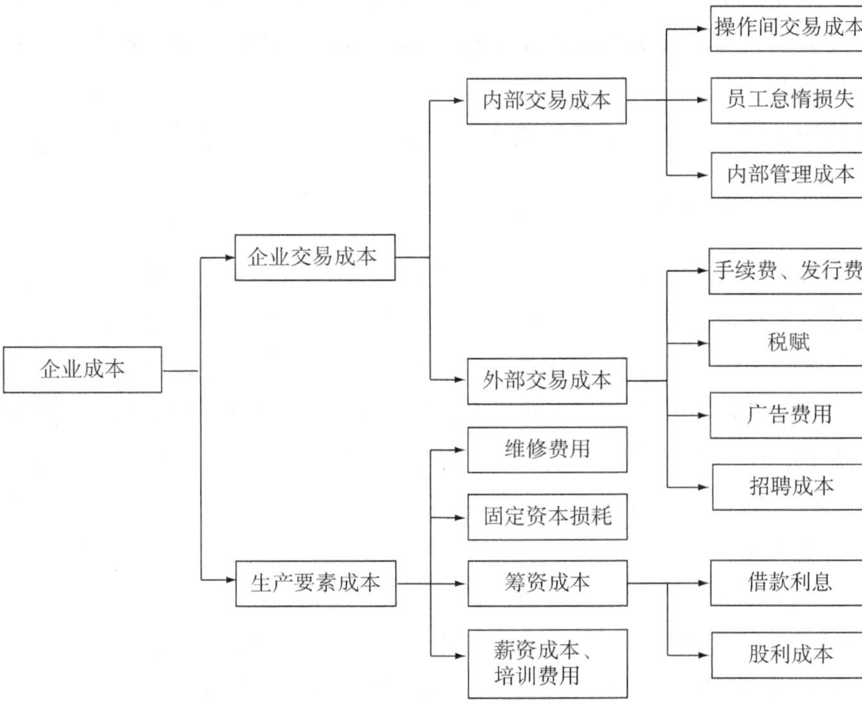

图 6-1　交易成本的来源

交易成本也是在交易不确定性的基础上出现的。正因为交易具有不确定性（uncertainty）的特点，在交易过程中会存在各种人为或非人为的风险，又由于人类认识问题的理性是有限的，故人们是无法事先预测未来将要发生的各种情况的，交易双方要通过契约来保障自身的利益。因此，包括监督成本、议价成本等在内的交易成本就会不断增加。①

影响交易成本的因素还有交易的频率。交易频率高的行业相对于交易频率低的行业，其管理成本与议价成本也相对升高。为了控制管理成本与议价成本的升高，很多企业将交易的经济活动内部化，以此节省交易成本。②

产业之间的融合基点在于交易的频率与交易的不确定性。互联网时代，组织的高度扁平化导致企业的边界越发模糊，个体的角色越来越复合，个体变得高度

① 苏秋来：《产业技术创新联盟利益分配研究》，泉州，华侨大学硕士学位论文，2012。
② 王小茜：《交易成本理论研究述评》，载《现代营销（经营版）》，112~113 页，2021（4）。

主体化，产业内部的大量交易与沟通最终形成极强的溢出效应，形成对其他产业的补给或冲击，这种关系直接冲击了原本泾渭分明的产业边界，产业之间的交易成本逐步降低。成本的降低进一步降低了交易的障碍，促进了产业融合。因此，从制度经济学的角度来看，交易成本概念的提出，是三产融合的理论基础。

6.1.2 三产融合的社会学分析

产业融合体现了三重关系：人与产业的关系、产业与产业的关系、组织与产业的关系。从社会学视角解释三产融合，更多是源于冲突的变化。首先，冲突是人群价值观、信仰以及对于稀缺的地位、权利和资源分配上的争斗。从产业角度来看，产业间的冲突源于社会报酬的分配不均以及人们对分配不均表现出的失望情绪。例如，中国农民常常遭遇社会歧视，这是农业产业社会报酬长期过低的结果，农民进城务工、农村空心化现象都是这种事实的表现。这种冲突直接涉及基本价值观或共同观念，具有极强的破坏性。科塞（1985）强调冲突的功能：可以对社会与群体的内部整合；可以维护社会与群体的稳定；可以促进新社会与群体的形成；可以实现激发新规范和制度的建立。它是一个社会中重要的平衡机制。我们既要正视冲突的负面作用，也要重视冲突对社会的促进功能。①

现今的社会结构弹性比较大，也比较灵活，社会冲突更容易出现，并不会对社会产生根本性的破坏作用。产业之间这种冲突还可以扩大群体间的接触面，致使在各种重大决策过程中民主与集中的更好结合，从而增强对社会的控制，这种对社会的整合和稳定作用直接表现为产业之间的融合。② 为此，科塞（1989）提出，要建立完善的社会安全阀制度。社会安全阀制度，一方面的作用是可以排遣产业内群体的消极对抗情绪；另一方面可以使社会信息在不同产业之间流转。产业融合中的每一个个体，打破了核心个体对社会信息的垄断，促进了社会信息的共享和产业公平，详见图6-2。科塞认为冲突是促进社会整合与增强适应性的一个过程，这一思想和现在产业融合的想法不谋而合，故他所强调的社会变迁是改良性的局部的社会调整，产业融合恰恰是这种形式的改良。

---

① 徐灼：《论我国信访制度的完善》，南宁，广西师范大学硕士学位论文，2010。

② 郭强：《论新形势下的社会安全》，载《学习与探索》，53~58页，2016（12）。

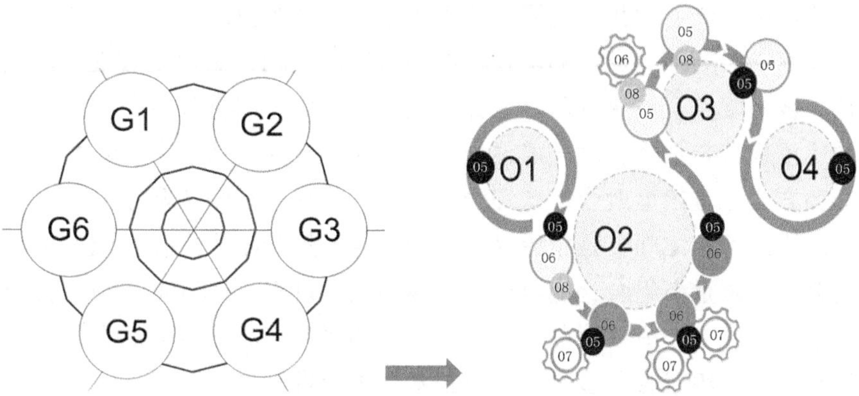

图 6-2 产业中社会信息的传播结构

6.1.3 三产融合的产业间分析

三产融合是产业间的融合，主要有三种方式。

第一种方式是技术渗透型融合。随着科学技术的发展，一些高新技术产业逐渐向其他产业间渗透，融合后便催生了新的产业。比如，生物芯片、纳米电子、三网融合（计算机、通信和媒体的融合）、电子商务、网络型金融机构等，又如生物和信息技术对传统工业实现改造（机械仿生、光机电一体化、机械电子），再比如信息和生物技术渗透融合到传统工业中，诸如航空电子、机械电子、生物电子等类型的新型产业应运而生。① 高新技术向传统产业不断渗透，是经济发展的一个必然趋势，已经成为提升和引领高新技术产业发展的关键因素之一。传统产业发展水平的提升必须依靠高新技术的不断融合渗透，所以要积极响应传统产业的高技术化。主要体现在促进传统产业附加值的提高，促进新品种和新的产业从传统产业中脱颖而出，促进现代化装备在传统产业中的应用。②

第二种方式是产业延伸型融合。就是通过不同产业之间的相互补充和前后延伸，实现各产业之间的深度融合。通常发生在高科技含量较高的产业中的产业链自然延伸的部分，通过原有产业所具有的新的附加功能和超强的竞争能力，形成融合型的新产业体系。这种融合主要体现在第三产业中的服务业向农业和加工业

① 陈柳钦：《产业发展的集群化、融合化、生态化》，载《重庆邮电学院学报》（社会科学版），831~835 页，2006（6）。

② 郭万超：《产业融合必然塑造新的市场结构》，载《中国民商》，76~79 页，2016（11）。

的延伸。比如第三产业中相关的服务业正快速向生产企业的生产前期研发、生产中期设计和生产后期信息反馈的全过程展开延伸，金融、法律、管理、培训、研发、设计、客户服务、技术创新、贮存、运输、批发、广告等服务在第一和第二产业中的比重也日趋加大，融合成你中有我、我中有你的新型产业体系。①

第三种方式是重组型融合。这种融合主要发生在具有密切联系的产业之间或同一产业的不同行业之间，是指原来各自独立生产的产品或服务在同一个标准元件束或集合下通过重新组合，完全结为一体的整合过程。通过重组型融合的产品或服务通常是与原有产品或服务有着很大不同的新型产品或服务。在信息技术高度发展的当下，重组融合大多是把信息技术作为纽带，是产业链的上、下游产业重新组合分配，融合后的产业和产品表现出数字化、智能化和网络化的发展趋势。②

6.1.4 小结

产业融合已经不仅仅是作为一种发展趋势来讨论，当前，不论从经济学视角，亦或是社会学视角，产业融合已是产业发展的现实选择。产业融合（Industry Convergence）是指不同产业或同一产业内部的不同行业通过相互渗透和相互交叉，最终融为一体，逐步形成新产业的动态发展过程。产业融合是时代背景下交易成本进一步降低的必然结果，从社会意义来看，有助于减少多个产业发展不均衡后的冲突与矛盾，这种产业融合是产业延伸的必然结果，也是产业结构调整的重大举措。③

在我国，解决好现有小农供给与大需求之间的对接，开展有针对性地满足加工商对产品的要求的农业供给侧改革，从而降低交易成本，这是实施三产融合的重要意义。因此，三产融合在我国存在必行性。另一方面，三产融合使得生产者、加工者和消费者都能够获益，农业、工业、服务业之间的产业壁垒逐步消融，原本非常高的流通成本逐步降低，互联网的无界化进一步消解了产业间的阻隔。生产者、加工者之间的合作，使得原料与产品之间的距离进一步缩短，产业红利进一步增加，生产效益提升，各类型消费者的消费需求也能够得到满足。例

① 陈柳钦：《产业融合问题研究》，载《长安大学学报》（社会科学版），1~10页，2008（1）。

② 张晓东：《互联网智慧餐饮发展策略研究》，载《科技创业月刊》，19~21页，2019（7）。

③ 郑甘甜、陈胜、张开华：《农村产业融合发展：成效、困境与对策思路》，载《农业经济》，9~11页，2022（6）。

如，在农作物生产方面，无论是稻谷还是小麦，小农户种植都会有巨大的生产风险，并且抗灾能力极差，生产效率普遍较低，即使实现了部分机械化，总体生产能力仍有待进一步提升。三产融合后，加工商组织分散的农户形成新的农业企业，统一种植、统一加工、统一包装、统一销售，市场议价能力大幅提升，产品品质也大幅提升，这无疑对于食品加工业和传统种植农业都极为有利。

我国农牧区服务业水平相对比较低下，服务业能力远远满足不了农业发展的现实需要。三产融合，以第一产业、第二产业反哺服务业，可以快速提升服务业水平，在冲击、突破产业边界后，以新的业态跨越式发展，实际上比政府输血的方式更有效率。因此，建议在产业融合的进程中，鼓励使用荒坡荒滩拓展农业经济种植或基础服务，打破土地的自然限制，既能够利用荒地资源实现建设目标，也不破坏现有的生态资源，并可以有效保护耕地资源，实现产业总体增收目标。此外，在第二产业与服务业的融合方面，既要强调工业对服务业的促进作用，也要重视对工业服务业的补贴与扶持，形成工业集聚区、产业服务区、技术开发区，提升产业融合的实际效率，促进规范和公平。除此以外，也要允许和鼓励不同方式的新型合作组织的发展，试点农地流转，尝试三产融合新的典型与示范。目前，北京郊区已经出现的生态庄园、宜居庄园都是这方面的创新。

6.2　三产融合指标体系建立原则与方法

6.2.1　指标体系建立原则

对三产融合的评价，应根据国家和地区经济发展的要求，制定便于比较与分析的指标值，应遵循以下规则和方法。

一是可比较性原则。地区三产融合指标体系，既要借鉴国内外同类产业研究成果的有益的量化标准，又要具备反映本地区三产融合特征的量化指标，使得评价指标体系客观上具有可比较的特征。

二是科学性原则。地区三产融合应实现产业高技术含量、低消耗、综合效益好，能够代表本地区经济发展的新增长路径与新发展模式，指标体系应能客观准确反映地区三产融合的客观要求。

三是可操作性原则。所构建的指标体系，可操作性要强，便于对指标数据的收集与整理，在综合运用现行统计方法的基础上，要使保障指标体系清晰明了，便于换算，在较长的时间段内，便于研究者与应用者动态检测数据，在长时期内可以调整相应的指标。①

6.2.2 指标体系建立方法

第一，指标体系建立方法的客观需要。地区三产融合评价不完全等同于简单的考察三次产业之间的融合与互动，而应该在产业的选择领域与范围、分析评价指标体系、决策模型与方法三个维度进行考察。

一是产业选择领域与范围。地区“三产融合”产业选择领域与范围必须遵从国家意志。地区三产融合是国家依据经济社会发展的现状，从国家层面作出的战略选择，因此在地区三产融合的选择过程中，应对其加以界定。②

二是分析评价指标体系。分析评价指标体系必须覆盖多类产业。地区三产融合是新兴产业和传统产业的“交集”。首先，地区三产融合是产业复合式发展的发展途径之一，它必须符合地区三产融合的自身特征，也就是说，它是随着科技成果和新兴技术的应用与发展而出现的。其次，地区三产融合是产业发展中有利的客观途径。因此，地区三产融合内嵌了对产业发展将来的考量，也就是说部分地区产业发展面临产值不高、效益不明显、引导性不强等问题，但是经过政府的政策扶持与发展，能够在产生较高的增加值和利润或者引领其他产业的发展方向，进而升级为主导产业、先导产业或有竞争力的产业。③

三是决策模型与方法。决策模型与研究方法要遵循主观与客观相结合。目前，我国地区三产融合的成长环境比较复杂，地区的产业需求、产业竞争和技术发展存在很强的不确定性，从而导致地区三产融合发展也具有很强的不确定性。地区三产融合应符合市场经济的客观发展规律，还应该考虑到缺乏统计数据的现实情况，单一的主观选择模型或客观选择模型都难以满足地区决策的需要。要准确对地区三产融合做出评价，就必须构建主客观结合、定性和定量方法相结合的地区三产融合评价指标模型。

第二，现有研究方法的限制。目前进行产业评价的研究方法中，层次分析法

① 贺正楚、吴艳：《战略性新兴产业的评价与选择》，载《科学学研究》，678～683 页，721 页，2011（5）。

② 胡振华、黎春秋、熊勇清：《基于“AHP－IE－PCA”组合赋权法的战略性新兴产业选择模型研究》，载《科学学与科学技术管理》，104～110 页，2011（7）。

③ 彭道伦：《以战略性新兴产业促进经济发展方式转变——学习中共重庆市第四次党代会精神的一点体会》，载《探索》，24～27 页，2012（4）。

(AHP)、信息熵法(IE)和主成分分析法(PCA)被最广泛应用。在对上述三种方法的选择过程中，笔者进行了详细的考量，综合了地区“三产融合”选择过程中的诸多现实要求，具体内容如表 6-1。

综合考虑到地区“三产融合”过程中的特殊性，现有一些产业选择与评价的理论和方法，是不应当直接、简单地应用到地区“三产融合”评价中的。

第三，本书将尝试运用组合赋权法解决这一问题，以层次分析法(AHP)为主，确定地区“三产融合”各指标的主观权重，并辅以运用主成分分析法及信息熵法，得出地区“三产融合”的相应指标，以此确定合理的评价指标。

表 6-1 评价方法利弊分析

评价方法	主要特征	三产融合评价中的适应性	
		优势	劣势
层次分析法	对非定量事件做定量分析的科学方法，能够将难以定量的总目标进一步分解，利用可精准化、定量化的子目标系统解决现实问题	构造判断矩阵充分发挥专家的思路，简单易用	缺乏对现有产业数据的灵活运用，对复杂问题较难准确判断
信息熵法	一种客观综合的评价方法，可以很好地修正主观赋权带来的偏差，它主要是根据评价指标传递给决策者的信息大小确定权重	科学性较好	单独应用，容易受到数据问题的影响
主成分分析法	通过降阶找出在选择过程中相对重要的主成分	保留了主要的评价信息，彼此不相关，能够反映统计的科学性	难以反映某一要素的意志，并且容易产生偏差

6.3 评价指标的设计方法及构建

6.3.1 评价指标的设计方法

首先是指标标准化处理。为了使产业融合的指标具有可比性，需要将指标进行标准化处理。设 Dij 为第 i 个新兴产业的第 j 个指标所对应的原始值，Sij 为第 i 个新兴产业的第 j 个指标所对应的标准值，Pij 为第 i 个新兴产业的第 j 个指标所对应的比重值，Wij 为第 i 个新兴产业的第 j 个指标所对应的权重值，将标准化的数据转化成比重值，则：

$$Pij=\frac{\text{Sij}}{\sum_{i=1}^{3}}$$

其次，应用层次分析法。采用层次分析法明确指标体系。请相关领域内的若干专家分别就某一产业中评价指标的重要性逐一两两进行比较，再从二级指标到三级指标逐层构造判断矩阵 Ai，并求出判断矩阵的最大特征值 λimax 及各个指标的权重值 Wij，最后检验判断矩阵的一致性。

再次，根据以上步骤逐个对各个新兴产业的判断矩阵进行计算，在通过一致性检验的情况下，合理确定地区“三产融合”中每个指标的权重值 Wij，则该评价指标在 AHP 下的权重值 Gi 的计算公式为：

$$\text{Gi}=\sum_{j=1}^{n}Pij.\ \text{Wij},\ \ \text{i}=1\cdots\text{m}$$

最后，按照重要性程度进行合理排序，最后得到完整的指标体系。

6.3.2 评价指标的构建

地区“三产融合”是地区长远经济发展的重大战略性选择，它不仅要对当前经济社会发展起到重要支撑作用，而且要引领经济社会可持续发展的方向。指标的提出综合了贺正楚、樊茗玥等的研究，结合层次分析法的计算方式，以内蒙多地旗县的经济指标为依据，最终总结出规模增长效应指数、融合与关联效应指数、社会福利效应指数。①②

第一，规模增长效应指数。规模增长效应指数是指地区三产融合形成的经济发展优势，对经济发展存在较为明显的贡献，对经济增长、提升综合国力有重要促进作用。地区三产融合后，产业经济增长速度较快，市场潜力大。由于地区三产融合经济发展方向、特征以及资源状况不同，三产融合在不同的地区具备不同的特征。但是，从经济角度出发，地区三产融合在其他条件相当的情况下，必须优先考虑产业融合的经济效应，因为产业符合本地区特点会更容易发展，对地区经济的增长更具有带动性。因此，本书也将比较优势系数列入评价指标。最终选取需求收入弹性、比较优势系数、产业增值比率三项指标来体现产业全局性

① 贺正楚、张蜜：《战略性新兴产业的评价指标体系研究——基于几类产业内涵和特征比较的视角》，载《学海》，70~75 页，2011（6）。

② 樊茗玥、赵喜仓：《战略型新兴产业评价模型构建及实例分析》，载《技术经济与管理研究》，121~124 页，2011（10）。

指标。

一是需求收入弹性。

需求收入弹性是需求增长率与收入增长率之比，表示需求增长对收入增长的依赖程度，它是以满足社会的需求为出发点来考虑的，这种需求变化反映经济运行中内在的客观要求。

设 y 为地区国民收入，q_i 为第 i 产业部门产品的需求量，则第 i 产业部门的收入弹性指标 e_i 为

$$e_i = \frac{y}{q_i} \cdot \frac{\partial y}{\partial x}$$

若 e_i 越大，则该产业部门的市场扩张力越强。战略性新兴产业应该是需求收入弹性较大的产业部门。

二是比较优势系数。

各地区一般要考虑三产融合经济发展特征、方向及资源优势等，因此比较优势系数的选取应是有利于地区三产融合发展形势需要的，较其他地区产业融合而言在产值等方面具有比较优势。

$$\eta i = \partial_1 \partial_2 \partial_3 \partial_4$$

某一产业 i 的相对优势可用比较优势系数 ηi 表示，$\partial_1 = \frac{X_1/x}{Xi/X}$表示比较集中率系数，$\partial_2 = \frac{o_1/o}{Oi/O}$表示比较输出率系数，$\partial_3 = \frac{p_1/P}{Pi/P}$表示生产率系数，$\partial_4 = \frac{t_1}{T_i}$为比较利税率系数，$x_i$、$o_i$、$p_i$、$t_i$ 分别表示 i 部门的产值、产品输出量、全要素生产率和产值利税率；x、o、p 分别表示各产业部门总产值、产品输出总额和平均生产率。Xi、Oi、Pi、Ti 分别表示 i 产业部门总产值、产品输出量、全要素生产率和产值利税率；X、O、P 分别表示所有产业部门总产值、产品输出总量和全要素生产率。

比较优势系数 ηi 表示产业融合后，i 产业部门的相对优势。即 ηi>1 表示，i 产业部门具有一定优势，ηi<1 表示，i 产业部门无优势可言。

三是产业增值比率。

产业增加值比率等于产业 i 产值增量/该地区所有产业产值增量。

$$xi = \Delta Yi / Yi$$

第二，融合与关联效应指数。融合与关联效应指数重点考察地区三产融合的

产业关联效果，能带动地区经济的融合与互动。在某一个具体的地区中，地区三产融合的大环境对三类产业的生存和发展都具有相互关联、相互影响的关系。区位商、感应度系数和影响力系数可以理解为对地区三产融合产业关联指标的定量表述。一般说来，这三项系数较大的地区三产融合工作将对整个经济发展起到较大作用。因此，本书选取区位商、感应度系数和影响力系数作为融合与关联效应指数。

一是区位商。

在经济学中，区位商通常被用来判断一个产业是否构成地区专业化部门。区位商是指一个地区特定部门的产值在地区工业总产值中的比重，与全国该部门产值在全国工业总产值中比重之间的比率。

区位商大于 1，该产业专业化部门程度较高，区位商越大，专业化水平越高；如果区位商小于或等于 1，则认为该产业是自给性部门或者说融合程度较高。一个地区某专业化水平的具体计算，是以该部门可以用于输出部分的产值与该部门总产值之比来衡量。地区某产业专业化系数 =（地区 j 产业的产值/i 地区的总产值）/（全国 j 产业的产值/全国产业总产值），利用它可以为人们发展区域经济提供定量分析数据参考依据。具体公式如下：

$$q_{ij} = (e_{ij}/e_i) / (En_j/En)$$

二是影响力系数指标。

影响力系数是指某一个经济产业部门增加一个单位最终产品的情况下，对国民经济各部门所产生的生产需求波及程度。影响力系数越大，该部门对其他部门的拉动作用越大。在三产融合中，影响力系数反映融合后的产业增加一个单位最终使用时，对其他产业部门所产生的生产需求波及程度，它表明一个产业的生产变化对其他产业所产生的影响。

该指标的公式具体可以表示为：

$$F_j = \frac{\sum_{i=1}^{n} b_{ij}}{\frac{1}{n}\sum_{i=1}^{n}\sum_{j=1}^{n} b_{ij}}$$

b_{ij}为融合后的产业增加一个单位最终使用时对 i 产业的生产需求。F_j 的值亦可通过投入产出表中的数据求出。某一产业的影响力系数越大，说明该产业对利用其生产要素进行生产的产业所产生的影响越大。

三是感应度系数指标。

感应度系数是反映融合后的产业部门增加一个单位最终使用时，某一部门产生的需求感应比率，即该产业为其他产业提供的产出量。感应度系数大，则说明该部门对经济发展的需求感应程度强；感应度系数小，则表示对经济发展需求感应程度弱。该指标的公式具体可以表示为：

$$E_j = \frac{\sum_{i=1}^{n} b_{ij}}{\frac{1}{n}\sum_{i=1}^{n}\sum_{j=1}^{n} b_{ij}}$$

第三，社会福利效应指数。社会福利效应指数，即地区三产融合发展的趋势，要根据经济社会的需求和资源环境的变化进行融合性的系列调整，以适应地区三产融合经济社会带来的就业、资源、环境、人口等约束性要求，使得社会福利获得可持续的发展与增长。从就业、资源、环境的角度，确定测量地区三产融合的评价指标，以此衡量地区三产融合是否能在未来的经济形势中以低能耗、高产出、促进就业的趋势发展。

一是单位（三废）排放产值率指标。

设 g_i 为产业 i 的单位产值能耗，w_{ij}为 i 产业产出的 j 废弃物总量，f_{ij}为 j 废弃物的单位治理费用。

$$g_i = \frac{y_i}{\sum_{j=1}^{3} w_{ij} x f_{ij}}$$

二是就业增长率指标。

地区三产融合中，y_i^1 为年末 i 产业部门职工总数，y_i 为年初产业部门职工总数。该指标表示战略性新兴产业吸纳劳动力的能力，反映了产业的发展前景。

$$Mi = \frac{y_i^1}{Y_i}$$

三是能耗产值率。

能耗产值率反映了地区三产融合产业部门的能耗，地区三产融合的效果应该是低耗能、科技含量高的复合产业。因此，地区三产融合的效果在能源消费上也应该有所体现。具体公式可参考，能耗产值率=产业 i 总产值/产业 i 综合能源消费量。

$$c_i = Y_i / R_i$$

6.3.3 评价指标的研究启示

本书确定的地区三产融合指标多达 9 个，若按每个评价指标所对应的融合后新产业效益的结果大小进行慎重选择，则可确定地区三产融合的实际效果，这是由于地区三产融合评价体系中各个指标考虑的实际效果不同而出现的必然结果。在实际评价地区三产融合效果的情况下，一是在选取三产融合评价指标时，要从融合后新产业之间的联系性与综合性的角度来考虑，二是按照新兴产业评价的常规做法，可以采用 Weaver-Thomas 模型进行产业效果评价。目前，该方法已经成为各国进行战略性新兴产业分析的重要手段。

地区三产融合指标体系的构建是实证分析的基础，在对地区三产融合效果的分析中，设计科学的指标体系是分析评价指标效果优劣的关键。对于地区三产融合竞争力的评价方法较多，综合比较发现，地区三产融合需要对复杂的指标体系进行处理，形成稳定的对于现实的考量。因此，本书设计了上述指标体系，明确了研究的现实方向。具体见图 6-3。

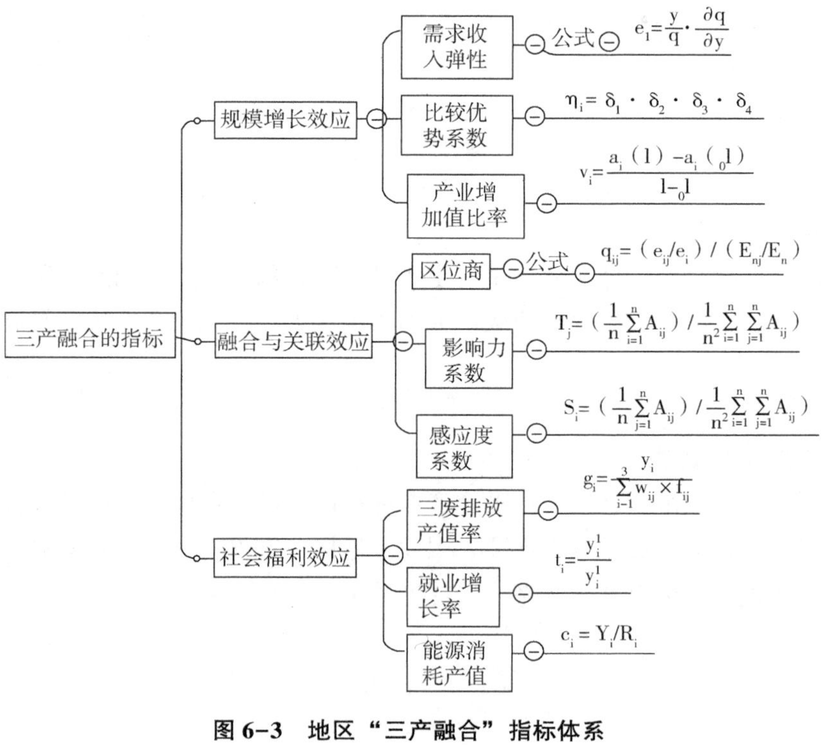

图 6-3 地区“三产融合”指标体系

7 内蒙古自治区草原牧区三产融合的现状与问题

当前，内蒙古自治区草原牧区三产融合发展持续推进，农牧业产业链不断延伸，牧区新业态不断涌现，随着我国经济发展进入新常态，内蒙古草原牧区农牧业发展也步入新的阶段。

7.1 内蒙古自治区十三五产业结构的发展现状

7.1.1 内蒙古自治区处在第二产业主导的经济发展阶段

产业结构是衡量一个区域经济发展程度的重要标志。经济越发达的地区第三产业发展水平越高。同时，产业结构的变动也影响着经济增长的速度。从2015年至2020年六年间内蒙古各盟市三次产业产值增长情况来看（如表7-1），三产产值逐年增加。但就整体而言，各盟市加工、制造等第二产业在整个产业结构中产值高，第三产业增长最快。

7-1 2015—2020年内蒙古各盟市三次产业增长率 单位:%

年度	产业	呼和浩特市	包头市	呼伦贝尔市	兴安盟	通辽市	赤峰市	锡林郭勒盟	乌兰察布市	鄂尔多斯市	巴彦淖尔市	乌海市	阿拉善盟	平均
2015	一产	3.3	3.5	3.8	5.4	4.2	4.3	4.6	3.4	3.3	4.8	3	3.7	3.94
	二产	7.2	6.8	9.1	12.1	7.3	8.1	6.8	8.3	5.7	6.9	6.5	8.2	7.75
	三产	8.8	8.2	9.3	9.9	7.7	8.7	6.1	9.4	7.5	7.1	9.7	6.9	8.28
2016	一产	3	3.6	3.5	4	3.6	3.7	3.9	3.3	3.2	3.8	3.7	3.8	3.59
	二产	8.7	8.1	5.7	9.6	8.4	7.1	6.7	5.9	7.5	7	4.5	8.1	7.28
	三产	7.7	7.5	9.9	9.2	7.7	8.9	9.3	9.2	7.5	8.8	9.9	7.7	8.61

续表

年度	产业	呼和浩特市	包头市	呼伦贝尔市	兴安盟	通辽市	赤峰市	锡林郭勒盟	乌兰察布市	鄂尔多斯市	巴彦淖尔市	乌海市	阿拉善盟	平均
2017	一产	2. 8	3. 6	3. 8	5. 1	3. 6	4. 5	4. 8	3. 7	3. 8	5. 2	3. 9	4. 6	4. 12
	二产	2. 6	4. 5	-9. 7	2. 9	-9. 4	-0. 2	0. 8	4	4. 5	-1. 3	6. 4	4. 3	0. 78
	三产	6. 1	6. 5	4. 9	3. 9	4. 3	6. 1	7. 9	6. 7	7. 4	8	3. 8	3. 3	5. 74
2018	一产	2. 1	3. 8	2. 8	7. 6	1. 8	3. 2	5. 4	1. 6	2. 1	3. 7	5	3. 8	3. 58
	二产	2. 4	8. 3	-0. 5	6. 2	1. 4	6. 3	4. 5	4. 8	4. 1	2. 3	18. 3	10. 6	5. 74
	三产	4. 6	6. 0	5. 1	4. 8	6. 6	7. 1	6. 4	7. 9	6. 2	9. 1	6. 3	7. 5	6. 46
2019	一产	1. 2	1. 1	0. 7	7	0. 9	2. 4	4. 9	2. 4	1. 5	4. 3	0. 4	2. 4	2. 43
	二产	2. 2	8. 2	2. 2	11. 0	5. 0	6. 7	0. 6	11. 1	4. 3	5. 9	13. 9	7. 7	6. 57
	三产	7. 3	4. 8	4. 1	5. 1	5. 0	5. 2	5. 7	3. 6	3. 6	5. 1	3. 1	3. 8	4. 71
2020	一产	1. 2	2. 0	0. 3	4. 1	1. 4	0. 8	1. 3	0. 6	3. 1	3. 8	6. 1	9. 5	2. 9
	二产	1. 4	9. 8	-6. 1	9. 2	-4. 9	6. 4	9. 2	8. 4	-6. 0	-5. 7	7. 0	8. 0	3. 1
	三产	-0. 5	-1. 8	-3. 7	-0. 1	0. 6	-1. 4	-1. 5	-2. 7	1. 3	-1. 3	-4. 2	-3. 0	-1. 5

7. 1. 2　内蒙古自治区第一产业的比重较大，第二、第三产业发展不充分

表 7-2 反映了 2019—2020 年内蒙古 12 个盟市的区域产业结构的构成情况。从表中可以看出，第一产业比重兴安盟最高，人均收入最低；鄂尔多斯市第二产业产值和第三产业产值比重高，三产融合做的好，人均收入也很高。第一产业比重与人均收入呈负相关关系。总体来说，内蒙古各盟市的产业结构第一产业的比重较大，第二、第三产业发展不充分，制约了经济发展。

7-2 内蒙古各盟市三产产业比重与人均 GDP 之间关系

年度	产业	呼和浩特市	包头市	呼伦贝尔市	兴安盟	通辽市	赤峰市	锡林郭勒盟	乌兰察布市	鄂尔多斯市	巴彦淖尔市	乌海市	阿拉善盟	平均
2019	一产（亿元）	114. 2	96. 4	279. 1	171. 5	282. 5	323. 8	123. 2	128. 6	123. 7	201. 0	5. 2	14. 2	153. 81
	一产比重（%）	4. 09	3. 50	23. 39	32. 97	22. 29	18. 95	15. 50	15. 90	3. 50	22. 97	0. 94	4. 82	14. 07
	比重排序	9	10	2	1	4	5	7	6	11	3	12	8	
	二产（亿元）	823. 8	1066. 5	332. 6	123. 3	390. 0	508. 2	323. 8	316. 4	2092. 3	284. 5	342. 6	163. 4	563. 95
	三产（亿元）	1853. 4	1551. 6	581. 4	225. 3	594. 8	876. 4	351. 6	363. 5	1389. 1	389. 5	203. 2	117. 7	708. 13
	人均	89138	93835	47116	32310	40410	39488	75585	38622	173069	51722	97564	118100	74746. 58
	人均排名	5	4	8	12	9	10	6	11	1	7	3	2	
2020	一产（亿元）	126. 46	105. 23	290. 57	189. 02	304. 62	346. 44	134. 90	138. 24	135. 66	221. 45	5. 97	17. 68	168. 02
	一产比重（%）	4. 5	3. 8	24. 8	34. 5	23. 9	19. 6	16. 1	16. 7	3. 8	25. 3	1. 1	5. 8	14. 99
	比重排序	9	10	2	1	4	5	7	6	11	3	12	8	
	二产（亿元）	815. 73	1152. 98	326. 67	132. 75	370. 12	549. 96	357. 99	333. 53	2005. 51	256. 65	363. 13	173. 56	569. 88
	三产（亿元）	1858. 49	1529. 15	554. 96	226. 15	601. 91	867. 20	346. 95	355. 12	1392. 48	395. 90	194. 04	113. 52	702. 99
	人均（元）	81656	102949	51958	38469	44259	43595	76097	47837	164387	56614	101238	116608	77138. 92
	人均排名	5	3	8	12	10	11	6	9	1	7	4	2	

7.1.3 内蒙古自治区各盟市之间产业结构的发展不平衡

内蒙古各盟市除呼和浩特市以外，第三产业比重都较低。表 7-2 显示的是内蒙古 2019—2020 年各盟市的地区国内生产总值以及三次产业产值各占全自治区一次产业产值的比重。由表中数据可以看出，内蒙古各盟市第一、第二、第三产业所占比重差别较大，第二产业在区域经济发展中的地位和作用较为突出。各盟市相比之下，鄂尔多斯市第一产业比重较低，第二、第三产业比重相对较高，各产业的比重与自身产业比重数据最吻合，经济发展水平高于其他盟市。在内蒙古自治区内部，也明显存在区域产业结构差异比较明显、各盟市之间产业结构发展不平衡和各盟市自身产业结构发展不够协调的现象。在十二个盟市中，鄂尔多斯市和包头市的第一产业占 GDP 的比重较低，而第三产业相对比较发达，经济发展水平也相对较高；呼伦贝尔市、通辽市和赤峰市三个地区的第一产业比重明显偏大，高于全自治区的平均水平，而第三产业则发展不足；锡林郭勒盟和巴彦淖尔市的第三产业比重极低，三次产业结构明显失调。由表 7-3 可以看出，新世纪以来内蒙古经济发展主要来自第二、三产业的贡献。①

7-3　内蒙古各盟市三次产业增长率及三次产业贡献率　　单位:%

年份	GDP 增长率	一产增长率	一产贡献	二产增长率	二产贡献	三产增长率	三产贡献
2000	10. 8	0. 7	6. 5	4. 5	41. 7	5. 5	50. 9
2001	10. 7	0. 4	3. 7	4. 1	38. 3	6. 1	57. 0
2002	13. 2	0. 9	6. 8	6. 0	45. 5	6. 3	47. 7
2003	16. 3	1. 2	7. 4	7. 8	47. 9	7. 3	44. 8
2004	16. 7	2. 0	12. 0	8. 9	53. 3	5. 8	34. 7
2005	19. 6	1. 5	7. 7	12. 7	64. 8	5. 4	27. 6
2006	18. 0	0. 5	2. 8	9. 4	52. 2	8. 1	45. 0
2007	18. 0	0. 6	3. 3	9. 2	51. 1	8. 2	45. 6
2008	16. 5	0. 9	5. 5	7. 8	47. 3	7. 8	47. 3

① 李英震、马林、张顺：《内蒙古自治区三产融合的新制度经济学分析》，载《财经理论研究》，1～9 页，2017（5）。

续表

年份	GDP 增长率	一产增长率	一产贡献	二产增长率	二产贡献	三产增长率	三产贡献
2009	16.0	0.3	1.9	8.3	51.9	7.4	46.3
2010	14.1	0.6	4.3	7.0	49.6	6.5	46.1
2011	13.6	0.8	5.9	6.8	50.0	6.0	44.1
2012	10.7	0.7	6.5	5.5	51.4	4.5	42.1
2013	8.7	0.4	4.6	4.4	50.6	3.9	44.8
2014	7.8	0.4	5.1	3.8	48.7	3.7	47.4
2015	7.7	0.3	3.9	3.4	44.2	3.9	50.6
2016	7.0	0.4	5.7	2.8	40.0	3.8	54.3
2017	4.0	0.4	10.0	0.6	15.0	3.0	75.0
2018	5.2	0.4	7.7	2.0	38.5	2.9	55.8
2019	5.2	0.3	5.8	2.3	44.2	2.6	50.0
平均值	11.4	0.7	5.8	5.6	46.3	5.2	47.9

注：由于新冠疫情导致 2020 年产业发展异常，表 7-3 的平均值由 2000 年—2019 年数值求得。

内蒙古自治区草原牧区共有 33 个旗县，占内蒙古自治区全区旗县的比例为 32.4%，其中包头市 1 个，兴安盟 1 个，乌兰察布市 1 个，巴彦淖尔市 2 个，阿拉善盟 3 个，通辽市 3 个，鄂尔多斯市 4 个，呼伦贝尔市 4 个，赤峰市 5 个，锡林郭勒盟 9 个。各盟市所包含的牧区旗县具体见表 1-1。

7.2.1　内蒙古自治区牧区旗县生产总值连续保持高位增长

2010 年末，内蒙古自治区总人口为 2472.2 万人，到 2015 年末，全区总人口增加 38.8 万人，总人口增长 1.6%%，达到 2511.04 万人。内蒙古自治区牧区旗县 2010 年末总人口为 516.4 万人，2015 年末比 2010 年末增长 6.2 万人，增长 1.2%，达到 522.6 万人。总体来看，内蒙古牧区旗县人口增长速度低于全区整体水平。

内蒙古自治区 2010 年生产总值为 11672.0 亿元，牧区旗县生产总值为 2486.3 亿元，牧区旗县生产总值仅占全区的 21.3%。到 2015 年，全区生产总值达 18032.8 亿元，比 2010 年增长 54.5%，牧区旗县生产总值达 4093.04 亿元，比 2010 年增长 64.6%。由此可见，2010 年至 2015 年五年间，内蒙古自治区牧区旗县生产总值连续保持高位增长，发展速度超过全区平均水平。2016 年、2019 年和 2020 年各盟市内牧区旗县产值见表 7-4。可以看出，鄂尔多斯市、呼和浩特市、包头市、赤峰市产值较大，二产、三产发展迅速，三产融合也比较成功。

表 7-4　2016 年、2019 年和 2020 年各盟市牧区旗县产值　　单位：亿元

盟市	2016	2019	2020	总值排序
鄂尔多斯市	4417.93	3605.03	3533.66	1
呼和浩特市	3173.59	2791.46	2800.68	2
包头市	3867.63	2714.47	2787.36	3
赤峰市	1933.28	1708.38	1763.60	4
通辽市	1949.38	1708.38	1276.64	5
呼伦贝尔市	1620.86	1193.03	1172.20	6
巴彦淖尔市	915.38	875.01	874.00	7
锡林郭勒盟	1045.51	798.59	839.84	8
乌兰察布市	938.87	808.42	826.89	9
乌海市	572.23	550.95	563.14	10
兴安盟	522.46	520.06	547.92	11
阿拉善盟	342.32	295.31	304.75	12

资料来源:《内蒙古统计年鉴》(以当年价格计算)。

7.2.2　各盟市内牧区旗县的经济发展差距较大

各盟市内牧区旗县在 2013 年至 2018 年间经济发展迅速，从年均增长率来看，各盟市内牧区旗县的经济发展差距较大。兴安盟的牧区旗县和鄂尔多斯市的牧区旗县年均增长速度超过 13%，分别位列第一、第二；阿拉善盟的三个牧区旗县年均增长仅 1.14%，排在最后。另外，赤峰市、呼伦贝尔市、包头市、通辽市的牧区旗县生产总值的年均增长速度均超过 10%，从生产总值的总量来看，虽然各盟市内牧区旗县的个数并不一致，不具有可比性，但是值得一提的是 2015 年鄂尔多斯市仅 4 个牧区旗县的生产总值就达到了 10532600 万元，占全部 33 个牧区旗县生产总值的 25.73%。2015 年锡林郭勒盟内 9 个牧区旗县的生产总值为

7919027 万元，仅占牧区旗县生产总值的 19. 35%，未超过鄂尔多斯市 4 个牧区旗县的生产总值。

从表 7-5 分析可知，内蒙古自治区 33 个牧区旗县中，2015 年生产总值最高的为鄂托克旗，达到 4357500 万元，占全部牧区旗县生产总值的 10. 6%。生产总值最低的为阿拉善右旗，生产总值仅为 275156 万元，仅占全部牧区旗县生产总值的 0. 7%，与鄂托克旗差距悬殊。

表 7-5　2015 年内蒙古自治区牧区旗县 GDP 排序　　单位：万元

牧区旗县	生产总值	排名	牧区旗县	生产总值	排名
鄂尔多斯市鄂托克旗	4357500	1	呼伦贝尔市陈巴尔虎旗	909200	18
鄂尔多斯市乌审旗	3989100	2	鄂尔多斯市杭锦旗	896100	19
阿拉善盟阿拉善左旗	2526446	3	呼伦贝尔市新巴尔虎右旗	780260	20
锡林郭勒盟锡林浩特市	2101811	4	赤峰市巴林右旗	771298	21
包头市达尔罕茂明安联合旗	2087800	5	锡林郭勒盟正蓝旗	696799	22
通辽市扎鲁特旗	1970938	6	锡林郭勒盟阿巴嘎旗	673551	23
通辽市科尔沁左翼后旗	1618737	7	兴安盟科尔沁右翼中旗	634138	24
通辽市科尔沁左翼中旗	1586889	8	巴彦淖尔市乌拉特后旗	630400	25
赤峰市克什克腾旗	1471357	9	锡林郭勒盟苏尼特右旗	595391	26
赤峰市翁牛特旗	1446499	10	乌兰察布市四子王旗	562298	27
锡林郭勒盟东乌珠穆沁旗	1361953	11	锡林郭勒盟镶黄旗	527296	28
鄂尔多斯市鄂托克前旗	1289900	12	锡林郭勒盟苏尼特左旗	498179	29
赤峰市巴林左旗	1235948	13	阿拉善盟额济纳旗	410959	30
锡林郭勒盟西乌珠穆沁旗	1153290	14	呼伦贝尔市新巴尔虎左旗	359071	31
呼伦贝尔市鄂温克族自治旗	1115644	15	锡林郭勒盟正镶白旗	310757	32
赤峰市阿鲁科尔沁旗	1090063	16	阿拉善盟阿拉善右旗	275156	33
巴彦淖尔市乌拉特中旗	995700	17			

2015 年生产总值排在前十的旗县分别为：鄂托克旗、乌审旗、阿拉善左旗、锡林浩特市、达尔罕茂明安联合旗、扎鲁特旗、科尔沁左翼后旗、科尔沁左翼中旗、克什克腾旗、翁牛特旗，其生产总值达 23157077 万元，占全部牧区旗县生产总值的 56. 6%。

表 7-6　2010—2015 年内蒙古自治区人均 GDP 年增长率前十名旗县排序

牧区旗县	年均增长率	增长率排名
通辽市扎鲁特旗	26.47%	1
鄂尔多斯市鄂托克旗	22.43%	2
通辽市科尔沁左翼中旗	21.80%	3
锡林郭勒盟苏尼特左旗	19.50%	4
赤峰市巴林右旗	18.65%	5
通辽市科尔沁左翼后旗	18.42%	6
赤峰市克什克腾旗	16.34%	7
赤峰市阿鲁科尔沁旗	16.20%	8
锡林郭勒盟阿巴嘎旗	15.81%	9
赤峰市翁牛特旗	15.78%	10

从表 7-6 分析，2010 年至 2015 年生产总值年均增长率排在前十名的分别是扎鲁特旗、鄂托克旗、科尔沁左翼中旗、苏尼特左旗、巴林右旗、科尔沁左翼后旗、克什克腾旗、阿鲁科尔沁旗、阿巴嘎旗、翁牛特旗，年均增长率均超过 15%。但是在这十个旗中，阿鲁科尔沁旗、巴林右旗、阿巴嘎旗和苏尼特左旗四个旗的生产总值排名并不靠前，分别排在第 16、21、23 和 29 名，说明这四个旗虽然经济总量排名靠后，但却表现出巨大的经济发展潜力。

7.2.3　各盟市人均收入排名基本稳定

从表 7-7 可见，2015—2020 年各盟市人均收入排名基本稳定，2020 年内蒙古人均生产总值达 41353 元。2015 年至 2020 年，呼和浩特市、通辽市、赤峰市、鄂尔多斯市人均收入排序上升，巴彦淖尔市、乌海市、阿拉善盟人均收入排序下降，其他盟市人均收入排位不变，排序下降的盟市主要是三产发展缓慢。

7-7　2015—2020 年各盟市全体居民人均收入情况　　单位：元

地区	2020		2019	2018	2017	2016	2015	
全区	41353	排序	30555	28376	26212	24127	22310	排序
呼和浩特市	49789	3	38306	35682	33115	30527	28263	5
包头市	50981	1	44748	41755	38749	35759	33184	1

续表

地区	2020		2019	2018	2017	2016	2015	
呼伦贝尔市	36168	7	30570	28428	26332	24280	22461	7
兴安盟	31662	12	20364	18577	16822	15468	14230	12
通辽市	34782	8	23656	21740	19996	18415	16989	9
赤峰市	34770	9	22826	21016	19321	17737	16302	10
锡林郭勒盟	41391	6	32460	30082	27777	25554	23574	6
乌兰察布市	33534	11	22338	20501	18885	17373	16042	11
鄂尔多斯市	50306	2	41368	38521	35648	32860	30511	3
巴彦淖尔市	33657	10	26833	24742	22783	21010	19435	8
乌海市	45497	4	44369	41551	38624. 55	35566	33023	2
阿拉善盟	44009	5	38483	35854	33228. 7	30569	28323	4

7.2.4 产业结构内部不断调整升级，产业融合初现端倪

7-8 内蒙古三产比重

单位：%

年份	第一产业	第二产业	第三产业
1960	32. 3	46. 8	20. 9
1970	45. 2	33. 0	21. 8
1980	26. 4	47. 2	26. 4
1990	35. 3	32. 1	32. 6
2000	22. 8	37. 9	39. 3
2005	16. 7	39. 1	44. 2
2010	13. 4	41. 7	44. 9
2011	13. 8	42. 8	43. 4
2012	13. 9	43. 5	42. 6
2013	13. 9	42. 7	43. 4
2014	13. 5	42. 1	44. 4
2015	12. 6	40. 7	46. 7

续表

年份	第一产业	第二产业	第三产业
2016	12.0	40.5	47.5
2017	11.1	39.4	49.5
2018	10.8	39.3	49.9
2019	10.8	39.3	49.9
2020	11.7	39.6	48.8

从三次产业结构比例来看，1960 年至 2020 年牧区旗县第一、二、三产产值占生产总值的比重变化趋势如表 7-8 所示。首先，第一产业占比有所下降，由 1960 年的 32.3%下降到 2020 年的 11.7%；其次，第二产业占比基本保持稳定；最后，第三产业占比有所上升，由 1960 年的 20.9%上升至 2020 年的 48.8%。也可以看出，十二五期间，内蒙古自治区牧区旗县产业结构过渡平稳，保持二三一的产业格局，产业结构内部正不断调整升级，产业融合初现端倪。2017 年以后，一产比重约 10%，二产比重约 40%，三产比重约 50%。

7.3 内蒙古自治区草原牧区“十三五”期间三产融合现状

“十三五”期间，随着我国城镇化和工业化的快速发展，内蒙古草原牧区基础设施建设不断加强，信息化技术普遍应用，在推进草原牧区三产融合方面取得明显成效。例如，在草原牧区发展观光农牧业、休闲农牧业等；龙头企业发展工业旅游、专属牧场和牧家乐等产业都取得了长足的进步。从近几年的发展实践来看，草原牧区第一、二、三产业整合成效显著。畜牧业产业链扩大，牧区产业范围扩大，畜牧业附加值增加，牧民收入显著增加。因地制宜探索出多种融合发展模式，形成了日趋紧密的利益联结机制，并取得了一定的成效。

7.3.1 多种融合模式共同发展

经过多年的探索，在实践的基础上，内蒙古自治区草原牧区蓄牧业与二三产业融合发展形成了多种模式，其中主要有四种形式。

一是产业重组型融合，即种养结合型融合。这种融合就是在发展畜牧业的基础上，发挥草原牧区特有的资源优势，以多个新型涉牧经营组织作为主体，围绕与畜牧业关联紧密的产业，把养殖业和种植业当中联系比较紧密的某些部分联结在一起，有的甚至将某个区域的整个养殖业与种植业整体联结在一起，在畜牧业内部形成一个协调共进、循环利用、一体化发展的生产经营方式。这种融合模式对于内蒙古草原牧区的牧草种植和牛羊养殖融合发挥了不可替代的作用。

内蒙古骑士乳业有限公司位于包头市东河区，是一家集牧草种植和奶牛饲养为一体的典型企业，该公司是国内第一家引进丹麦 APV 公司全套生产线的大型乳制品企业。公司下设包头市骑士乳品有限公司、展旦召骑士乳品牧场、骑士农场、草原永兴饲料有限公司四个子公司。多年来，公司一直致力于种植业和养殖业的培育和建设。在牧草种植上，拥有较高机械化程度的骑士农场有 1 万多亩青贮和苜蓿草，利用现代大型喷灌设备，科学培育优良牧草品种，为现代农业经济提供优质、安全的牧草。在养殖方面，拥有几十个标准化奶牛养殖区，同时在距离工业污染覆盖区域较远的达拉特旗展旦召苏木，建成占地 300 余亩、存栏 3000 余头奶牛的现代化牧场，具备种植面积达 3 万多亩的大型草场，实现了显著的规模和产业效益。同时，公司在牧草培育、牛羊养殖、农业粪便处理等方面实现了有机循环，促进了畜牧业的产业融合。2015 年 8 月 7 日，骑士乳品公司在北京举行了新三板上市仪式，敲响了骑士乳品公司开市的钟声，该企业是内蒙古第一家在新三板上市的食品企业。

二是农牧产业链延伸型融合。即一些畜牧业经营组织依靠与畜牧业相关的某一企业，以生产、加工、销售环节中的一个节点为中心，将产业链向前或向后延伸，进而使畜牧业产业链向纵深延伸，从而扩大农产品附加值，达到提高农产品效益的目的。比如将从事牧草种子、农药、肥料供应等与从事畜牧业生产的多个企业整合到一个企业中，或将畜产品生产与畜产品加工、销售联结起来，实现畜牧业产供销一体化发展。

目前，内蒙古自治区的羊肉产量稳居全国第一。内蒙古自治区巴彦淖尔市羊肉产业链建设十分完善。该地区是全国唯一一个一年四季均有肉羊出栏的地区，该地区在羊的种群数量、羊肉和羊绒生产数量乃至新三板企业上市数量方面均居全国第一位。

2015 年在巴彦淖尔市成立的青青草原股份公司是全国第一家专门从事肉羊全产业链研发经营的现代化牧业企业，虽然公司成立时间不长，却走出了全产业链发展之路。在中国，肉羊产业以外的其他畜牧行业中全产业链的成功企业不在少数，但在羊产业上真正做到全产业链经营并取得成功的企业并不多。所谓“全产业链”是指涵盖了从畜牧业开始到餐桌菜肴结束的所有环节，包括饲养、屠宰、食品加工、物流、仓储、配送、营销、食品销售等环节，实现了食品安全的可溯源性，产品质量可控，形成“安全、安心、健康”的食品产业链。

青青草原牧业股份有限公司的产业链涉及饲料原料种植、饲料的生产加工、母羊的养殖、肉羊的育肥、肉羊屠宰、羊肉储存、羊肉加工、物流、运输各方面。整个产业链形成了完整的闭环，降低了外部性，也降低了生产成本。经过短短几年的发展，青青草原牧业股份有限公司创造了良好的市场业绩，得到政府部门、养殖农户以及社会的高度认可。

青青草原牧业股份有限公司还借鉴其他行业的成功经验，打造了独具自身特点的产业链。在“公司+农户”的模式中，羊种提供和饲料供给以公司为主导，把广大农牧民吸引进来积极参与，并根据市场的实际需求来发展前端养殖，从而生产出自己独特的产品。采用公司+农户的模式，主要解决了处于整个产业链条中最底端的养殖户饲料成本高的问题，公司除了给予技术支持外，还在价格上做到市场最低价。在这种模式下，农户不需要考虑市场波动的影响，解除了农户的后顾之忧，保证了双方的长期合作。在内蒙古，普通的散养户一年养羊的收入有两万元左右，与青青草原牧业股份有限公司合作的养羊户一年的养羊收入是普通散养户的数倍。

草原牧区的散养户和与公司合作的养殖户相比存在诸多弊端，比如羊种不够统一、放养水平层次不齐、标准化和规模化程度不高、缺少科技含量，这些问题一直制约着生产效率的提高。青青草原牧业股份有限公司采用了公司+农户的集约化生产模式，克服了这些弊端，使生产效率大为提高。主要以公司为主导，统一规划羊源的发放和金融服务，统一进行品牌销售和文化推广，既保证了产品的质量，也传承和弘扬了草原文化。这种全产业链经营模式，既使羊产业现状的不足得到了解决，也使产品的品质和安全得到了保证。

三是农牧业功能拓展型融合。就是以本地农牧业资源为基础，把农牧业资源与生态、文化、旅游等元素有机结合起来，实现农牧业资源与草原旅游产业、草原文化创意等产业的融合，挖掘农牧业的多种功能，发展新的业态。通过发展休闲农牧业、旅游农牧业、文化农牧业、创意农牧业，大幅提升农牧业的价值，拓宽农牧业增效和农牧民增收的渠道，实现农牧业从过去只卖产品向卖风景、卖体验、卖绿色的转变。

近年来，内蒙古自治区还积极探索“旅游+扶贫”的模式，充分利用草原牧区特有资源，引导和鼓励旅游公司与农（牧）家乐旅游点合作经营，在常规旅游线路中嵌入农（牧）家乐旅游点，开发景区与农（牧）家乐旅游点融合的旅游新产品，使旅游企业得到资源，农牧民得到实惠，企业和农牧民实现共赢。

目前，内蒙古农村牧区旅游业基本实现了标准化、规范化、规模化、专业化。各地结合实际，依托不同的资源禀赋，开发各具特色的乡村牧区旅游产品，因地制宜鼓励农牧民发展乡村牧区旅游。截至 2015 年底，内蒙古自治区乡村旅游接待户超过 4200 家，其中星级接待户达 381 家，带动农牧民就业 13 万人，全年接待游客 2860 万人次，营业收入 18 亿元。2016 年，有 3.5 万较低收入人口通过旅游业脱贫。

内蒙古自治区在长期实践中，不断开发乡村旅游村镇项目，建成多种类型的乡村旅游村镇，并推出多种类型的高端牧场、高端农庄等旅游产品。据估计，到 2020 年，自治区有 200 个专业旅游村，8000 家标准化农牧户，直接带动近 20 万农牧民就业，农村旅游年人均收入达到 1 万多元。旅游扶贫通过发挥其强大的市场优势，显现出新的产业活力和强大的造血功能，在扶贫中发挥着日益突出的作用。

四是技术渗透整合。将物联网、云计算、大数据等信息技术应用于以农牧业为依托的新兴产业，提升现有产业，培育新兴产业，实现农牧户网上交易，农牧业信息共享。例如，在“互联网+”的时代背景下，畜牧业面向线上和数据化，实现畜牧生产经营的在线监测和管理，在线订购、清算，实现离线交易和畜产品销售。随着信息技术的迅速普及和应用，畜牧业与第二、三产业的界限变得模糊，供需距离缩短，网络营销、网上租赁、托管等成为畜牧业新的发展方向。

2015 年以来，内蒙古自治区大力推进草原牧区电子商务平台建设，培育从事电子商务的经营主体，为广大企业建立了提供电子商务服务的农村电子商务协会，引入电子商务的草原牧区，使农牧民都能够开展网上购物活动。有的牧区旗县采用“县级电商运营中心+乡村服务点”的方式，吸引农村青年发展为线下合伙人、推广员，促进工业品下乡和农牧产品进城的双向流通。在引进大的电商平台壮大县域电商经营主体的同时，打造本土平台；整合配送物流资源，建成仓储配送中心，探索解决草原牧区物流难题的方法，综合利用旗县邮政、商贸流通等现有物流条件，推动物流配送实现乡村全覆盖。推动农产品触网上行，促进农畜产品更多地转化为商品，带动产业发展。

内蒙古自治区的旗县政府积极开展各种形式的电子商务技能培训，不断提高涉农涉牧企业、农牧民和基层政府部门工作人员的电子商务能力，把阿里巴巴、京东、苏宁、邮政等知名电商平台引进旗县，掀起农牧区电商发展热潮。截至

2017 年 6 月底，全自治区 28 个综合示范旗县已有 24 个县级电子商务服务中心、88 个乡镇级电子商务服务站和 982 个村级服务网点投入使用，13 个县级物流配送中心实现共享。农村电子商务累计网络零售约 27. 4 亿元，累计新增农产品网销单品 6505 个，累计网购金额约 17. 4 亿元。物流配送方面实现收件约 3403. 5 万件，发件约 922. 7 万件。

电商的快速推进和大范围发展，推动了草原牧区的农畜产品快速走向全国。地处北纬 40 度的巴彦淖尔市是农作物种植的黄金带，也是我国重要的商品粮油生产基地、绿色食品原料基地和全国最大的有机原奶、无毛绒加工、脱水菜生产和向日葵生产加工基地。近几年，巴彦淖尔市把电子商务作为草原牧区经济发展的新动力。2014 年全市电商企业才 100 多家，到 2017 年就增长至 1148 家。电商交易额也由不到 1 亿元增长到 2016 年的 32 亿元。2017 年上半年，全市电商交易额达 19. 82 亿元，同比增长 27. 4%，对草原牧区的农牧业增效和农牧民增收起到了积极的促进作用。其中巴彦淖尔市的葵花籽已出口到 80 多个国家和地区。电商的有力支持，为县域经济发展注入了新的活力。

7. 3. 2　利益联结机制已经形成

内蒙古自治区将构建完善的利益联结机制作为先行先试改革任务，引导鼓励相关经营主体探索形成“优势互补、利益共享，全链协作、共同投入，风险共担、持久运营”的互利共赢关系，以此推进农村产业的融合发展。通过不断研究和实践，总结出 5 种紧密型利益连接方式。

一是订单合同型。即农牧民在生产前与企业签订购销合同。企业按照“公司+基地+牧民”的模式，依据协议规定的数量、质量和价格购买牧民的生产原料，形成订货关系，这种方式既保证了农牧业原料的供应，又保证了农牧产品以较高的价格出售。企业按照协议规定的保护价格，或者按一定程度的溢价，一次性向农牧民支付现金，保障和促进农牧民收入的增加。比如，蒙羊牧业与合作户签订合同，确定收购保护价，在受到疫情、市场行情影响时，仍以每斤高于市场 3~4 元的保护价收购，三年累计让利农牧民 7000 万元。

二是股份合作型。即农牧民把自己包括土地、草场、劳务、资金等在内的资产作为股份入股到企业之中，或者企业把自己的资金、技术、品牌等作为股份入股到农牧民合作社中，形成企业与农户权益共享、风险共担、互惠共赢的股份（合作）型利益联结机制，这种利益连接体的关系比订单农牧业更为紧密。农牧民既能够稳定获得更加可靠的利润收入，还能得到企业收益的再分配，形成了你中有我、我中有你的利益共同体。如铁骑力士公司通过这种股份合作制的运作，确保参与股份合作的养殖户每只鸡的收入不低于6元，每头猪盈利不低于80元。通辽市禾丰有限公司率先按照“群众自发、土地参股、集约经营、利润分享、利益保护”的原则，建立稻米专业合作社，吸引农民分享土地经营权，实现了每亩土地至少获利500元的目标。进一步，将种植业的净收入按比例分成，合作社和种植者分配的比例为4∶6，实现农民人均实际收入每年在800元以上。

三是服务协作型。就是企业通过为农牧民提供技术服务或资金支持等手段，与专业合作社或农牧民形成稳定的协作关系，做到优势互补、互利协作。农牧民按企业相关要求进行生产并向企业提供优质的农产品原料，企业则根据生产需要向农牧民提供资金扶持、技术指导等。科尔沁牛业公司自2010年开始为养殖户提供贷款担保，惠及2054个养殖户，累计贷款金额超过2亿元，大大促进了三产融合的发展。

四是流转聘用型。乌海市阳光田宇公司采用“土地租金+工资+社会保障”的形式，流转承包232户农民的3013亩耕地，用于葡萄标准化示范园区建设，流转费每年300元/亩；同时对葡萄种植户进行培训，安排其在葡萄基地就业，签订劳动合同，享受国家规定的五险一金和企业提供的各项福利待遇。

五是农牧业产业化联合型。鄂尔多斯市著名企业东达集团在达拉特旗风水梁镇大力发展獭兔养殖业。企业在设施、育兔、饲养、防疫和营销等五方面提供全面的保障服务。目前，企业已经投资60多亿元，有效解决了四千余户共计万余名移民和农牧民的生存就业问题。通过试点项目和经验推广，农产品与原材料的供销关系已经发展成为所有权与参股等多种形式的利益关联关系。龙头企业的服务已经从单纯提供优良种兔、化肥、饲料等生产资料，转变为提供融贷款、保险和担保等多项服务，打造出集科技服务、信贷和保险于一体的全产业链、全过程、全要素服务发展新模式，企业与农牧民的利益联系日益紧密，企业服务的深度和广度也在不断扩大和深化。截至2017年，全区进入产业化经营链条的农牧户达214万户，农牧民人均产业化经营收入达到5264元，比2013年增加1534元。

7.3.3 草原牧区产业融合初见成效

一是推动了农牧业产业链延伸和价值链升级，增强了农牧业的竞争力和可持续发展能力。

内蒙古自治区通辽市养牛历史悠久，被誉为“黄牛之乡”。通过长期的积累，形成了传统的养殖肉牛产业，也因此在发展肉牛产业方面形成了得天独厚的优势。“十三五”之前虽然在饲草料资源、基础设施、饲草料加工机械化、繁育体系、疫病防控体系、地区交易市场、牛产业企业群发展和品牌方面都具有一定的优势，但与经济发达地区的肉牛产业相比，通辽地区的牛产业在生产水平方面还存在很大差距。

2006年以来，通辽地区肉牛产量居内蒙古自治区首位，肉牛出栏总量超过内蒙古自治区平均水平。通辽市牛肉总产量的25%为当地居民消费，75%为供应给周边地区。由于肉牛屠宰加工工艺简单，机械化程度低，导致该地区牛肉加工产品对原料的需求量仅占当地牛肉总产量的3%。绝大部分农户和养殖企业均以一次性销售肉牛为主，致使产业链极短，甚至根本就没有形成产业链。

“十三五”期间，通辽市政府加大对肉牛产业链延伸的扶持力度，由处于利润最低的肉牛养殖端向利润高的饲料加工生产技术研发和牛肉加工、销售端延伸产业链。通过牛产业链循环经济模式，大力发展牛副产品研发，完善牧草饲料基地建设，加强技术创新，为产业延伸提供支撑。通过尝试连锁经营，构建肉牛产业技术联盟体系，完善肉牛产业链的整体发展，培育品牌企业和品牌产品等重要措施，实现了产业链的延伸。目前通辽市肉牛产业显示出了明显优势。第一个优势是畜牧业饲养规模逐步扩大。通辽已成为中国重要的肉牛生产基地。科尔沁左翼后旗、科尔沁左翼中旗和扎鲁特旗被列入《全国肉牛优势区域布局规划（2008—2015）》的207个县之一。到2016年底，通辽市畜牧业牲畜总数为2200余万头，其中肉牛为300余万头，占大牲畜总数的85%以上。全市共有1100余万头肉畜出栏，其中肉牛有120余万头。第二个优势是市场品牌的逐步提升，通辽现在拥有一批知名品牌，包括科尔沁牛业、奥丰和余粮畜业等。内蒙古科尔沁牛业有限公司被八部委联合评为全国优秀农业龙头企业，建立了HACCP体系，在全国牛肉生产企业中排名第四。第三个优势是流通网络相对发达。通辽市肉牛年交易规模可达300余万头，肉牛的生产加工能力超过60万头。第四个优势是技术优势明显。2015年，在16个示范户中，肉牛繁殖存活率为77.8%，比2011年的63.7%增长了14.1个百分点。

二是促进了农牧民就业增收，搭建了分享农村产业融合红利的平台。巴彦淖尔市在推动草原牧区产业融合发展的过程中，坚持把培育新型经营主体作为重要抓手，通过政府政策指导、优势项目引导、融合机制创新、融合试点示范等方式，进一步完善农牧民与优势龙头企业的利益联结机制。同时，将党中央要求同贫困作斗争、人民共享经济发展成果的纲领贯穿始终，积极引导较低收入人口专注产业发展进程。目前，在全市的农牧业企业中，有 270 余家实现销售收入 500 万元以上。2017 年，全部农牧业加工企业实现销售收入超过 330 亿元。全市共组建农牧民合作社 5123 家，辐射带动农牧户 13 万户参与共建。重点发展规模化、集约化经营，创建示范合作社 100 家，建设家庭农场、牧场 414 家，培育专业大户 21400 户。[①] 为进一步激发龙头企业和农牧民的生产积极性，科学设计利益共同体，合力搏击市场风浪。巴彦淖尔市在实践探索中，不断总结推广了六种类型的利益联结模式，分别是：契约型、服务合作型、股份合作型、“企业+专业合作+农牧户”模式、“企业+基地+农牧户”模式、“公司+牧场+农牧户”模式，使企业与农牧民携手发展。目前，全市农牧业产业化龙头企业与农牧民建立了利益联结机制的共有 210 家，占全市龙头企业的 76%，辐射带动农牧户 14. 4 万户，占全部农牧户的 58%，农牧民来自利益联结机制方面的收入占到全部收入的 75%。[②]

三是推进美丽乡村和新农村建设，增强了城乡一体化和农村和谐发展的动力。内蒙古自治区在着力推进农村牧区产业融合发展的同时，将产业融合与新型城镇化建设有机结合，不断推进包头市、扎兰屯市、元宝山区、准格尔旗、和林格尔县、宁城县八里罕镇、托克托县双河镇、海拉尔区奋斗镇等国家、自治区新型城镇化综合试点和科尔沁左翼中旗、乌拉特中旗海流图镇、鄂伦春旗大杨树镇等民族聚居区新型城镇化试点建设。引导和鼓励二三产业向城镇及周边集聚。大力支持农牧产品加工、商业、贸易、物流等特色小城镇建设，培育了一批规模大、主导产业突出、核心企业竞争力强的农畜产品加工物流园区，对区域经济、相关产业和农民收入形成了较强的辐射带动作用，进而形成若干个产业融合发展的示范区和先行区。全面放开 100 万以下城区人口的城镇居民落户限制，科学引导农牧民向城镇化靠拢，稳步推进农牧业人口转移和其他定居点建设，推动城市建设用地扩大规模与农牧业转移人口落户之间衔接机制的形成。完善城乡教育、医疗、住房社会保障制度，稳步推进城市基本公共服务向常住人口覆盖。通过草原牧区产业融合的不断发展，大大推进了美丽乡村和新农村建设，促进了城乡一

① 《我市加快培育多元化农村牧区产业融合主体》，载《巴彦淖尔日报（汉）》，2021 年 1 月 5 日。
② 《建立多种形式利益联结机制》，载《巴彦淖尔日报（汉）》，2017 年 9 月 20 日。

体化和农村和谐发展。

四是培育出一批新型业态，促进了农业多功能发展和农业发展方式转变。草原牧区第一、二、三产业的融合发展，是指各类企业和经营者以农牧业为依托，将生产、加工、流通、销售等诸多环节融为一体，通过不同产业之间的技术、功能、价值的整合，创造新的产业、新的业态和新的模式，以实现产业链和价值链的延伸、产业功能的扩展和农牧民收入的增加为最终目标。

在草原牧区产业融合方面，内蒙古自治区大力扶持新型农牧业经营主体，强化农牧合作社和家庭农场的基本作用，加快培育农牧产业化主导企业。目前，自治区培育了 60 余万户专业养殖户，共有 4. 3 万余户家庭农牧场，农牧民合作社 7. 7 万家，拥有 1907 家农牧业企业，其中国家级重点龙头企业 38 家，自治区重点龙头企业 583 家。随着龙头企业、专业合作社、种植养殖大户、家庭农场和牧场的快速发展，新型农牧业主体已成为主导第一、二、三产业融合的新生力量。2017 年上半年，仅休闲农牧业一项，就直接带动 9. 5 万农牧户，户均营业收入超过 3 万元。休闲农牧业等新业态已经成为一二三产业融合发展的新增长点。

内蒙古自治区的五原县在这方面作出了相当的成绩，具有一定的可借鉴性。五原县在探索草原牧区一二三产业融合发展的新路的过程中，按照“现代园区+特色产业+产业融合主体+县域电商+特色小镇+乡村旅游+三农服务”的“七位一体”发展思路，投资 60 多亿元，建成以县城为中心、占地 15. 9 万亩的“一区九园”产业融合大园区。截至 2017 年，园区现有各类企业 339 家，年产值 64. 1 亿元。园内一二三产业深度融合，探索出了产城融合、农业内部融合、产业链延伸、农业功能拓展、新技术渗透等多类型模式。经过 2012—2016 年五年的发展，一产占三次产业结构的比重由 32%降至 23. 6%，下降了近 10 个百分点；农民人均可支配收入由不到万元增至 15345 元，由全区第 41 位晋升到全区第 17 位。五年来，引进农业龙头企业 52 家，培育合作社、家庭农场 983 家。通过流转聘用、科技引领、订单合同、电商带动等多种产业融合利益联结模式，超过 3. 8 万户农牧民投入其中，园区农牧民年均收入超过 2 万元，比全县平均水平高 32%。自治区经过多年的快速发展，农牧业综合生产能力显著提高，农牧产品加工业发展强劲，农村牧区各种新型经营方式不断涌现，各种新型商业实体不断壮大。

7.4 内蒙古自治区草原牧区“十三五”期间三产融合存在的问题

产业化经营是草原畜牧业发展的必然趋势。发达国家的畜牧业已形成从养殖到餐桌的完整的产业化经营体系。欧、美、日等发达国家的畜牧业产业化经营经验表明，以龙头企业为中心的生产—加工—销售一体化经营模式能够克服家庭经营制度下的小规模生产与大市场流通之间的矛盾，有利于推动技术创新及成果的推广应用。近几年，内蒙古畜牧业产业化经营迅速发展，涌现出了一批合作社带动型、龙头企业带动型产业化组织形式，但与发达国家的产业化发展模式相比还存在许多不足，具有较大的提升空间。

7.4.1　产业融合发展层次较低

目前，我国农村一、二、三次产业融合总体上还处于初级阶段，内蒙古草原牧区产业融合发展水平不高，主要表现在以下三个方面。一是产业集聚链短，附加值低。农产品加工业取得了长足的进步，到2015年，我国农产品加工企业7.8万余家，主营业务收入20.1万亿元，占制造业的19.6%，农产品加工业的产值与农业产值的比例为2.2∶1。但与世界发达国家3.7∶1的差距还很大，内蒙古的差距就更大了。二是合作方式单一。在绝大部分地区订单农牧业仍然是目前最主要的利益联结机制，而且订单农牧业违约率较高。利益联结比较紧密的股份制和股份合作制占比很低。三是农牧业的多样化盈利渠道还没有得到有效挖掘。休闲、旅游农业仍以观光为主，文化遗产、特色历史、风土人情等较少融合。此外，草原牧区产业融合项目，同质性有余而差异性不足，争夺市场过于激烈，导致资源开发过度，市场竞争无序，环境破坏严重。

7.4.2　产业融合受要素瓶颈制约严重

目前，在促进农村三产融合的过程中，土地、资金和人才的供应不足严重制约着许多地区的发展。例如，根据国土资源部的规定：依托农业的度假村、各类庄园、酒厂、农家乐，以及各种涉及餐饮、住宿、会议、大型停车场、农产品加工等农业园区的用地，必须严格按照建设用地管理并取得许可证。由于上述条件的限制，致使诸多农村产业融合发展项目难以实施，也很难满足仓储和大型培训场所的用地。在农村，金融产品和服务方式较为单一，租用的土地及大量农用设施设备又不能作为抵押，很难从银行获得贷款。直接融资渠道狭窄，融资困难和融资利率较高等问题更加突出。有些较大规模的农业产业化企业年均融资成本高达20%，多数农村地区产业融合发展缺乏专业型人才和复合型人才，农民文化素质和技能水平不能满足要求。

7.4.3 产业融合主体带动能力较弱

目前，农村产业融合的驱动力不强，这一现象在广大农村普遍存在，原因主要包括四个方面。一是新的经营主体较少，有的合作社没有自主发展的能力。在内蒙古自治区畜牧业产业化进程中，蒙牛、伊犁、鄂尔多斯、科尔沁牛业等龙头企业呈现出规模大、影响力强的特点，但绝大多数畜牧业企业存在规模小、效率低、驱动力弱的问题。羊绒产业是内蒙古近些年来的新兴产业，全区羊绒产量维持在 1 万吨左右，占全国羊绒产量的 50%。已有羊绒加工产业 2000 多家，规模以上加工企业 300 多家，其中销售收入 1 亿元以上的企业只有十多家。内蒙古自治区羊绒产业由于规模小、质量差，导致其产业效益低，重复建设和资源浪费现象普遍存在。二是一些新的业务实体结构单一，业务能力薄弱。大多数合作社"有名无实"，家庭农场和专业户的规模较小，参与整合能力差。三是企业主体缺乏创新能力。一些农村产业整合项目缺乏个性。休闲农业与乡村旅游的特点、所涉农耕文化及传统文化、人文和民族特色等有待进一步探讨。四是行业协会的服务能力不强。有的行业协会存在"开会多，服务少，资金多，工作少"的现象，在促进区域标准化和品牌建设方面服务不足。

7.4.4 龙头企业与牧民之间的利益联结机制不完善

龙头企业组织与农牧户利益联结不够紧密，仍然处于松散交易阶段的占大部分，只有极少部分能够共同发展、相互依存，真正形成"风险共担、利益均沾"的格局。利益联结得松与紧、双方履约情况好与坏，受产业特点影响较大。乳产业因其原料需要及时处理，不宜长时间运输，如果不就近及时抢购原料，加工企业就无法生产，牧民如果不及时出售产品就会造成损失，因此这类产业的利益联结得比较紧密，订单合同的履约率也高。羊线产业，原料运输方便，不易变质，龙头组织和农牧民相互的依赖性不强，利益联结就比较松散，大部分通过市场交易来完成产权转移，违约现象时有发生。

7.4.5 投入机制不健全，资金短缺问题突出

虽然各级政府对农牧业产业化给予了越来越多的支持，但由于投资政策不完善，财政资源有限，财政投入仍然不足。另外，仍存在畜牧业产业化的投融资渠道不畅、中小企业融资困难、牧户贷款难的现象，加之企业和农牧民自身的投入

能力有限等，使得畜较业产业化资金短缺的问题依然十分突出。

7.4.6 资源优势转化力弱

内蒙古自古就有发展畜牧业产业的自然资优势、政策体制优势以及独特的文化资源优势。然而这些优势在畜牧业产业化发展过程中未能很好地发挥，更没有将现有资源优势转化为经济优势。

一是未能充分挖掘利用丰富的自然资源优势。内蒙古的草原面积、森林面积、人均耕地面积均居全国前列，该地区畜牧业种类繁多，有麻黄、甘草、肉苁、枸杞、黄芪、沙棘等独特的生物资源，产品具有很大的开发潜力。内蒙古自治区产生污染的企业相对较少，全区百余个旗（县、市）绝大部分符合生产绿色产品的条件，符合国家监测标准的绿色产品生产条件的土地面积就超过 33 万公顷，绿色畜产品草场面积超过 453 万公顷，是全国乃至世界发展绿色产业少有的一块“净土”。虽然内蒙古绿色产业发展的产业基础很好，但是区内畜牧业产业化龙头企业未能很好地利用特色资源、绿色资源，发展绿色产业，开发绿色产品。

二是未能充分利用国家提供的优惠政策。内蒙古在发展畜牧业产业化的过程中，对国家促进内蒙古又快又好发展的机遇把握不好，没有为企业自身的发展创道更好的外部环境。

三是内蒙古文化资源优势未能发挥应有的作用。内蒙古地区具有深厚的文化底蕴，包括独具特色的风土人情、丰富多彩的草原文化等。这些无形的资源是农业产业化龙头企业宣传自己、宣传产品、创立品牌的有利条件。目前内蒙古只有很少一部分企业如伊利、蒙牛、草原兴发等运用这些特有的文化资源来宣传产品并创立了品牌。①

① 麦拉苏：《立足资源优势发展内蒙古农业产业化龙头企业》，载《内蒙古科技与经济》，10~11 页，2005（22）。

8 内蒙古自治区三产融合实证分析

内蒙古自治区坚持以习近平新时代中国特色社会主义思想、党的十九大精神和习近平总书记考察内蒙古自治区重要讲话精神为指导，坚持稳中求进的工作总基调，坚持党对“三农三牧”工作的绝对领导，对标经济高质量发展的新要求，科学树立新发展观，统筹推进“四个全面”战略布局和“五位一体”总体布局，不断强化“三农三牧”在全区经济社会发展中的战略地位，建立健全城乡融合发展政策体系和体制机制，加快推进农村牧区优先发展和现代化步伐，加快推进乡村治理体系和治理能力现代化，推动农村牧区全面进步、农牧业全面升级、农牧民全面发展，走中国特色社会主义乡村振兴道路，让美丽乡村成为亮丽内蒙古的鲜明底色，最终实现产业兴旺、生态宜居、乡风文明、治理有效、生活富裕的基本目标。[①]

8.1 内蒙古地区推动三产融合的基础

8.1.1 经济社会总体发展平稳

近年来，内蒙古自治区经济发展整体呈现出稳中有进、稳中提质的态势。在区域协调发展中，一是加快呼包鄂协同发展，通过促进基础设施互联，产业发展合作互助，科技难题联合研发，公共服务均等共享，建设西部重要增长极和一流城市群。二是加快东部盟市发展，东部五个盟市抓住国家战略发展的重大机遇，找准自治区发展所需和国家战略的结合点，以特色优势产业和中小城镇群建设为抓手，实现全区综合发展的目标。

与此同时，内蒙古自治区党委、政府坚持“引进来”与“走出去”相结合，

① 《内蒙古自治区党委自治区人民政府关于实施乡村振兴战略的意见》，载《内蒙古日报（汉）》，2018 年 2 月 17 日。

不断加快融入全国、走向世界的步伐。在对外开放方面，满洲里综合保税区通过了国家检查，鄂尔多斯航空港和乌里基公路港口获得批准，中欧列车正常化。对内开放方面，不断深化各方面的区域合作，成功举办首届蒙商大会，内蒙古香港重点合作项目推介会和首届阿尔山论坛。特别是内蒙古大数据产业推介会在北京成功举办，总投资509亿元。在农业发展方面，地区主要农作物、牲畜良种率达到96%，有机物食品产量名列前茅，占全国有机粮食总产量的30%以上。今后，内蒙古自治区将通过完善农畜产品质量安全监督管理体系，加大对节水农牧业、绿色农牧业、效益农牧业发展的扶持力度，打造健康、绿色、环保的农畜产品品牌形象等举措，促进农牧业与第二、第三产业的深度融合与协同发展。

8.1.2 内蒙古草原生态文明建设稳步推进

内蒙古草原水草丰美、森林广袤，是我国北方民族成长的摇篮和重要的生态屏障。然而，自20世纪50年代以来，受高温、干旱等极端自然天气条件影响，加之人口增长以及毁林开荒、毁草开荒、滥砍滥伐、超载放牧等人为因素的破坏，内蒙古草原的生态环境持续恶化，由此引致的生态问题不仅严重制约内蒙古自治区的经济与社会发展，还严重威胁着东北、华北、西北地区的生态安全。因此，作为祖国“北疆的重要生态屏障”和全国经济社会发展的重大能源资源基地的内蒙古自治区，要深刻认识到加强生态文明建设不仅对内蒙古自身发展意义重大，更对维护全国的生态安全影响深远。

内蒙古各级党委、政府高度重视生态文明建设，高标准谋划布局，对内蒙古生态文明建设起到了引领作用。各类生态工程的实施，对内蒙古生态环境恢复和资源扩散等生态文明建设起到了重要而不可替代的作用。秉承“坚持五大发展理念，以提高经济发展质量和效益为中心，统筹推进‘五位一体’建设，走新型‘四化’同步发展之路，确保如期建成全面小康社会，把祖国北疆风景线打造得更加壮美”的指导思想，将生态文明建设作为实现筑牢北疆生态安全屏障的必然路径，根据党和国家对内蒙古生态文明建设的总体战略布局，编制内蒙古的生态文明建设规划，建立健全生态文明制度体系，充分发挥政府在生态文明建设中的主导和引领作用，从转变执政理念、制定环保法律法规、实施生态工程提高环境承载力、深化产业体系改革、推进“两型”社会建设等实际工作入手，深化体制机制改革，大力推进绿色、低碳、循环经济发展，将生态文明建设落实到内蒙古自治区各项事业发展的实践中去，全力打造生态文明的壮美风景线。

生态文明建设是一项长期的历史任务，是一个系统工程，必须用系统的思维方式抓生态文明建设。坚持以创新为驱动力，才能推动生态文明建设不断向前发展。近年来，内蒙古地区生态文明制度建设逐步完善，自然环境保护成果斐然，在各级党委政府和广大民众的共同努力下，内蒙古的环境保护取得了“生态总体恶化趋势趋缓，重点治理区生态明显改善”的良好效果。另一方面，生态科技的普遍利用，促进了生态经济发展，环保思想逐步深入人心。关于生态建设和环境保护，全区生态文明建设取得显著成效。主污染物减排达到国家要求，城市空气质量进一步改善，完成了自治区和各盟市自然资源资产实物量变动表的编制工作。

8.1.3 内蒙古地区畜牧业基础性地位不断稳固

内蒙古自治区草原广袤，家畜品种资源丰富，一直以来都是我国重要的畜产品生产和加工输出基地。60多年来，在社会各界的共同努力下，内蒙古畜牧业建设取得了令人瞩目的成就，实现了历史性跨越。畜牧业经济的快速发展为促进内蒙古自治区农牧民收入快速提高、确保国家食品安全做出了巨大贡献。

近年来，内蒙古畜牧业生产方式发生了实质性转变。其一，畜禽养殖标准化、规模化进程加快，现代畜牧业特别是生态家庭牧场和农区标准化规模养殖厂建设步伐明显加快。其二，牧区养殖规模稳定，个体单产不断创新高，畜牧业品牌核心竞争力不断增强。农区牲畜数量有所增加，繁殖率显著提升，畜产品品质和效益双双提高。未来，内蒙古自治区应该在实现规模化养殖的基础上，加强现代化、专业化设备的应用，引进科学的管理技术；推广应用标准化适度规模养殖模式，加大粪污处理和适用技术的研发推广；肉牛、肉羊方面，重点加大对母畜繁育大户的扶持，突出抓基础母畜标准化畜群建设，提高规模养殖比重。在组织形式上，应积极创新经营主体和经营形式。牧区要大力推进草牧场规范流转，整合畜牧业生产资料，引导扶持养殖能手向专业大户、联户、合作社等形式的家庭牧场方向发展；农区要积极引进社会资本，推进庭院养殖向人畜分离转变，发展以“公司+农户”“公司+基地”及农民专业合作社等为主导的生产组织模式，提升中小规模户和散养户的组织化程度。①

① 《内蒙古自治区人民政府办公厅关于加快转变农牧业发展方式的实施意见》，载《内蒙古自治区人民政府公报》，27~35页，2016（3）。

8.1.4　内蒙古地区众多高新技术产业开发园区建成

鄂尔多斯市高新技术产业园区是为带动地区产业转型升级，推动高新技术产业发展，按照国家级高新技术开发区标准规划建设的科技园区，2011 年 10 月获批为自治区级高新技术开发区。园区发展定位为全市高端人才创新创业集聚区、特色人才管理改革试验区、战略性新兴产业发展先导区、资源富集区和产业转型示范区。

鄂尔多斯高新区重点开展科技成果产业化研究和创新企业孵化培育，配套发展新能源、节能环保、洁净煤技术和云计算、智能装备、新材料、生物医药、现代服务业组合而成的“3+5”产业。内设四园，分别为科教孵化园、云计算产业园、低碳创新园和产业拓展园。鄂尔多斯市委、市政府高度重视鄂尔多斯高新技术产业园区的开发与建设工作，将其视为创建国家级高新技术开发区的重点培育对象进行精准扶持，先后对园区管辖范围和管理体制进行调整理顺，赋予高新区市级经济管理权限，制定了一系列扶持政策，强力提高高新区综合创新能力、辐射带动能力，打造成创新科技高地、全市产业高地、人才高地示范区域。在市委、市政府的培育和帮助下，2017 年，鄂尔多斯市高新技术产业园正式升级为国家高新技术产业开发区，命名为鄂尔多斯高新技术产业开发区，享受现行的国家高新技术产业开发区的政策。

升格为国家高新技术产业开发区后，鄂尔多斯高新区融入了国家创新体系，这不仅体现了党中央、国务院、相关部委对内蒙古自治区和鄂尔多斯市科技创新和高新技术产业化工作的肯定和重视，也对内蒙古自治区优化区内空间发展布局，提高区域创新能力、创新型经济发展潜力，促进呼、包、鄂协同发展，铸造呼包鄂国家自主创新示范区具有深远意义。成功升级的鄂尔多斯国家高新区，全面实施创新驱动发展战略，牢固树立和贯彻落实创新、协调、开放、共享的新兴发展理念，以国务院批复精神为指引，按照集中布局、规模适度、特色鲜明、产业集中、配套完善的原则，汇聚科技和创新资源，健全完善经济体制和运行机制，将大众创业、万众创新推向深入，逐渐成长为促进经济发展、科技进步、技术创新的载体，成为带动鄂尔多斯市经济发展和产业结构调整的强大动力。可以预见，鄂尔多斯高新技术产业开发区在鄂尔多斯市资源型城市转型过程中必将发挥重要的引领和示范作用。

8.1.5 第三产业基础形成

产业结构是衡量一个地区经济发展程度的重要指标。经济发展水平越高，第三产业的发展水平越高。与此同时，产业结构的变化也影响着经济增长的速度。近年来，内蒙古经济已进入快速发展阶段。第三产业在国民经济中的地位和作用也得到了调整和提升，占内蒙古国民经济的比重逐渐加大，已成为经济增长的重要源泉。随着社会主义市场经济体制的建立与完善，产业结构问题越来越受到关注。作为国民经济产业结构的重要组成部分，第三产业与国民经济结构的调整与优化密切相关。近年来，内蒙古自治区正面临着调整经济结构、缓解就业压力、加强社会安全、改善人民生活等难题，大力发展第三产业有助于解决上述发展瓶颈。

从三次产业在国内生产总值中所占比例的变化来看，第三产业比重逐步增加。从第三产业就业比重的变化来看，第三产业从业人员比例趋于稳定。从三次产业员工结构来看，第三产业从业人员比例增加了一个多百分点。员工比例保持在30%左右的较高水平，全国三大行业员工人数变化表明第一产业比重下降，第二产业和第三产业比重上升。内蒙古也基本符合这一趋势。从第三产业内部结构来看，传统第三产业发展明显加快，新兴服务业继续壮大。

8.2 内蒙古三产融合发展的优势条件

8.2.1 完善的市场机制

内蒙古地区坚持强化市场行为监管，依法依规生产、经营、交易等，创新监管方式，保障公平竞争，促进诚信守法，维护市场秩序，逐步形成了完善的市场机制。

第一，强化生产经营者主体责任，健全完善相关制度。按照国家的统一部署，自治区有关部门抓紧修订有关条例、规章和规范性文件，完善消费环节经营者首问和赔偿先付制度，建立企业产品和服务标准自我声明和监督制度、消费品生产经营企业产品安全事故强制报告制度，完善缺陷产品强制召回制度，建立生态环境损害责任制度。试行扩大生态环境、食品药品、安全生产等领域的责任保险机制，形成利益共享、风险分担的专业评估机制、社会救济机制和监控风险的市场监督机制。

第二，提高管理标准。市场相关者必须严格遵守国家的强制性管理标准，监管部门依法执法、严格执法。加快制定《中华人民共和国标准化法》实施细则，制定规范性文件，促进标准体制改革。

第三，严厉处罚不正当竞争和垄断行为，营造公平、有序的竞争环境。对恶意扰乱市场秩序的行为，要严厉查处。依照《中华人民共和国反不正当竞争法》《中华人民共和国反垄断法》《中华人民共和国价格法》的有关规定，查处严重损害消费者利益、损害竞争、妨碍技术进步和科学创新的垄断协议，严禁对市场的支配地位进行滥用。完善自然垄断行业监管办法，加强对具有独占地位的经营者和公用企业限制公平竞争案件的查办力度。重视知识产权保护，持续开展保护知名企业、知名商标的知识产权行动，依法严厉查处仿冒知名品牌商标、包装等限制竞争行为，曝光不正当竞争的主要表现形式，提高人民群众的防范意识和甄别能力。加强单用途商业预付卡管理，牵头做好打击侵犯知识产权和制售假冒伪劣商品的相关工作，推进打击侵权假冒行政执法和与刑事司法衔接信息共享平台的建设和运行。重点整治限制竞争、乱收费用、强制交易、虚假营销、商标侵权、商业贿赂、价格欺诈、违法性有奖销售等不正当的商业行为，提高打击准确性。加大反垄断审查力度，有效防范通过并购获取垄断地位并损害市场竞争的行为。鼓励技术创新，大力推进行政执法与刑事司法衔接信息共享平台建设运行的长效机制建设。充分利用各类专项整治平台，加强主动监测查处，及时掌握情况，依法依规处理；及时处置举报投诉，依法依规对涉案责任主体做出处理。

第四，强化风险管理，完善风险防控联动机制。加强对市场行为的风险监测分析，加快建立对高危行业、重点工程、重要商品及生产资料、重点领域的风险评估指标体系、风险监测预警和跟踪制度、风险管理防控联动机制（由各相关市场监管部门按职责分工分别负责）。完善区域产品质量和生产安全事故隐患排查治理制度。建立完善自治区安全隐患排查治理信息系统及数据库，对重大隐患进行挂牌督办、跟踪治理。建立风险信息采集机制，严格执行自治区党委办公厅、自治区人民政府办公厅《关于印发〈内蒙古自治区安全生产“党政同责、一岗双责”暂行办法〉的通知》规定，推动落实对发生较大事故或重大事故风险控制不力地区的党委、政府主要负责人的“双约谈”制度。依据风险程度，加强对发生事故几率高、损失重大的环节和领域的监管，防范区域性、行业性和系统性风险。

8.2.2 优越的地理条件

现代经济的发展要与地理区位、不可再生资源、自然条件和社会经济现状相关联，经济发展的规模和速度不仅受经济体制影响，还受到多方因素影响，特别是科学技术、自然资源、政治文化和社会经济。

位于我国内陆地区的内蒙古中部地区，距北京约500公里，东部是经济发达的华北地区，南部是新兴工业密布的关中地区，西部是西北重镇兰州与银川，北部与蒙古国接壤。此地交通便利，京兰线、包神、神榆与集二线、集通线南北延伸，呼包、包东和呼大三条高速公路形成“金三角”态势，铁路、公路建设基本健全。

内蒙古自治区由东向西南延伸，呈狭长形，是我国北部边陲，人口2401.17万（2022年统计）。包头市、呼和浩特市、鄂尔多斯市及其周边的蒙中地区，形成矿产资源丰富的“金三角”地区，但是该区生态环境脆弱，要保持经济快速增长，应着手建设能源基地，促进全区经济、社会和生态的全面可持续发展。

“金三角”地区的煤炭资源可以凭借其区位优势，供应给周边城市和出口，煤炭资源为内蒙古自治区经济发展铺垫了坚实基础。除此之外，重工业城市包头，有相当雄厚的经济和工业基础。首府呼和浩特市，更是自治区政治、经济、文化交流中心，为“金三角”地区经济更好的发展提供了便利。由此可见，金三角地区的经济发展，足以带动整个内蒙古自治区的经济发展，在全区发展中扮演着重要角色。

内蒙古自治区是我国重要的能源基地，其具有得天独厚的地质条件，有丰富的矿产资源，尤其是煤炭资源十分丰富，品质好、储量大、易开采、结构稳定，东胜和准格尔煤田均为露天开采。还有新型化工、有色金属生产加工、绿色健康农畜产品生产加工、新兴产业和国内外知名旅游产业，都为内蒙古经济增长做出了突出贡献。

内蒙古地区以改革开放增强发展动力，积极落实“一带一路”、西部大开发、东北振兴、京津冀协同发展战略为目标，结合国内外市场，充分利用资源优势，将内蒙古自治区建成我国北部对外开放的最前沿。利用优质的地理优势，推动东进西出、北上南下、八面来风、内外联动的多样化开放格局。

8.2.3 深厚的文化底蕴

聚居于内蒙古的蒙古族传统上是一个游牧民族，至今仍保留着很多传统习俗。住蒙古包是牧区蒙古族的传统之一，在迎送客人或是交往中，往往会伴随着吟唱和祝词献上哈达。蒙古族舞蹈也是远近驰名，主要流行于内蒙古通辽市四周地区的安代舞，是一种传统的民间舞蹈，有着“蒙古族舞蹈活化石”的美誉。安代舞发展的几百年来，以其浓郁的“民间本色”和“癫狂之舞”的特性深受蒙古族人民的喜爱，并逐渐发展丰富，现已成为内蒙古地区“那达慕”盛会上最受欢迎的“狂欢之舞”。马头琴是蒙古族音乐文化中的代表性杰作，不论音色音质、音乐表现风格及演奏方法，还是是造型和制作材料，都生动地体现着蒙古人的性格特点，影射着蒙古族世代的游牧生活。早在蒙古族形成的时候，马头琴就已经存在了，因此可以这样说，有着悠久历史的马头琴，与蒙古族一起从草原和历史中一路走来，承载着丰富的文化与历史底蕴。马头琴不仅在传统的民间婚典仪典以及亲友聚会等日常活动中演奏，也出现在隆重的正式场合，因此其民俗氛围以及社会基础十分浓厚。作为蒙古族文化中极为重要的表现形式，马头琴2006年被列入国家级非物质文化遗产，在蒙古族文化中极受尊崇。

8.2.4 政策大力支持

2018年，内蒙古自治区党委和政府正式印发《内蒙古自治区党委自治区人民政府关于实施乡村振兴战略的意见》。意见提出，到2020年末，乡村振兴计划要取得实质性成效，城乡融合发展体制机制和政策体系要初步确立，农村牧区产业质量要明显提高，农牧业供给结构要明显改善，农牧区产业要更加兴旺；农牧区居民生活水平要显著提高，农牧区生态恶化势头要得到扭转，农牧区环境保护问题要得到有效治理；农牧民业余文化生活要不断丰富，乡风文明建设水平要得到提升，农牧区基层组织建设不断加强，更好地完善乡村治理体系；农民收入实现稳中有增，较低收入人口全部脱贫，贫困旗县全部摘帽，实现全区全面小康的发展目标。

在乡村文化繁荣兴盛方面，意见明确要求，要以强化农村牧区思想道德建设为核心，传承、发扬和提升农村牧区优秀传统文化，加快农村牧区公共文化基础设施建设速度，大力开展移风易俗行动。着力开展内蒙古地区具有民族特色的文化活动，在弘扬特色戏剧的同时，进行研究、保护、传承和创作。通过实施文化扶贫项目和构建文化保护区等形式，传承游牧文化、农耕文化，保护历史文化遗迹、古街镇，特色村落，切实提升边境地区和贫困地区历史文化的保护能力和公共文化服务水平。开展失遗文化抢救工作，建设民风民俗博物馆。实施生产性保护民族服饰、手工技艺、民俗活动等非物质文化遗产，加强蒙医蒙药保护和传承，建成完善的蒙医药教学体系。要大力扶持自办文化项目，搭建文化中心户、文化大院、业余剧团、农牧民书屋等基层群众文化组织平台。要以保障农牧民基本文化权益为底线，认真做好农牧民工、未成年人、农村牧区留守儿童、残疾人、老年人等特殊群体的文化服务工作。

按照农牧业供给侧结构性改革思路，发展乡村旅游业和农牧产业，鼓励各农牧区深度挖掘地方特色经济资源，生产具有本地区特色的旅游产品、纪念品，个别具备条件的农牧区要创建田园综合体，打造一批颇具民族风情、区域特征的“特色村镇”。积极培育符合民生的创意农牧业、共享经济、体验农牧区生活服务、特色文化等新的增长点，促进三次产业间的融合与发展。鼓励在农村兴办环保型企业。推进边境地区特色村镇建设，加快发展特色旅游和贸易往来，创建区域经济综合体。优先保障农牧区基础设施、乡村旅游基础设施建设用地。

实施农村发展振兴战略，是以习总书记为核心的党中央，统揽党和国家的发展全局，把脉城乡关系变化新趋势和现代化建设新规律，为实现“两个一百年”奋斗目标和广大农牧民群众对美好生活的夙愿所作出的重要战略决策，是当前和今后一个时期内，指导我国“三农”工作的新方针和总策略。自党的十八大以来，我国农牧业发展取得了可喜成绩，与此同时，我们也应该看到不足之处，内蒙古自治区发展不平衡、不充分的一些突出问题尚未得到根本有效的解决，经济欠发达的基本区情尚未实现根本改变，一些措施也没有完全落到实处，特别是“三农三牧”方面依然有不少弊端，农牧区社会公共事业发展滞后，农牧业结构矛盾尖锐，经济收入水平不高，脱贫攻坚任务依然十分的艰巨，任重道远。因此，每一个人都必须切实增强民族心、责任心、自信心，用更加坚定的信念，树立明确的目标，用顽强的毅力实施有针对性的措施和策略，用炙热的爱国情操，加快农牧业的经济发展速度，改善农牧民经济发展水平和生活条件，尽快实现产业现代化，使我国经济发展迈上新台阶。

8.2.5 社会力量雄厚

2017 年，国家和自治区进一步加大对农牧业的扶持力度，继续实施节水增效工程、百亿斤粮食增产工程、高标准农田建设等基础性重点项目，加强农科教、产学研联合，使农村牧区基本经营制度和农牧业基础设施进一步完善，科技创新水平持续提升，综合生产能力进一步提高。粮食产量、牲畜存栏分别稳定在550亿斤和1.3亿头只。第一产业增加值增长2.5%左右，支撑经济增长约0.2个百分点。2020年，牲畜总头数7433.7万，数量有所下降，稳定牲畜存栏数也是一产发展的重点工作。

内蒙古地区工业占第二产业增加值比重超过85%，对第二产业增长的贡献率将近九成，因此，第二产业增长主要取决于工业的增长情况。从工业内部看，能源方面，受钢铁价格上涨预期影响，企业整体去产能意愿下降，对我区煤炭、电力行业形成拉动，2017年煤炭、电力行业工业增加值增长5%和3.5%，能源工业增加值增长6.5%。

随着快递服务、金融、旅游业等为主的现代服务业发展提速，内蒙古服务业结构调整和转型升级步伐加快，服务业占地区生产总值的比重有望持续提高。房地产业方面，受楼市新政及一系列去库存组合拳的影响，2017年前三季度内蒙古房地产市场明显回暖。自治区加大对农牧民进城购房的政策支持力度，继续鼓励棚户区改造货币化安置，积极培育开拓商品房屋租赁市场。

内蒙古结构性改革提速、需求水平回稳、经济增长质量逐步提高，经济积极因素增多。2017年，自治区固定资产投资增长12%，社会消费品零售总额增长9.5%，进出口保持平稳增长。内蒙古自治区把推进重大项目建设作为推进供给侧结构性改革的重要途径和推动区域发展的“第一抓手”，固定资产投资随重大项目建设的推进逐步提速。

就业形势基本保持稳定，城乡居民人均可支配收入跑赢GDP是大概率事件，居民消费能力有望持续增长。随着消费市场环境进一步优化，内蒙古传统消费保持稳定增长、新兴消费持续扩大、潜在消费需求有望得到释放。

内蒙古自治区全方位扩大对外开放、主动融入和服务中蒙俄经济走廊建设和“一带一路”建设，深化区域合作。大力发展口岸经济，加快重点开发开放试验区、合作先导区、边境经济合作区、跨境经济合作区、综合保税区和跨境旅游合作区等对外开放平台建设。

8.3 内蒙古现阶段三产融合模式案例分析

8.3.1 一二产业融合模式——以伊利集团专属牧场建设发展为例

8.3.1.1 案例概况

一二产业融合就是以农村为基本依托，通过产业联动、技术渗透、要素集聚、体制创新等方式，将资源要素、资本及技术进行跨界集约化配置，使农业种植、农产品深加工及销售有机结合在一起，促使一二产业之间紧密相连、协同发展。产业融合发展既符合转型升级的大趋势，也是推进农业供给侧改革的关键。产业融合作为一种产业创新使农业的产出方式和产品附加值发生改进，从而引起农产品品质的改进、农业生产效率的提高、三产融合效果的发挥。

目前农业方面的产业融合主要强调两方面。一是打通各个产业之间的关节，优化完善利益联结机制，紧密产业间、产业内各环节的关联，从而降低成本，创新发展方式，推进产业化经营。二是延长产业链，调整产业结构，稳定第一产业，对第二产业进行提质改造，强调产学研一体化，通过科研、精深加工等带动生产发展与销售增长。以下以伊利集团专属牧场建设发展为例分析一二产业融合模式。

在中国乳业行业中，伊利股份有限公司（实业集团）是规模最大、产品线最全的龙头企业，被评为国家首批520家重点工业企业，凭借其优质的品质，成为唯一一家与奥运会和世博会官方建立合作关系的乳制品企业。

“得奶源者得天下”。优质奶源对乳制品行业的长远发展至关重要。而伊利集团作为坐落于草原上的乳品企业，在奶源方面的优势可谓得天独厚。伊利集团在奶源基地建设上大胆探索，国内首创现代化牧场园区。采取“公司+农户”模式，严格把控奶源质量，分散饲养、集中采奶，经过多年努力，相继建立了内蒙古、黑龙江以及西北、华北等地的重要奶源基地，在企业发展的同时，带动了相关地区的经济增长，提高养殖户及相关职业居民收入，促进当地经济发展。政府也加强了对伊利集团的政策扶持，实现了企业、地方和农民的多方共赢的良好经济循环。

伊利为了保障优质奶源，提高奶牛养殖技能，对牧场养殖人员进行了专业养殖技能培训。一方面进行技术的培训，另一方面着力培养现代牧场接班人，培育集约化、标准化人才团队。伊利集团的牛二代训练营，就是在传授国际先进养牛技术的同时，培养现代牧业管理技能，从财务、运营、业务、人力等层面多方位培养。再经过层层筛选，培养出一批批优秀的现代牧场接班人。

与此同时，伊利积极走向国际化，结合本土资源优势，在原有奶源的基础上，开拓欧洲、大洋洲、北美洲奶源基地，构建覆盖资源体系、创新体系、市场体系的全球大网。其重要内容是高效整合全球优质奶源和服务，最高限度地满足消费者需求，与国际接轨，即实现中国现代化牧场和国际前瞻性理念的对接，持续推进标准化、集约化的新型牧场建设。

此外，乳业专家评价伊利奶牛时指出：伊利集团真正做到了本土和国际的有机结合，无论是导师队伍，还是授课方式、培训内容，均已全面实现国际化，并且将这些内容和中国标准化集约化牧场相结合，不断实践，这必将成为中国现代牧场发展的必要趋势。

伊利集团有自己的专属牧场，从 2013 年开始，伊利就面向全国范围内开启“伊利工厂开放之旅”，邀请消费者走进伊利工厂，让消费者亲眼看伊利产品是怎样生产的，以及伊利产品在生产时是如何做品质把控的。已经有近万名消费者走进伊利工厂，共同见证了伊利高品质的生产。从 2016 年开始，伊利联合百度开启全球战略合作，百度帮助伊利升级工厂参观活动，使工厂参观活动变得更加智能快捷，消费者可以更方便地了解伊利乳制品生产的每个细节，同时也更好地了解伊利企业文化和企业形象。伊利线上产品展示互动是利用百度的全景展示技术，对伊利工厂进行全景拍摄，同时利用无人机技术，将伊利集团全貌展示在消费者面前。伊利在精心打造以液态奶和奶粉为核心的世界产业链条。

随着市场竞争越来越激烈，奶源基地受重视程度不断加强，各大奶制品企业纷纷加强对奶源基地的建设和争夺。伊利集团为了保证竞争优势，对奶源基地的建设进行了改革。从 2003 年春开始，公司奶牛饲养实现了由“大群体、小规模”向“小群体、大规模”转变，饲养方式的转变有效提升了奶源的专业化、科学化、规模化和集约化水平。具体包括：将牧场园分割成为大小户型单元牧场，增设先进的挤奶厅、青贮窖、牛舍和员工休息区。各单元实行专业化管理、统一收奶。此外，还可享受全天候的防疫和其他技术性服务。当地牧民可订购单元牧场，将自家奶牛带入牧场养殖。这一模式的出现，改变了传统的以家庭为单位的分散养殖局面，变“分散饲养、集中挤奶”为“集中饲养，集中挤奶”。在保证原奶质量的同时，也兼顾了农户利益，使终端产品更具有竞争力。

8.3.1.2 资金建设状况

伊利乳业从2003年开始，陆续投资10亿元，引进先进科学的生产技术和进行现代化养殖园区的建设。2005年实现新增奶源70万吨，销售收入达100亿元，到2012年销售收入突破30亿美元，成为世界乳制品排名前20的企业。

乳品业是长生命周期产业之一。自1995年以来，我国乳品业快速发展，已成为食品行业中增长幅度最大的行业。伊利集团作为乳制品行业的佼佼者，经营业绩与财务表现极具行业代表性。2007年，面对成本攀升、利润变薄、竞争压力增大的市场环境，伊利集团通过整合资源、强化奶源基地建设、创新技术和完善人力资源培育机制等一系列有效举措，实现了公司核心竞争能力和盈利水平的双提升。全年主营业务收入高达192.08亿元，与上年相比增长近18个百分点。

先进的生产技术和研发体系也是生产优质奶源的客观要求。1999年以来，伊利集团陆续投资8亿元，用于实施乳制品改造工程。其中，耗资2.6亿元建造了大规模的拥有最先进技术水平的高温灭菌处理基地，该基地全部引进德国生产的GEA无菌加工设备和瑞典利乐高温灭菌包装生产线，使伊利集团的乳制品生产过程实现了全自动化。耗资1.5亿元，在位于黑龙江省的杜尔伯特蒙古族自治县建造了当时国内生产能力最强、技术最发达的生产基地，该基地主营高档奶粉的生产。随着研发中心和四个事业部技术中心等现代研发和管理体系的逐步建立，使伊利拥有了具国际先进生产技术和现代化水平的研发中心。在优质奶源、先进技术、高端设备和科学研发管理体系等的联合助力下，伊利集团乳制品质量安全得到了监视保障。

伊利集团在整个乳制品行业处于领导地位，连续三年业绩稳居行业第一，2005年累计营业收入突破100亿元，成为中国乳制品行业第一个突破百亿的企业，连续两年获得乳制品行业第一名，年增长达50多亿元，品牌形象和行业地位都得到大幅提升，成为国内首屈一指的领军企业。伊利集团拥有我国最大的优质奶源基地，这与其对奶源的高度重视分不开。其对奶源基地的建设性投资更是毫不吝啬，建设奶站1580个、养殖园区300多个、牧场园区17个，通过直接管控近百万头奶牛，实现对奶源的精准监管。优质的奶源和规模化的奶源供给基地，是伊利集团快速发展的坚强后盾，是伊利集团冲出全国、走向世界的最可靠的资源保障。

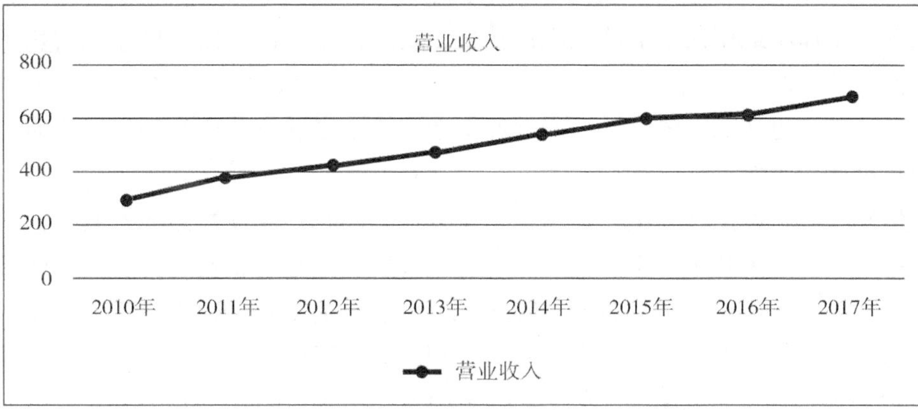

图 8-1 营业收入状况图（单位：亿元）

伊利集团注重发掘中国人的消费潜力，研发符合中国人口味的乳制品，凭借其高水平的设备配置将国外的先进生产工艺应用于乳制品生产，并且进行技术创新改造，找到适合自己的发展道路，从而带动整个国内乳品市场的快速发展。

伊利集团通过横向、纵向一体化的发展战略以及托管的方式提高企业的核心竞争力。为了迅速扩大企业规模，伊利集团先后在内蒙古中西部、北京、上海、天津、广东、黑龙江、河北、陕西、新疆等地建立了研发中心和生产基地。同时，伊利集团还致力打造高附加值的奶制品，通过投入巨资进行新工业园区的建设和规划，引进先进的科学技术和国际一流的生产设备，以市场开拓、奶源基地建设和工业园区开发为核心，严格执行 GMP 的工艺要求和工艺要点，最大限度地降低生产过程对资源环境的污染，提高乳制品质量。在生产过程中，提高机器人的使用比例，确保对整个生产流通过程实行微机全控自动化。

8.3.1.3 伊利集团专属牧场建设的优势与劣势

（1）伊利的优势

伊利集团拥有呼和浩特市、呼伦贝尔大草原、黑龙江杜尔伯特大草原等全国最大的优质奶源基地，使奶制品品质得到了坚实保证。此外，集团在奶源建设方面开展了多项富有成效的举措，实施“公司+农户”的合作新模式，为保证优质充足的奶源，建立起“全面服务、集中挤奶、分散饲养、优质优价”的经营模式，截至 2018 年，伊利集团先后投入 8 亿多元，用于建设奶源基地、奶牛小区、标准奶站，还引进了国际领先的原奶质量检测分析系统和全自现代化动挤奶机，使奶源基地建设与管理面向现代化。为了进一步提高奶牛的饲养规模和品质，由现在的大群体小规模向小群体大规模转变，走规范化、科学化、集约化的奶牛养殖道路。从2003年开始，伊利集团全面启动了现代化牧场园区前期示范工程建设项目，打造更加稳固的高质高产奶源基地，为中国乳业的奶牛养殖、优质奶源基地建设树立了新标杆。

伊利公司在生产经营中，在保证企业利益的同时，兼顾社会多方利益，奶源基地的建设创造了几十万个就业岗位，有效缓解了当地的就业压力，使100万贫困户脱贫，与此同时，通过对区域农业生产进程的推动，加快周边地区经济发展，为区域经济的发展做出突出贡献，受到社会广泛好评。

（2）伊利的劣势

一是液态奶品质欠佳。消费者对液态奶的需求，从营养成份、气味、口味、方便性、包装等方面体现出来，市场反馈就真实客观地反映了液态奶产品质量仍有待提高的事实。作为乳制品行业的领军企业，提高液态奶的质量感知是增加产品竞争力的重要途径。蒙牛、光明的质量较其他品牌有明显优势，应多向它们借鉴、学习。二是竞争对手越来越强大，竞争越来越激烈。国内的蒙牛、三元和光明等企业快速发展，共同抢占国内市场份额；国际乳品企业在挤占国内市场的同时，也倒逼国内乳品行业生产技术水平不断提高。国家对于外资企业和中外合作企业给予税收政策优惠，减少税务负担，企业将税收减免资金运用于广告促销，保证竞争优势，行业竞争更加激烈。同时，费用不断上涨导致生产成本上升，乳制品主流产品利润率降低，行业平均利润日趋微薄，这些都对伊利集团的发展形成了阻碍。

8.3.2 一三产业融合模式——以克什克腾牧家乐为例

8.3.2.1 案例经营状况

克什克腾牧家乐是以牧业为基础，形成牧业和旅游业相结合的一项交叉型产业。克什克腾旅游资源丰富，又是传统的农牧业地区，草原文化底蕴深厚。发展牧家乐，可以充分有效地利用当地的农牧业资源，再通过调整和优化农牧业产业结构，扩大农畜产品销售市场和带动相关产业发展，带动劳动就业。发展牧家乐最重要的是保护和改善农牧区生态环境，塑造良好的农牧区形象，增加经济效益和社会效益。

克什克腾牧家乐是通过建设高科技农牧业示范园区和建设路边及林间地生态

农牧场来发展的。示范园区以农牧业高效、高新、科技培训、示范辐射和产业化为切入点，以现代农牧业为目标，把园区建设成为以原生态的农牧场、集约化的生产技术、企业化的管理体制、现代化的生产装备为目标的高科技示范园区。比如在浩来呼热肉牛肉羊养殖园区建设养殖园区、有机肥生产示范区、牧机园区、牧业观光区、设施牧业区、科研培训生活区等六个功能区。并建设羊的展示区，解决新品种新技术的试验、示范及综合培育集成技术的展示与推广，为科研技术人员、周边养殖大户提供技术培训以及举办农牧业文化观光活动，让游客更好地体验和观赏。

在旅游景区周边和公路沿线建设生态农牧场，举办农牧业文化观光活动，建设配套旅游休闲设施。围绕“吃、住、行、游、购、娱”做文章，结合农牧业特点，重点做好“吃、购”文章，探索“行、娱”文章。鼓励农家建设采摘园、农家乐、牧家乐，饲养观赏和食用型特种畜禽。积极探索现代农牧业观光旅游功能的更深层次开发，积极开辟可增加旅游收入、可延长旅游时间的新的有吸引力的景点，政府为当地农牧业的发展提供技术、资金、管理经验等一系列要素服务。解放农牧民的传统思想，促进农牧业资源的深度开发，提高农牧业资源的综合利用，实现旅游业和农牧业共赢。

在自然生态环境下，依靠传统种养模式，规范生产，提高有机农畜产品生产能力和水平，创建有机农畜产品品牌。让旅游者更好地了解当地的农牧业文化，大力挖掘塑造农牧业特色文化，给消费者带来健康快乐的体验，积极探索开发农牧业的多种功能，促进农牧业产业结构不断优化升级，提高质量和效益。

8.3.2.2　经营特征

一三产业有机结合，走绿色有机农畜产品开发之路。在生态优先的条件下，提高农畜产品质量和安全水平，提高产品附加值，开发生态环保的农畜产品，在稳定产量的基础上增加附加值，提高农牧民收入。

横向扩大现有的生产经营规模，把一家一户的小农经营变为社会化大生产条件下的家庭适度规模经营。培养龙头企业、家庭农牧场、专业种养殖大户和农牧民专业合作组织等新型经营主体。在纵向上，发展农畜产品加工、流通产业，使农牧业真正形成农畜产品生产、加工、流通紧密结合的一体化经营格局。还要利用农牧结合的优势。克什克腾旗具有南农北牧的区域经济特点，其自然地理资源条件非常适宜开展产业一体化经营。牧区发展繁育，农区发展育肥。让天然草牧场与农副产品及秸秆相结合，使畜产品具备天然放牧与阶段性育肥相结合的特点，这也有利于打造草原特色品牌，生产绿色有机农畜产品。

克什克腾旗还发展“资源+旅游”的线上扶贫模式。巴彦查干苏木佰吉勒牧业有限公司在政府帮助下，从2016年6月推出“互联网+爱心扶贫”体验游扶贫模式，贫困户将草牧场、蒙古包等民俗资源以家庭为单位入股公司，公司将所有贫困户的家庭信息尤其是贫困情况利用互联网平台挂单宣传，游客自主选择体验对象进行牧户体验游。

8.3.2.3　销售状况

克什克腾牧家乐是在当地政府以及企业共同协助下，利用田园景观、自然生态、农牧区民俗文化及生活劳动特色，牧民自发参与旅游业的一种方式。随着各种宣传以及对牧家乐星级评定的开展，使其越来越规范化，牧家乐逐渐被越来越多的人熟知，越来越多的人来体验这种不一样的旅游。牧家乐在很大程度上提高了当地人的生活水平，也促进了当地旅游业的发展。

8.3.3　二三产业融合模式——以蒙牛集团工业旅游为例

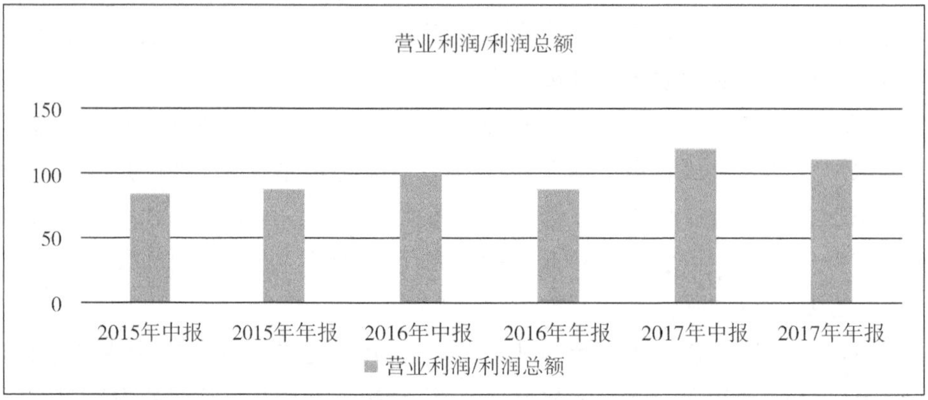

图8–1　2015—2017年来蒙牛集团营业利润占利润总额情况分析图　单位：%

8.3.3.1　案例发展现状

1999年7月，蒙牛乳业股份（集团）有限公司由自然人出资正式成立。蒙牛乳业的产品共有100多个品种，涵盖奶粉、奶片、液态奶、冰淇淋等。目前，蒙牛乳业液态奶和冰淇淋的市场占有率稳居国内第一，利乐枕产品的市场占有率更是高居世界第一，从1999年到2005年，蒙牛乳业实现主营业务收入全国排名第二。目前，蒙牛的工业旅游主要是参观和游览，其中最吸引游客的是液态奶生产线“透明化管理”和其企业文化。为方便游客观光游览，公司还专门建成全封闭的游览通道。透过玻璃窗，成品、中央控制室、闪蒸、储料罐、入库……整个生产线尽收眼底。除此之外，还为游客提供专业的生产工艺讲解和管理人员，把复杂的雪糕、冰淇淋等产品的生产流程，详细地为游客解说，使游客可以在有限的时间内了解企业的工业流程。蒙牛集团先后投入近百万元，用于促进工业旅游更好更快的发展，增加了景区的中英文对照导游图及游客中心、标牌、标识、旅游展厅等设施，建设了209国道两侧6万亩带状草原。绿茵连绵，小河蜿蜒，风车旋转，毡房、牛模、勒勒车、荟萃古今文明的标语牌，使蒙牛的旅游形象更加鲜明突出。目前，蒙牛生产基地凭借优美的环境、独特的市场地位、特色鲜明的企业文化，吸引着全国各地的游客，成为市内中小学生、大学生旅游观光的目的地，被许多旅行社列入旅游推介线路和实际旅行线路。

8.3.3.2　SWOT分析

蒙牛乳业开发工业旅游的优势条件，一是优质的工业旅游资源。工业旅游产品包括生产场景、高科技生产设施、企业（厂区）环境和企业文化。国际知名企业瑞典利乐公司认定蒙牛乳业产品制造工厂为“全球样板工厂”（中国首例），是中国唯一使用挤奶机器人的企业，拥有国内规模最大的“国际示范牧场”，为保证了奶源的清洁卫生，在国内首创了“运奶车桑拿浴车间”。蒙牛乳业拥有处理鲜奶能力最强、全球布设生产线数量最多和智能化程度最高的单体车间。二是区域优势。蒙牛乳业位于内蒙古呼和浩特市盛乐工业园区，与市区距离40公里，交通便利，沿途可以感受蒙古高原的天高云淡，可领略塞北风光。特别是蒙牛乳业奶源基地属于温带季风气候，其良好的气候条件决定了牛奶的高品质。三是主导产品拥有广阔的消费市场和庞大的消费群。蒙牛乳业的生产基地分布在以呼和浩特市为核心的全国21个大中型城市，消费群体包括社会各阶层，乳制品畅销全国。消费群体对于蒙牛工业旅游的关注度也非常高。蒙牛工业旅游能让消费者亲生去感受其生产的全过程，通过了解产品的高品质，可以培养忠实的客户群体，用良好的口碑赢得顾客的信任。四是蒙牛乳业拥有极高极强的品牌凝聚力与社会知名度。发展工业旅游应该具备一些条件，品牌知名度越高，则工业旅游产品市场前景越广阔，开发成功率越高。对公益事业的高投入、对营销策划的高推广以及对社会的高贡献使得蒙牛乳业最终赢得了较高的品牌价值、较高的知名度和社会关注度。五是蒙牛乳业工业旅游与周边旅游资源深度融合，溢出效应明显。蒙牛乳业很好地利用了内蒙古旅游资源独具风情、类型多样的资源优势，形成了多项精品旅游产品。其与周边的内蒙古博物馆、昭君墓、清真大寺、武塔寺、大昭寺等人文旅游资源融合，与辉腾锡勒草原、希拉穆仁草原、哈素海、哈达门峡谷风光等自然旅游资源整合，做到人文旅游资源与自然相互辉映。其与武当召、成吉思汗陵、响沙湾等知名旅游资源融合，进而实现小区域的旅游资源相互带动效应。其与节庆旅游产品如那达慕大会融合，最大限度地扩大了蒙牛工业旅游的影响力。

蒙牛乳业发展工业旅游的劣势，一是部分蒙牛乳业员工素质仍需提高。在新的市场挑战之下，目前的人员构成不合理，需要培养和引进人才。二是营销人员职业化程度低。蒙牛集团冰淇淋和奶粉营销人员整体专业素质较弱，提升营销职业化建设，适应新时代营销业务，蒙牛任重而道远。但蒙牛集团液态奶营销队伍的专业素质比较强。三是三聚氰胺事件导致消费者对国产奶制品品质信心不足，国家对乳制品行业监管趋严等，也是影响蒙牛乳业发展的因素。

蒙牛乳业开发工业旅游的机会条件，一是三聚氰胺事件使个别乳品企业破产，蒙牛借此机会将自己的产品向多个地方推广，在一定程度上增加了蒙牛产品的市场占有率。二是蒙牛乳业控制羊奶的产量大、羊奶市场前景好，如果蒙牛加大对羊奶的开发和利用，必将成为行业领跑者。三是政府政策支持。乳业一直受政府重视，乳业被列为国家和内蒙古自治区的重点支持产业。四是中国人口众多，潜在需求巨大，城镇化也可提升居民的乳品消费。五是乳品质量提高，消费者信任感增强。

蒙牛乳业开发工业旅游的威胁，一是蒙牛乳业的质量保证是个系统工程，环节多，风险大。二是外资恶意收购。蒙牛可能面临着敌意收购，蒙牛股价严重缩水，收购成本降低，其控制权的归属受到严重威胁。三是更多人选择国外品牌，说明对国内乳制品信心不足，这是蒙牛乳业面临的外部威胁。四是当下实际有效需求不足，目前我国乳制品有效消费者只有 6000 万人。

8.3.3.3　蒙牛集团工业旅游给二三产业融合带来的启示

蒙牛工业旅游具备良好的外部客观条件，其发展占据了旅游市场蓬勃兴起的天时、交通区位相对便利的地利、地方政府鼎力支持的人和这三大优势，为了开拓工业旅游市场，蒙牛也投入了大量人力和财力，加上蒙牛拥有品牌优势，工业旅游发展可期。但仍存在很多问题，有许多方面需要完善和进一步优化。

第一，文化差异和工业发展水平制约发展。经历了数百年的工业文明发展，西方国家社会分工明确，各行业既有蕴含传统特色的品牌老店，又有现代化大型企业不断兴起，以及新兴高科技，均对西方国家的工业旅游十分有益。例如有着近百年历史的法国雷诺公司的产品陈列馆中摆放着各式各样不同时期的汽车产品，种类之多、之全简直就是一座规模宏大的汽车历史博物馆。优美的环境和极富人性化的厂区设计使得游客流连忘返，通过工业旅游参观不仅能让旅客增长见识、拓展视野，也是一种很好的休闲体验。气势恢宏的现代化自动生产线足以让来访的游客叹为观止。西方文化使得人们对工业文化存在强烈的好奇心和探索欲，喜欢刨根问底，这也促使西方工业旅游项目取得成功。相比之下，我国工业历史短、现代化程度低，人们对我国企业的认知往往停留在“散、小、差、弱”和“黑、粗、傻、大”的层面，人们主观认为我国企业可观性不强，即便是像蒙牛、伊利这样的现代化特大型企业，人们也几乎没想过去参观了解。这就需要企业去打造一个既有可观性又可以促进企业发展的工业环境，让人们有消费欲望，并让人们从消费中获得对产品的认可和信任，从而赢得更多的忠实客户。

第二，工业旅游产品推广渠道制约发展。工业旅游是新兴产业，消费者对于工业旅游的认识不够充分，也就没有很高的消费积极性，市场分布不均衡，消费市场小，并且我国目前现有的旅行社垂直分工的网络体系没有形成，不具备有效的网络支撑能力，使多数小规模的旅行社自行组团旅游的成本过高，不能满足消费者物美价廉的要求，而最终放弃了对工业旅游的经营。

第三，企业开展的工业旅游不能深入，重要原因在于企业对工业旅游产品缺乏明确的定位。低估工业旅游产品价值是制约和影响蒙牛工业旅游发展的内在因素。首先，蒙牛对工业旅游的宣传往往从企业产品本身出发，片面宣扬蒙牛的企业文化和成就，而大多数普通旅游者对工业旅游产品的认知度并不高，企业的宣传没有吸引游客的注意力。其次，企业也缺乏对市场的细致研究，市场细分不合理，没有针对性地制定营销策略，缺乏企业与目标市场之间的有效沟通，很难实现对目标市场的开发。蒙牛应该深入研究其工业旅游产品对于消费者来说，吸引力在何处，有多大？这些吸引力可以通过哪些方面来展现？旅游者参与工业旅游到底想得到什么？

工业旅游要想发展成熟，不能单纯通过市场需求推动下自发形成的旅游产品，而是应该尽快融入旅游产业循环，不断加强产品化和市场化程度，实现自身向成熟转变。遵循旅游市场发展规律，从构成要素角度出发，着眼于现阶段工业旅游项目的发展情况。目标消费群体主要以单位和家庭为主，对于那些文化素质高的行政、事业单位的职员来说，最具吸引力的旅游项目应该是寓教于乐的，随着人们生活水平的不断提高，家庭出游已经成为大趋势，其市场需求也十分稳定。

随着新型旅游产业的崛起，组团游已经不能满足日益扩大的需求，在西方发达国家和地区，工业旅游备受旅游者的青睐，它不单单是旅游行业中独具特色的新型旅游产品，更是被工业企业特别是名牌企业视为为一种非常有效的营销方式。西方工业旅游正逐渐成为推动区域增长和打造区域形象的重要资产。要加大对工业旅游的宣传推广力度，使本地居民深入了解并参与到工业旅游项目中来，提升本地区工业旅游市场空间。因此，积极开拓这一市场是内蒙古工业旅游发展的必然选择。工业旅游的发展，顺应知性旅游发展趋势，符合国际市场细分的变化趋势。同时工业企业和地方政府应密切关注创新事物的发展苗头，把握发展方向，促进工业旅游的全面发展，这也有利于内蒙古二三产业的融合。

8.4 三产融合现阶段取得的收益和成果

8.4.1 农产品得到广阔的销售空间

经内蒙古自治区政府批准成立，包头市立项的内蒙古农产品交易市场是利用当地农产品资源优势而成立的专业化市场，许多从事电子商务的创新型科技企业驻扎在这里。将传统的农产品流通体系和丰富的商业经验相结合，联合境内多家农产品等经营企业和机构，运用电子商务信息技术、身份识别技术和电子商务平台、数据加密技术，采用远程贸易的方式，用先进的网络安全技术护航，按照《中华人民共和国合同法》《中华人民共和国公司法》《中华人民共和国电子签名法》等法律法规的规定，成立了安全可靠、拥有强大功能的网上交易系统。并通过其与银行结算系统、异地交易系统、信息发布系统、竞价系统的承接，完善了网上交易、物流和信息咨询服务体系。会员通过互联网交易平台，实现线上报价、配对、订货，买卖双方实现点对点的农产品现货交易。农产品线上交易体系的建立与完善，为农村经济发展以至区域经济发展带来许多优势。一方面，不仅可以促进农产品的集约化生产与标准化贸易，还可以推进以高效农业为基础的农业现代化发展进程。另一方面，有利于我国农产品资源的合理配置，改变农村经济发展方式，加快农业产业结构调整，推进社会主义新农村建设，实现我国由农业大国转向农业强国的伟大目标，同时为我国农产品走向国际市场创造必要条件。

内蒙古地区借助三产融合发展框架，以技术进步和创新服务为依托，运用科学的营销方法，破解小生产与大市场之间的错配矛盾。实际上，小生产与大市场之间的矛盾是生产分散性与消费分散性之间的矛盾。农村的三产融合，应注重提倡多元化的特色小生产与丰富的产业形态嫁接，满足多样性的市场需求，这样既有助于缓和由农业产业化引起的需求多样性矛盾，又能提高农民的收入水平。先进的电子商务平台和物流服务，减少了商品流转的中间环节，消费者也可以用较低的价格购买商品，减少了中间费用，实现互利共赢，满足消费者的消费心理和偏好。与此同时，为农产品的销售提供更多有利条件，消费者直接和厂家对接，生产者可有效降低销售费用。

内蒙古地区三产融合仍然属于发展的初期阶段和新生事物，三产融合不仅是我国农业升级发展和农业细化分工的需求，而且对我国农村经济发展、资源利用以及内蒙古地区社会分工、修正农业内部分工的不足具有重大意义。农业产业化，本质上是资本对劳动的替代，内蒙古地区三产融合关注作为整体的农业剩余劳动力转移和农业机械的应用，不仅要通过扩大土地规模来提高农业机械率水平，更要从根本上解决农业机械应用的季节性限制难题，更加重视节约劳动力和劳动力时间的投入，实现价值增值。农村三产融合将有效提高社会服务的规模化水平，从而弥补土地规模的不足和解决机械设备季节性应用不足等难题，能够分摊单个主体难以承受的技术和智力成本，通过重整区域社会分工，来缓和农业劳动力供给不足的结构性矛盾。通过改变家庭作坊式的小生产模式，实现规模化生产经营，能够更好地适应大市场的多样性需求。因此，农村三产融合能够扩大农业生产和供给，依托现代物流技术和营销模式，实现生产与需求的对接，以更加多元化的高品质商品满足消费者的个性化需求。

8.4.2 缓解现阶段就业压力

内蒙古地区三产融合发展模式，为农村地区提供了更多的创业和就业机会，增加了农业劳动者以“零值劳动时间”和农业“零值劳动力”在区域内实现社会分工的再投入。农业生产向现代化转型，并与服务业相结合，实现产、供、销、服务一体化的产业结构，对产品、市场进行细分，为广大青壮年劳动力提供了更广阔的就业渠道和更高的收入机会，大大缓解了地区产业空心化与农村劳动力供给不足的结构性矛盾。与此同时，蔬果采摘、手工制品、乡村旅游等特色第三产业的发展，也为农村中老年和妇女等弱势群体提供了新的就业机会，改善了他们的福利状况，提高了他们的收入水平。

8.4.3 社会基础设施建设更完善，增强了人们的幸福感

基础设施在经济学上属于一种“社会先行资本”。基础设施的改善是加快经济发展的必经之路，是经济均衡发展的基石。正常的情况下，投资成本与收益总是息息相关。招商引资时，良好的基础设施建设可以吸引更多资金的投入。公共基础设施建设的改善，按区域可以分为两大部分：其一为农村公共基础设施建设，其二为城市公共基础设施建设。

改善基础设施是解决三农问题的重要环节，改善农民生活软硬件设施可以推动农村经济发展，打破闭塞现状，有利于农村文化建设，并在一定程度上缓解我国现阶段人民日益增长的生活需求和不平衡、不充分发展之间的矛盾，缩小城乡差距，增强幸福感，为社会文明繁荣发展、和谐稳定做出贡献。由此可见，基础设施改善是一项利国利民的好政策。

“一分耕耘，一分收获”是人们始终坚信的奋斗理念。农村基础设施建设，创新技术的引入，不仅可以有效降低投资风险，刺激农村经济更好发展，还有利于农村产业转型升级。实现全面小康，有利于弘扬正确的消费观念，改善农村经济环境，促进国民经济稳定。但是改善公共设施的成本相对较高，对于技术也有较高要求，故大多以工业园或大学城为重点改善区域。

城市内部资源配置，最能体现其经济发展状况。城市中心是政治经济中心，随着发展的深入，逐渐演变为政治商业中心，市中心的经济会向城市周边迁移，在形成新的中心的同时，吸引投资，促进周边地区发展，从而使城市发展更加平衡，为市民生活提供更多便利，增加收入，减少市民支出，能有效拉动内需，提升居民生活幸福感，实现城市高效运转。工业的集聚地、高新技术的集聚地，有巨大的能量流、物流、信息的交流和思想的碰撞，基础设施公共化汇聚巨大的商业价值，实现成本的最小化、利润的最大化，能够为城市高速运转提供坚实的基础。文化方面，建立大学城有利于教学资源的流通，提高教学水平，有利于思想的碰撞，产生新的思想，有利于教学资源共享。不论城市还是农村，内蒙古地区三产融合所带来的基础设施改善都能增加居民的幸福指数，提高人民生活水平，为国民经济实现可持续发展做出突出贡献。

8.5 主要结论

我国现阶段的三产融合仍然处于起步阶段，发展还不完善，内蒙古地区的三产融合发展，应借助区域特色经济条件，创新发展模式。即以原有农牧业为核心，兼顾弱势群体利益，以农牧民及相关组织为主体，以三次产业联动、高新技术渗透和体制机制创新等为发展动力，实现农业与其他产业资源的高效整合，形成供、产、销、服务一体化的产业链条，使农村地区三产融合更加深入。同以往工商资本整合农业资源的做法相比，农村地区三产融合始终把农牧民的利益放在首位，在关注生态环境问题的同时，鼓励青壮年劳动力返回农村就业安家，减少劳动力流失，可以有效促进现阶段农村地区农民的收入不断增加，解决农村社会日益凋零等一系列问题。农村地区三产融合，有利于实现中国城乡一体化，使生活幸福感得到提升，农民收入增加，实现农业可持续发展的战略要求。为更好地推进农村地区三产融合，要从多方面着手，如政府政策推动、刺激市场需求、扶持农业生产主体和鼓励科技创新。多种措施相辅相成，才能使三产融合更加深入。其中，政策支持是其发展的重要保障，不断更新的市场需求是其诱导因素，农业生产经营主体需求是其内在源泉，科技创新是其动力。当前的中国，在推进三产融合的同时，要重视几个问题。一是要重视解决新型农业生产主体在货币资金、生产技术、土地资源等方面的困难；二是要重视搭建农业科学技术创新服务平台，加快农村地区三场融合的发展脚步；三是要加强全国统一规划，因地制宜发展农业，鼓励地方发展，健全食品质量监督管理体系，加大法律监管力度，为农村三产融合创造积极的发展环境；四是积极传播绿色、健康、现代化的生产和消费观念，拉升农村三产融合产品的消费水平。

国外早有三产融合的实践，澳大利亚的特色农业产业如葡萄酒旅游产业，将“生产、学习和研究”结合在一起，在葡萄庄园打造集田园风光、红酒酿造、酒厂设备、特色美食以及葡萄酒文化为一体的旅游产品，使研发观光、休闲度假和农业体验有机结合，不仅推动了农业的发展，还有利于餐饮、住宿、购物、娱乐等第三产业的横向延伸，促使农业种植业向加工业和服务业延伸，实现了旅游业和特色农业产业的完美结合，为地区经济发展提供了充足动力。为更加长久地促进内蒙古地区三产融合发展，地方政府要改善农村金融服务，创新农业投融资机制，持续增加农业科学技术的资金投入和推广，尤其是要重视培养适应产业融合战略的新农民。改善农村地区的基础设施建设，对于涉农金融机构而言，需要向融合性产业提供商业性和政策性支持，在贷款金额、贷款利息、贷款期限、还贷方式上提供更多便利，大力发展对具有“三产结合性”的农业产业的风险投资，最大程度地保证三产融合顺利推进。

三产融合模式是解决“三农”难题、构建现代化大农业的重要手段。在社会主义市场经济体制下，要打破三次产业之间的界限，促进农业与非农产业之间的联系越发紧密，依赖程度越来越高。单一的就农业来发展农业的模式已无法满足现代农业发展的需要，这种模式只会使农业发展空间和途径变得越来越窄。只有将工业发展的思维应用到农业发展中，通过基地加农户、企业带基地、市场牵企业，对农产品进行深加工以延长产业链条。要善于从服务产业中搜寻农村经济发展所面临的新机遇，依靠现代物流、“互联网+农业”和商贸流通等平台和载体，大力推广订单农业。用二、三产业的发展理念指导农业发展，开拓农村经济发展新思路，促进社会现代化大生产与分散经营相结合，从根本上解决“三农”问题。通过三产融合方式发展现代农业，有利于从整体水平上改善农业状况。跳出农业抓农业，跳出三农看三农，可以指导农村工作的新方向。从发展方向上看，实施三产融合，以市场需求为导向，以资源充分合理利用为出发点，促进农产品加工企业产业化快速发展。通过农业产业化，带动农村经济的市场化；从发展方法上看，实现了以宏观指导、注重市场引导、注重市场开发、健全基地建设、追求质量和效益的全面改变；从实际效益角度看，三产融合可以推进产业结构优化、农业生产技术进步、开创新型营销模式，全面提高农业的可持续发展能力。

9 农村产业融合发展的国际经验与启示

对农村一二三产业融合发展进行理论研究，其最主要目的是要研究如何利用产业融合理论指导农村产业融合的实践，以此推进我国农业、农村、农民的共同发展。国际上一些发达国家，比如日本、韩国、美国、荷兰等国家都有一定经验值得借鉴，都对我国推进农村一二三产业融合发展具有一定启示作用。

9.1 日本“六次产业化”的做法

新的世纪以来，日本对第一、第二和第三产业的融合发展开展了积极的探索，在日本，三产融合被称为六次产业化，六次产业化的基本涵义是：以第一产业的农业生产作为基点，通过延长和拓宽产业链等途径，向第二、三产业延伸，在同一产业中兼具生产、加工、销售、服务等功能，使农业中一二三产业相互延伸与融合，并将第一、第二和第三产业相加（1+2+3）或相乘（1×2×3）等于6，故将三产融合叫做六次产业化或第六产业。

9.1.1 日本提出第六产业的背景

日本在第二次世界大战中战败，战后日本政府迫于国内居民对粮食需求的压力，对农地制度进行了改革，出台了一系列法律法规，使日本农业很快复苏，保证了粮食的自给自足。同时，由于在基础设施方面投入的力度较大，使农业的机械化水平迅速提高。有了这些坚实的基础，日本的第六产业才得以快速发展。

在农业实施规模化经营的情况下，日本农村出现了大量的剩余劳动力，加之日本的经济重心逐步向重工业和制造业转移，导致日本大量农业劳动力迅速涌入城市，在日本的许多农村，农业生产出现不同程度的衰退，农村出现了人口空壳现象。一些农村耕地无人耕种而被撂荒，农业产品的流通销售也不顺畅，致使日本农业在20世纪70年代出现了低速徘徊的现象。与此同时，日本农村逐步显现出农业劳动力老龄化、妇女化等特征，农产品自给率也逐年下降。进入80年代以后，在乌拉圭回合谈判和签署农业贸易协定的背景下，农产品贸易自由化的推行也对日本农业造成了很大冲击，日本农业受到内外夹击。在这种情况下，日本的理论界和学术界开始探讨如何重振日本农业往日的辉煌。他们首先研究了农业的多功能性问题，并通过试点开始实施区域发展合作战略，并逐步扩大规模，成熟一个，推广一个。同时积极开发产业集群，包括农村旅游、区域加工合作等。直到 90 年代末期，在实践基础上开始逐步推行六次产业化政策。2008 年 12 月，日本首次把第六产业发展问题列入《农山渔村第六产业发展目标》当中，随后日本政府又陆续出台了一系列相关的发展大纲及支持第六产业发展的政策，从此日本的第六产业步入快速发展的时期。

9.1.2 日本第六产业的内容

2010 年，《粮食、农业、农村基本计划》《农山渔村六次产业化政策实施纲要》《农山渔村六次产业化政策工作相关补助金交付纲要》《农业主导型六次产业化准备工作实施纲要》等一系列文件在日本相继出台，这些文件和政策中详细规划了第六产业的相关内容、纲要政策和财政措施等。[①] 主要做法有以下几点。

9.1.2.1 通过实施农产品“地产地销”策略，把利润留给产地

2000 年以来，日本农业重点实施“地产地销”策略。为了强化农业产业融合的执行力度，2010 年日本内阁通过《六次产业化法》，确立了第六产业的地位，又一次明确了推进“地产地销”的基本方略。方略要求在日本国内生产的农产品首先要在生产地积极消费，当生产地供给不能满足本地消费时，要选择国内其他产地生产的农产品。在农产品直销店、农产品本地加工、农校对接、市民农业、观光农业等“地产地销”的运作模式中，最为典型的模式是农产品直销店模式。[②] 参与农产品直销的农户可以对农产品自行包装、自行定价，由直销店进行代销。与市区超市同类产品相比，直销店的农产品便宜又新鲜，更能赢得消费者青睐。据统计，2012 年在日本全国有约 23560 家直销店，年销售额 8448 亿日元。日本政府通过对这种“地产地销”农产品方式的大力倡导，通过对消费当地自产农产品的鼓励，大大节约了流通环节的成本，同时积极培育了本地的农

① 刘云：《日本的农村问题及农业政策》，载《国际研究参考》，34~38 页，2017（10）。

② 高强、高桥五郎、李洁琼：《日本“地产地销”经营模式与农协的作用——以爱知县尾东农协实地调查为例》，载《农业经济与管理》，42~49 页，2014（1）。

产品品牌，为消费者提供了新鲜、放心的本地农产品，促使农产品附加值就地大幅增加，有效促进当地劳动者尤其是女性劳动者的就业，增加了日本农民的收入。

9.1.2.2 通过第一、第二、第三产业之间的合作，增强农业发展活力

日本政府清醒地认识到，要想把来自第二、第三产业的工商业企业引入农村，必须要提供低息贷款和减免税收等优惠政策，否则第二、第三产业很难主动进入农村开拓市场。日本政府通过出台一系列优惠政策，吸引了大量企业来到农村，在农林渔业领域共同开发，迅速增强了日本农业的发展活力。在日本农工商企业的合作过程中，发展最快的要属食品加工业。经过几年的迅速发展，目前日本的食品加工业仅次于运输机械和电器机械，成为日本的第三大产业，尤其是日本的大米深加工处于世界领先水平。日本政府为了在促进农工商业合作的过程中更好地保护农民的利益，制定了多种措施防止工商业企业与农民争利。如在土地规划中规定，工商企业不能更改土地使用性质；农产品生产之前就要求工商企业与农户签订协议，力争实现双赢合作。在合作过程中，一旦出现企大欺农的现象，农协可以随时终止与相关工商企业的合作，而日本相关的法规及制度也有规定，凡是涉及农户与工商业企业之间利益分配的争议问题，均要求向农民倾斜，确保在合作中农户的利益不受侵犯。

9.1.2.3 通过开展农业产业多元化经营，创造新的利润点

日本在第六产业的发展过程中，主要目的是提高农户收入。通过不断创新，努力开展农林牧渔业的多元化经营。一是产品内容多元化，既包括农林水产品，也包括一些农副产品，甚至把自然资源也融入其中，包括各类蔬菜、水产品、乳酪、肉类、木材、肥料、温泉、雪等多类型产品。特别是近年来，日本在发展第六产业的过程中，针对国内出现的新需求，不断开发新的业态，不断创造新的利润点。如随着人口老龄化程度的加深，在老年人日用品、老年功能性食品等附加值高的领域进行产品的大力开发。日本政府通过财政补贴、税收优惠等政策激励企业到农村建厂，并与当地农户合作，利用农作物秸秆等生物质进行发电，形成了新的经济增长点。二是主体多元化，包括农户生产者、生产者协会、农业协同组织（简称农协）、有限责任组织等众多主体均积极参与发展六次产业。三是发展形式多样化，为了使第六产业得到快速发展，日本政府对第六产业的发展形式未做过多限制，可以采取加工、直销、出口、契约交易、农家餐馆、网络营销等各种形式进行融合发展。

9.1.2.4　通过引导农协发挥作用，为第六产业保驾护航

为了适应六次产业化发展形势，日本农协也相应做出了一些调整。首先，在机构编制上进一步精简。组织机构由原来的三层变为两层，即由原来的“中央农协联合会—都道府县农协联合会—区域农协组织”三层结构，变为现在的“中央农协联合会—都道府县农协联合会或区域农协组织”两层结构，改变后由国家农协直接面对基层的农协组织。这样省去了中间环节，让沟通和协调更加顺畅和快捷，避免了信息失真等问题。[①] 随着组织机构的精简，工作人员也做了相应调整。1997 年，日本农协的在职人员为 18.48 万人，管理人员 4.4 万人，到 2011 年，在职人员为 11.58 万人，管理人员 1.9 万人，分别减少了 6.9 万人和 2.5 万人。其次，农协的工作机制也发生了很大变化。日本农协实行所有权与经营管理权分离，具有经营管理能力的高层经理人作为农协组织的实际代理人承担起农协经营决策的职责。第三，农协的工作重点发生转移。农协的工作重点由原来的农民经营组织逐步向振兴地区经济组织转变。农协组织立足于农村的农林牧渔业，将六次产业化的理念导入农协组织的实践中，使得地区经济得以振兴。同时农协还不断在农村基础设施以及配套物流加工设施的投入方面加大力度，用更优质的基础设施吸引二、三产业进入农村，并利用多产业的融合使农业的多功能性得以放大，持续不断地振兴农村的经济活力，实现地区农业的可持续发展。

9.1.2.5　通过加大培训力度，打造适应第六产业发展需要的人才队伍

日本政府一直注重人才培养，从中央到地方指定 50 多所农业学校为各级人员举办各类培训班，着力培养适应第六产业发展需要的复合型人才。在培训中既有农业方面的技术培训，也有加工业所需的技术，还有商业开发知识。培养出来的复合型人才不仅懂得农业技术，还懂得车间管理，并具有商业开发和销售技巧。从而使农产品商品开发、品牌化建设及后续的销售工作更为有效。同时，日本从中央到地方，各级政府都非常注重对信息的搜集、整理、公布与交流，为第六产业的发展提供信息支持。日本中央政府经常组织针对某一产业的实地调研，以获得最真实的信息，比如专门针对食品产业的实地调研、专门针对农林水产业的实地调研等。通过实地调研，可以搜集各种农产品的相关信息，同时推广三产深度融合的典型案例等。日本的地方政府也会准确及时地提供以食品产业为核心

① 周应恒、李强、耿献辉：《日本农协发展的新动向》，载《世界农业》，27~32 页，187 页，2013 (9)。

的相关信息，为本地发展第六产业提供信息支持。此外，日本各级政府经常举办各种性质的交流会，如在中央开展全国产业集群协议会、先进事例研讨会、品牌确立研修会、技术交流会等，促进不同地区、不同产业之间，从事第六产业的人群与组织之间的交流与合作。在地方开展农林水产商品展销会等，促进产品之间的交流，扩大农产品的销路。

9.1.2.6 通过生态环境的保护，构建了环境友好型现代农业

日本在发展六次产业化的过程中，把生态环境的保护放在首要位置，严禁因为发展而破坏生态环境。日本把粮食供应、蓄水防灾、农业生态旅游、文化传承、休闲疗养、保护自然环境及生物多样性等作为农业和农村的主要功能。通过产业融合，一方面增加农产品的附加值，另一方面有效改善农村的自然和人居环境。同时，将当地的文化、自然资源及农业发展相联合，开发出集农业种植、旅游休闲等为一体的综合产品。日本政府还特别提出开展“绿色与水的环境技术革命”，通过一系列措施发展环境友好型现代农业。

9.1.3 日本发展第六产业的保障措施

日本政府专门针对第六产业的发展出台了一系列保障措施，主要体现在多样化的财政支持政策和完善的法律法规两个方面。

以多种财政政策支持第六产业的发展。日本政府出台了一系列相应的财政补贴政策，在2010年日本政府出台的《六次产业化法》中规定：农户在建设农产品直销店、建设农产品加工流通和销售设施时，政府将提供所需资金50%的财政补贴；企业和农户在新产品开发和产品销售渠道拓展过程中，政府将提供所需资金67%的国家补助；农户或者其他企业主体在发展第六产业资金短缺时，还可以申请国家的无息或低息贷款。仅2011年，日本水产厅就为发展第六产业软硬件建设提供了32亿日元的财政补贴。

以完善的法律法规保障六次产业化的发展。日本于2008年出台的《农工商合作促进法》要求：把税收和金融等优惠手段作为鼓励农工商之间合作的激励措施，并且强调在发展第六产业的过程中，把农林渔业作为农业、工业和商业企业之间的合作的主体。[①] 在《六次产业化法》中还规定，凡是农林渔业的从业人员或民间企业，只要制定了发展第六产业的事业计划书，且农林水产大臣认定了此

① 王国华：《日本农业发展的现状及政策走向分析》，载《长春大学学报》，27~31页，2017（3）。

事业计划书，那么经营主体就可以享受国家给予的资金和信息服务等方面的政策扶持。日本政府于2012年出台了《农林渔业发展产业化基金法》，该法明确规定株式会社农林渔业成长产业化支援基金（简称A-FIVE）要为六次产业化所涉及的各项业务提供资金和精细的管理支援。日本政府于2015年出台了《食品·农业·农村基本计划（阁议决定）》，该计划提出了一系列通过提高农业生产额度、缩减生产成本以带动农业收入增加，通过六次产业化来增加农村地区相关收入的多种举措。①

9.2 韩国六次产业化的做法

韩国政府也在农业产业改革中启动了发展第六产业的进程，韩国是在借鉴学习日本发展第六产业经验的基础上，在充分结合本国实际的前提下启动的。韩国与日本一样，在发展农业的六次产业化中以农村和农民作为主体，通过将农业与二、三产业的深度融合，使传统农业超出原有的单纯生产农产品的领域，利用农村的人力资原和自然资源，把先进的创意和发达的技术融入其中，在创新和融合的基础上开拓新的市场和新的工作岗位。② 这使农产品的附加值大大增加，从而实现振兴韩国地方农业和激发农村地区新活力的根本目的。

9.2.1 韩国发展第六产业的背景

韩国的老龄化问题一直是困扰其经济发展的瓶颈。据统计，韩国农村的老龄化率远远超出了城市20年。随着城镇化的加剧，农村大量年轻劳动力转移到城市，韩国留在农村的劳动力65岁以上的占1/3，已经步入了超老龄化的时代。另外，在“全球化”步伐加快的背景下，韩国不断提高其农产品市场的开放程度，随着韩国民众对外国农产品需求数量的逐年增加，外国农产品的进入直接冲击了国内传统农业的农产品，使韩国传统农业产业面临着严峻的挑战。在这样的背景下，韩国从20世纪70年代开始，在农村大力推行“新村运动”，大力倡导开发多元化农业，采取政府扶持、农民自发和项目开发等形式，不断探索并尝试通过开发农家乐体验式旅游、食品加工业、扩大农产品产地直销等方法，来振兴韩国

① 《日本发展“六次产业”的主要做法与启示》，载《山东经济战略研究》，44~47页，2015（11）。

② 谭明交、向从武：《日韩农业“六次产业化”对我国实施乡村振兴之镜鉴》，载《新疆农垦经济》，10~18页，2018（4）。

农业。

韩国的六次产业化发展大致分为政府主导、民间自发和再次投入三个阶段。政府主导阶段发生在20世纪七八十年代，在这个阶段，政府主要是加强农业基础设施建设，通过维修农村公路、提高水电供给和采用卫生治理等手段来改善农民的居住环境和公共环境条件，同时政府倡导并执行了“新村运动”。据统计，这期间韩国在“新村运动”上的投资额度高达27500多亿韩元。民间自发阶段是在20世纪八九十年代，在这个阶段，政府不断改变主导者的身份，逐步把主导职能转变为以规划、协调和提供服务的职能，而对农民进行培训、提供相关信息、进行新村运动的宣传等工作任务都由民间组织承担起来，农户和相关主体进入自主发展阶段。到20世纪90年代之后，韩国又一次加大了对农业的投资，政府高度重视对农业综合性功能的开发。在2001—2013年间，韩国政府共投资119兆韩元用于支持农村项目的投资和贷款。同时韩国政府还结合实际，制定了长期规划和目标，在《农林食品科学技术育成中长期计划（2013—2022）》中提出，在2013—2022年10年内，农林食品、产品的附加值年均增长速度要达到3%。通过三个阶段的持续发展，韩国的六次产业化进程依然在持续不断的发展中。

9.2.2 韩国发展“第六产业”的主要做法

9.2.2.1 注重创新设计，增强“第六产业”的活力

韩国政府在充分借鉴日本经验的基础上，紧密结合本国国情，注重创新，精心设计了农业六次产业化的发展方向和类型。目前韩国的六次产业化发展方向主要有三个：水平多元化发展方向、垂直多元化发展方向和农工商一体化发展方向。水平多元化发展方向，就是农户由过去种植单一农产品向种植多种农产品和养殖业方向综合发展，如某地区农村从种植谷物或豆类为主，向种植果蔬和花卉产业发展，同时发展畜牧产业。垂直多元化发展方向，就是韩国政府鼓励农户由过去单一的农业生产向下游的加工、运输和销售产业链条不断延伸，从第一产业的生产向第二产业的加工和第三产业的销售领域扩展，从而不断提升农业和农产品的附加值。农工商一体化发展方向，是通过政府不断提供的税收、补贴等优惠政策，引导并鼓励掌握着高技术的食品制造企业、具有成熟销售网络的流通企业及零售企业等结成利益相关关系，促进农工商企业之间的广泛联合，共同对农产品实施开发。

同时，韩国各地充分发挥本地资源的比较优势，发展了社区型、连锁销售型

和社交型等三种主要的六次产业化类型。社区型六次产业化，是在韩国老龄化严重、女性较多的农村地区，将过去单纯生产粮食、蔬菜、水果等农产品扩展到进行农产品初级加工或进行直销经营，为当地农村劳动力创造更多的就业岗位，将农产品附加值留在本地。连锁销售型六次产业化，就是将城市里的专卖店销售方式引入农业领域，首先由农业企业与零散的农户签订合同，用农业企业指导农户进行生产，农户为农业企业提供相应的生产资料，并最终保障农产品以专卖的形式顺利销售。社交型六次产业化，是以开拓新产品或者市场、创造出新价值为目的的一种六次产业化类型，通常会由农工商企业联合进行，可以是以第一产业作为主导，向二、三产业延伸，也可以以二、三产业企业为主导，向第一产业延伸，通过一、二、三次产业的合作，开发新的商品，产生新的价值链和新的价值。

9.2.2.2　注重发挥农协的作用，为“第六产业”发展拓展服务空间

在韩国，农协的业务非常多元化，能从各个层面为农户提供各种类型的服务，农协的参与对六次产业化的发展起到了很大促进作用。一是在生产环节，韩国农协统一为农民购买生产所需要的农用生产资料。二是在加工环节，韩国农协还负责传统食品开发、农产品初加工及特色农产品加工等工作。据统计，2012年韩国农协的农产品加工销售额达到4777亿韩元。三是提供销售环节的服务，韩国农协负责对农民生产的农产品进行收购、分类、加工、包装、出售等工作。四是在资金环节，韩国农协举办信用和保险事业，为农户提供贷款、融资等资金筹措方面的保障。五是在福利环节，韩国农协为其成员举办文化、卫生、修养等各种农村社会福利事业。六是在教育培训环节，韩国农协担负着对其成员进行教育培训的职责，韩国政府给予必要的资金支援。2012年，接受现场实习等教育的农协成员多达101.4万人次；接受网络大学等教育的农协成员多达19.7万人次。韩国建有一所农协大学，这是全世界唯一一所农业合作社大学，毕业生全部在农协系统就业。①

9.2.2.3　注重加强技术培训，提高从业人员的专业化水平

韩国政府十分注重对农民的培训和教育。韩国的农业培训机构主要由包括农业大学、农协、农村振兴厅以及其他民间组织在内的多种类型的机构组成，各农

① 申龙均、韩忠富：《韩国综合农协对我国发展农民综合合作社的启示》，载《经济纵横》，104~107页，2014（5）。

业大学主要针对中青年农民开展高层次的培训和教育；农协主要针对不同的群体开展不同层面的职业教育和培训；农业振兴厅主要负责韩国的农业科研、农业技术推广、农村生活指导及农民和从事农业工作的公务人员的培训工作，是组织、实施农业技术推广教育培训的主体部门，也是对农民、农村青少年和农村妇女开展培训的实施主体；其他民间组织主要针对农村技术人员和青年农民进行培训，在韩国农民的培训体系中起到补充作用。①

韩国的农业教育主要包括三个层次。第一个层次是4H 教育，这种教育的对象主要是农村青少年，教育目标是培养具有聪明的头脑、健康的身心及较强动手能力的农民。第二个层次是农渔民后继者教育，这种教育专门针对农业后备劳动者展开，培养和扶持愿意从事农业的年轻劳动力。第三个层次是专业农民教育，其重点是培养和扶持具有较高产业化经营和管理水平、具备一定竞争实力的专业种养大户。②

9.2.2.4 注重生态保护，提高农业的可持续发展潜力

韩国政府深刻认识到过量使用化肥和农药的危害，大力提倡和发展“亲环境农业”，就是在发展农业的同时兼顾对生态环境的保护。既追求农业的可持续发展，也要使生态环境得到有效的保护。韩国政府早在1997 年就已经颁布了《环境农业培育法》，把1998 年确定为韩国的“亲环境农业元年”。为加强管控力度，还发表了《亲环境农业培育公告》。2001 年，又出台了《亲环境农业培育法》。在这部法律当中，对亲环境农业的内涵、未来发展方向、政府和民间组织及农民在发展亲环境农业过程中各自应该履行的职责等都做了界定。同年，韩国开始对发展生态农业进行规划，提出了《第一次亲环境农业5 年规划》，到目前为止，韩国政府正在实施第三次规划。③④

① 温思美、蒋和平：《世界农业发展的趋势》，载《世界农业》，3~5 页，1995（9）。

② 郑涛：《在城乡统筹发展中实施农村人才培养计划》，载《三峡大学学报》（人文社会科学版），111~112 页，2008（S1）。

③ 浙江省农业考察团：《澳新韩三国农业生态文明建设的实践及启示》，载《中国牧业通讯》，38~40 页，2010（14）。

④ 金秀哲，李树超：《中韩生态农业发展规划的比较与启示》，载《农村经济与科技》，30~31 页，92 页，2014（4）。

9.2.3 韩国发展第六产业的保障措施

9.2.3.1 出台财政扶持政策与措施

韩国政府为支持六次产业化的发展，出台了一系列财政扶持政策和措施，主要包括贷款和补助两种形式，贷款包括低息和无偿贷款两种；补助包括最大限额、一定数额和事业费一定比例三种补助方式。韩国政府为了培育农业第六产业的经营主体，由农林畜产食品部、农水产食品流通公社、农协中央会等政府部门负责财政支援工作，扶持农业六次产业化进程中所涉及的经营主体的培育、发展、生产、加工、流通、销售等多个方面。2013—2014 年，韩旧政府共投资 200 亿韩元用于设立专项资金，支持六次产业化的发展。另外，韩国政府为了发展第六产业还建立了较为完善的服务支持体系。中央政府负责创业孵化器咨询、瓶颈技术、与有关机构联系等工作，地方政府负责指导农户克服瓶颈技术等。

9.2.3.2 完善农业农村法律体系

韩国以《农业基本法》为基础，先后颁布了关于农业振兴、农村现代化、农业组织、农业机械、农村用地、农村能源等多方面法律法规，形成了较为完善的农业农村法律体系，为韩国发展六次产业化道路扫清了障碍，奠定了坚实的基础，确保在发展第六产业的各个环节，有法可依，有法必依。① 以韩国几部重要的法律为例，1998 年 12 月韩国政府修订了《农业农村基本法》，该法对韩国农业未来的发展进行了全方位的规范，确立了发展农业的各主体的职责和权限。2000 年修订了《农业协同组合法》，对农协中央社和地方基层合作社的职责进行了详细的规范和约束。2003 年修订了《农村振兴法》，该部法律就振兴韩国农业的范围、实施、基金的设立等多个方面做了相应规定。2010—2014 年又先后出台了《传统酒等产业振兴法》《饮食服务业振必法》《泡菜产业振兴法》《农村融合复合产业培育及支援法》。通过一系列法律法规的出台和修订工作，为第六产业化发展提供保障，这标志着韩国发展第六产业法律体系的形成。②

9.3 美国农工商一体化的做法

美国农业一直以来都很发达，其农业生产的专业化程度非常高，美国农业生

① 陈海秋：《韩国农业农村立法体制、特征及其作用研究》，载《唯实》，127~130 页，2009（Z1）。

② 陈曦、欧晓明、韩江波：《农业产业融合形态与生态治理——日韩案例及其启示》，载《现代经济探讨》，112~118 页，2018（6）。

产的专业化体现在三个层次，即生产地区专业化、农场经营专业化和生产工艺专业化。在专业化的基础上，工商企业与农业很容易建立起稳定的契约关系，从而形成由不同行业围绕农业生产这一中心所组成的农产品供销一体化体系，使农业在生产和经营方面的全方位服务得到保障。①

9.3.1　美国农工商一体化模式

“农工综合企业”体系是美国农业生产的主要模式，这个体系的最大特点就是为农民提供大量的劳动岗位，全国有17%的劳动力在这个体系就业，远远高出农业本身所能容纳的劳动力的数量。在经营管理方面，美国政府把在工业和其他部门中经过实践证明的管理办法和管理经验引入农业生产管理中，实现了三产的高度融合。形成了集生产、加工、物流、营销、售后服务等环节为一体的生产模式，使农业生产实现了产业化经营。比如在食品产销的企业中，其生产环节涵盖了从田间到餐桌的所有环节。从农业生产资料的供应，到农作物的种植，到农产品的收购、加工、批发、零售以及餐馆等全产业链条都在其中。②

美国的农工商一体化融合模式主要包括横向融合和纵向融合两个方面。

纵向融合就是以农业综合企业为主体针对某一农作物，从生产到加工、销售各个环节，实现一产、二产、三产纵向融合。美国农业综合企业主要有三种类型，分别是农工综合企业、公司农场和农场主合作社，这些农业综合企业在生产经营的过程中，统一协调农产品的生产、流通及农用物资的生产、供应等环节中与农工商业相关的所有事宜。通过农业产业纵向融合，使农业产前、产中、产后服务的联结更加完善，打造了一条无缝的包括农产品生产、加工、营销等各环节在内的紧密相连的产业链条。

横向融合就是把农业以外的与农业并列的行业横向嵌入农业中，从而形成新的业形态。美国农业产业横向融合始于第二次世界大战结束后的第三次科技革命。随着美国农业产业横向融合的不断拓展，农业与非农产业之间不断融合，不同产业之间的界限日益模糊，伴随高科技的快速发展，兴起了一大批新型产业形态，比如生物农业、分子农业、太空农业、数字农业、精确农业、生态农业与旅

① 许先：《美国农业社会化服务体系发展的经验与启示》，载《山东大学学报》（哲学社会科学版），124~128页，2003（4）。

② 戴孝悌：《产业空间链视域中的美国农业产业发展经验及启示》，载《世界农业》，9~13页，2012（2）。

游农业等，这些新业态成为推动美国农业发展的巨大动力。

9.3.2 美国农工商一体化的主要做法

9.3.2.1 重视资金支持

在美国，私人投资经营的农场占绝大多数，农场主在筹集资金方面主要靠政府的农产品抵押贷款和政府提供信贷担保两种途径。第一种途径就是在粮食市场价格偏低时，农民不必急于出售粮食，而是用这些粮食做抵押贷款，且不用偿还这些贷款。第二种途径是由政府提供信用担保，贷款期限都非常长，短的在1~5年，长的可达40年，而且利率非常低。

9.3.2.2 重视农业教育、农业研究和农业技术推广

一直以来，美国政府对农业的教育、农业研究和农业技术推广非常重视，每届政府都把这项工作作为一项重要职责。早在1862年，美国联邦政府就通过了《赠地学院法案》，这部法案规定，各州政府要用出售公地所得的收入，建立一所州立农业学院，在这所农业学院中专门开设农业和机械课程。① 1877年，美国联邦政府通过《哈奇法案》，把此前由农业部、州和州立农学院三家共同领导的农业技术研究试验站转变为农学院的一个重要组成部分。通过不断立法，以农业教学、农业科学研究和农业技术推广三者为主要内容的“三位一体”农业发展体系得到了根本的保证。

这种农业发展体系具有三个优势。第一个优势是农业教育、农业研究和农业技术推广三项职能统一由州立农学院承担，使三者的结合更加紧密，消除了更多外部性，使三者互相促进。第二个优势是每年的农业研究和农业技术推广计划是按照由下向上由的次序从基层向上申请，农业技术推广所需的配套服务工作则由农学院领导、农业部配合，可以直接为农业技术推广提供有针对性的服务。第三个优势是农业技术推广所需的经费由联邦、州和县共同负担，农业科研经费则由公共和私人（公司）共同承担，二者可以互相弥补、互相补充，大大促进了美国农业科技的研发与推广。②

---

① 李哲敏，王玉庭，刘宏，李婷婷：《美国农业合作推广服务体系探析》，载《世界农业》，35~38页，2011（5）。

② 沈维维、周波：《智慧农业发展脉络和关键领域研究》，载《绿色科技》，192~195页，214页，2020（8）。

9.3.2.3 重视服务型农业合作社的发展

美国的一体化农业体系中以家庭经营农场占绝对优势，但是许多问题是单个农场难以解决的，为了更好地解决单个农场难以解决的问题，美国政府建立了大量非盈利的农业合作社，通过合作社提供各种服务来解决农场主的难题，这种做法大大降低了农业生产的成本，所以美国政府非常重视服务型农业合作社的发展建设。农业合作社提供的服务主要有三种。第一种是销售和加工服务。合作社提供的销售和加工服务起到了联结农场主和市场的桥梁和纽带作用，合作社拥有社员多达几百万，每年销售总额超过千亿美元，主要从事农产品的集中、储存、价格谈判、组织拍卖以及农产品深加工等业务。通过合作社的一系列工作，能够尽量多地为农场主获取利润。[①] 第二种是供应服务。提供供应服务的合作社可以为农场主提供所有农业生产资料，包括农用车石油产品、农药、饲料、种子、农机及其零配件等。这类合作社在全国农业生产资料市场中所占的份额相当可观，占全国化肥和石油的44%、全国农药的29%、全国饲料和种子的16%。另外，还为农场主提供土壤测试、防疫、育种、奶牛改良、作物监测乃至经济核算和法律咨询等多种类的科技服务。第三种是信贷服务。信贷服务就是在农场主资金短缺时，合作社有责任为其提供季节性贷款、解决周转金不足的中期贷款和用于基本建设的长期贷款等。农业合作信贷体系提供的贷款在农场主所得的贷款中占有的份额越来越大，目前已占全部农业贷款的40%左右。[②]

9.3.2.4 注重农业的可持续发展

美国政府在大力发展农业的同时，还特别重视对农业生态环境的保护，坚持可持续发展的理念，使农业资源得到最有效的利用和节约，并一直保持农业在国际上的竞争力。美国长期执行保护性耕作制度，目前实施保护性耕作的比重，大豆已达30%~40%、玉米也达到了25%。美国从1986年开始实施土地休耕保护计划，采取农民自愿的方式，凡是参与休耕保护计划的农场主，均可得到政府补贴。通过10~15年休耕还林、还草计划的实施，最终达到改善水质、减少水土流失和保护生态环境的作用，大大促进了农业的可持续发展。

---

① 刘建水：《国外现代家庭农场研究》，载《当代农村财经》，58~61页，2016（10）。

② 《国外的农业社会化服务是怎么做的?》，载《营销界》，57~61页，2019（1）。

9.3.3 美国农工商一体化的保障措施

9.3.3.1 强力的法律保障

在过去的几十年里，美国国会陆续通过了大量有关保护和促进农业发展的法律，在指导农业和农村发展方面形成了比较完整的法律体系。自从 1933 年颁布农业调整法以来，历经近多年变迁，以农业法为基础的法律多达 100 多部，形成了一个比较完善的农业法律体系。平均算起来，每 5~6 年美国政府就会更新一次与农业相关的法案。在法案变迁中，政府既兼顾了市场运行机制的支撑作用，又考虑到农业生产的内在规律，还强调了政府功能与作用的发挥，使每一部新法案都能结合新情况做出适应农业发展的调整，从而保障了美国农业的持续快速发展。①

9.3.3.2 有效的宏观调控

作为发达的市场经济国家，对资源进行合理配置的主要手段是市场。在 20 世纪 30 年代严重的农业危机面前，罗斯福政府被迫实行新的农业政策，也开启了美国经济干预的先河。② 此后，美国农业在国民经济中所占的份额虽然一度下降，但农业在国民经济中的基础地位仍然被政府高度重视，对农业依然采取了有力的价格保护和收入支持政策。美国以商品信贷公司作为专门的政府调控部门，建立了庞大的联邦储备体系，财政支持经费预算非常充足，联邦政府用于农业支持的经费，最高时每年超过了 250 亿美元，在农业计划中实行农场主自愿的原则，同时用价格、信贷、补贴等手段予以有力的配合。

9.3.3.3 灵活的补贴政策

美国政府非常警惕在国际贸易中被误判为价格倾销而影响产品声誉的情况，取消了因价格降低而采取直接补贴的政策，取而代之的是更为有效的补贴方式，以此为农业发展提供有利的保障。比如采取灾害补贴、农地休耕补贴、税收减免等方式增加农民的直接收入。为了维持高水平的农业生产力，美国通过多方面政策支持农业向外销售，如每年约提供 1000 万美元的资金支持新兴市场的拓展。美国用灵活的政策克服了传统的价格和收入补贴模式缺少弹性和实用性的弊端。③

---

① 金芳芳：《美国的农业现代服务业及其借鉴》，载《农村经济与科技》，168~169 页，2016（14）。

② 《美国农业概况》，载《今日农村》，34 页，2002（3）。

③ 徐更生：《美国的农业服务体系及其特点》，载《中国农垦经济》，41~42 页，1992（6）。

9.4 荷兰“农场+合作社”的做法

作为世界上农业现代化程度最发达的国家之一的荷兰，以其不足世界农业人口0.02%和不到世界耕地面积0.07%的资源，占据了全世界农产品出口的9%，近年来，在畜牧业、花卉产业和农产品加工业等多个领域均取得了举世瞩目的成绩，被誉为“欧洲菜园”“欧洲花匠”，是当今世界举足轻重的农业发达国家。荷兰在发展现代化农业过程中以集约化和专业化为特点，着力高新技术的推广和现代化管理模式的应用，在短时间内创造出了“荷兰农业奇迹”。[①]

9.4.1 荷兰发展现代化农业的背景

荷兰的农业现代化发展与政府实行因势利导的政策有着密不可分的联系。二战之后，面对严重的粮食短缺，荷兰政府开始用行政手段干预农业，并加强了对农业的保护，提出通过科技手段来提高土地的质量，通过研究作物新品种、研发新技术等手段来提高农产品产量等一系列促进农业产量提高的政策，同时荷兰政府还引导农民耕种新作物，以满足市场对农产品的需求，稳定粮食供应。到20世纪50年代，随着农业专业化、商业化水平的不断提高，西欧各国为了消除国家间的贸易壁垒，强烈要求取消各国之间的关税及其他贸易限制。[②] 在西欧各国的不断呼吁下，1962年取消了各国之间的贸易壁垒，形成了欧共体，各国实施同一的农业政策。荷兰也同样执行欧共体的农业补贴政策，其目标就是保持农民收入稳定，提高农产品质量和促进农业、农村可持续发展，确保生态环境不被破坏。欧共体在整个农业政策的推行过程中，体现了坚持长期补贴农业，并根据具体情况变化而不断完善农业政策的特点。20世纪80年代之后，荷兰农业实现了现代化，进入了农业发展的巅峰时期，一跃成为世界上最大的农产品出口国之一，至今一直处于领先地位。

---

① 赵霞、姜利娜：《荷兰发展现代化农业对促进中国农村一二三产业融合的启示》，载《世界农业》，21~24页，2016（11）。

② 降蕴彰、梁栋：《荷兰农业的专业化道路——专访荷兰王国驻华大使馆农业参赞Henk van Duijn》，载《农经》，13~17页，2009（Z2）。

9.4.2 荷兰发展现代化农业的具体做法

9.4.2.1 发展集约规模型农业，提高生产能力

荷兰境内地势平坦、全年雨水充足、水淤有机沙土等自然条件特别适合牧草作物的生长，结合欧洲市场对畜牧业的旺盛需求，荷兰积极调整原有的农业产业结构，下大力气发展畜牧业和蔬菜、花卉种植等产业。因荷兰土地资源非常稀缺，在发展农业生产时节约耕地就显得非常重要。针对这一现实问题，荷兰一度大力发展设施农业，目前全国共有现代化自动控制温室 1.2 万公顷，总面积占全世界温室总面积的 1/4，特别是位于荷兰西部的威斯特兰地区，设施先进的室集中连片，"玻璃城"因此得名。[①] 为了提高农场主的管理和决策效率，荷兰的奶牛养殖场早已普及了计算机管理。荷兰农业和园艺产业不断兼并融合，其规模化程度不断提高，在 1990—2006 年，荷兰的农场数量下降了近 1/3，小型农场通过合并和融合，变成了巨型农场。2006 年，荷兰巨型农场多达 1600 个，其产量占到荷兰整个农场部门总产量的 20%以上[②]。高度集约化为荷兰农业带来了高产量和高效益。据统计，荷兰平均每个农业劳动力可以养活 112 个人，是英、法、德等欧洲其他国家的 3 至 4 倍。[③]

9.4.2.2 发展技术创新型农业，延长产业链

近年来，荷兰政府对推进技术创新和产业创新的重要性认识得非常充分，以高效的农业产业链条为基础，打造了大量以技术创新为引领的产业集群。荷兰的"食品谷"和"绿港"都是在荷兰高效农业产业链条基础上形成的产业集群。"食品谷"是一个集聚了国际食品产业企业、研究机构以及瓦赫宁根大学和研究中心的产业集群区域，这个区域集食品产业企业和先进的科研机构为一身，已经打造成欧洲最具权威的农产品和食品营养研究和生产中心。"绿港"是荷兰政府将园艺产业涉及的全部环节集聚起来形成的综合性的园艺产业区域。"绿港"中既有与园艺行业相关的企业和组织，也有从事园艺研究的研究机构，形成了包括

---

① 厉为民：《荷兰的农业奇迹：一个中国经济学家眼中的荷兰农业》，北京，中国农业科学技术出版社，2003。

② 张永丽、杜隽：《发展现代农业：发达国家的经验与启示》，载《兰州财经大学学报》，28 页，2007（5）。

③ 赵霞、姜利娜：《荷兰发展现代化农业对促进中国农村一二三产业融合的启示》，载《世界农业》，21~24 页，2016（11）。

园艺产品的育种、生产、收购、加工、储运、销售等所有环节的完整产业链条，通过构建完整的园艺产业链条，“绿港”具有生产优化、品质高端、土地集约使用、附加值高等多种优势，增强了荷兰园艺产业的国际竞争力。

9.4.2.3 发展创意农业产业，提高附加值

在高度集约化的农业生产模式和高效、完整的产业链条支撑下，荷兰在农业发展上实施产业深度融合。荷兰政府充分利用自然风光优美、生态环境良好、传统文化悠久等优势，把创意设计与农业产业相结合，着力发展创意农业产业，大幅提升农产品的附加值。荷兰的现代化农业不仅局限于一种产业，同时也承载了荷兰的传统文化和风土人情，在农业生产过程中把休闲娱乐、旅游观光、文化传承等功能融入其中，使产业链更加完整，能够满足不同消费群体的不同需求。在荷兰，大量新业态都是将文化创意、旅游观光和农业融合在一起形成的，克服了以往传统农业业态单一、产业链短、利润低下等弊端，使农产品更具市场吸引力和竞争力，创造出新的市场价值和利润空间。①

9.4.2.4 发展生态友好型农业，建设有活力的新农村

20 世纪 80 年代以来，荷兰政府高度重视生态环境保护，通过立法、政府计划及税收激励等措施，使农民的环境保护意识不断增强。荷兰政府把农村土地分为两类，即：“农用地”（绿色用地）和“非用地”（红色用地）。此外，为了增强农业生产领域的环保意识，国家还制定了与环境保护息息相关的税收和财政政策，设置了旨在限制农业生产对污染过重的燃料的使用“燃料税”和限制大量使用化肥的“过量施肥税”等，以鼓励不同农业经营主体发展“绿色”生产。生态环境保护政策早已成为荷兰发展农业生产的重要门槛之一，农业生产者及产销各个环节均需在市场上通过环境质量认定，证明自己产品的品质，以此提高其产品附加值。通过一系列限制和鼓励政策的出台，荷兰绿色农业在保持新农村的活力中发挥着重要作用。荷兰政府提出建设“充满活力的农村”概念，通过发展生态友好型农业来提高农民的收入，让农民自愿留在农村地区经营农业和保护自然生态环境，保障农业和农村的可持续发展。②

① 冯海发：《荷兰农业产业化经营的基本模式及主要经验》，载《云南农业》，2002（11）。

② 赵霞、姜利娜：《荷兰发展现代化农业对促进中国农村一二三产业融合的启示》，载《世界农业》，21~24 页，2016（11）。

9.4.2.5 发展合作共赢型农业，激发农户的合作热情

荷兰农业和美国农业最大的相同点就是都以家庭农场经营为主。个体农户的市场竞争力薄弱，抵御自然灾害能力差，农业生产成本过高①，为了提高个体农户抵御市场风险的能力，荷兰政府引导农民建立起互惠共赢的，涉及农业生产、销售、农机、加工、保险、金融等多个领域的农业合作组织。② 荷兰农业合作社完全采取农民与农民之间协商的方式，坚持平等自愿的原则，按照民主管理的方式进行。参加合作社的农民对于自己的生产决策和生产过程享有绝对的自主权，合作社的一切合法生产活动也不受政府干预。荷兰的农业合作社主要有两类。一类是专门为农场提供服务的合作社，这种合作社的主要目的是增强农民的市场力量，主要有采购合作社、销售合作社、加工合作社、信贷合作社以及仓储、救济、质量控制和农业管理辅导等服务性合作社。另一类是法定产业组织，如行业协会、商业协会等，这种合作社主要是把农民联合起来，加强农场主的政治地位和社会地位，最终达到保护农民利益的目的。③

9.4.2.6 发展创新型农业，推行“OVO”体系

所谓“OVO”是 Onderzoek（研究）、Voorlichting（推广）和 Onderwijs（教育）三个单词的缩写，即农业知识创新体系，是指由相互协同发展的农业科研、教育和推广三者共同构成的荷兰现代化农业发展体系。荷兰政府把促进这三者发展作为政府的重要职责，建立了以农民为核心的全国性农业科技创新体系。该体系通过政府的力量开展科学研发以获得新兴技术和农业生产相关知识，再通过教育途径对农业生产主体进行新兴技术培训，最后通过技术推广将新兴技术应用于农业生产实践，从而不断推动荷兰现代化农业的不断发展。④

9.4.3 荷兰发展现代化农业的保障措施

9.4.3.1 以农业补贴政策作为发展现代农业的坚强后盾

荷兰自 1962 年开始执行欧共体农业政策（CAP）以来，从中获得了大额农业补贴。2011 年一年时间里，荷兰就从欧共体获得 9.8 亿欧元的农业补贴资金，

---

① 张芳：《乡村振兴背景下的农村产业研究》，载《上海农村经济》，30~34 页，2019（5）。

② 冯海发：《荷兰农业产业化经营的基本模式及主要经验》，载《云南农业》，29 页，2002（11）。

③ 饶兴山：《荷兰现代农业对云南高原特色农业发展的启示》，载《河南农业》，2018（5）。

④ 郭晓鸣：《合作社是创造荷兰农业奇迹的有力制度支撑》，载《中国农垦》，61~62 页，2020（5）。

其中 8.92 亿欧元用于直接补贴和执行市场政策，占 91%，其余 9%用于农村发展。除此之外，荷兰政府还预算了大量农业补贴，2011 年共安排预算 5 亿欧元用于农村发展，支持农业知识创新体系建设，并用于温室投资补贴、年轻农场主投资补贴、渔业投资等，并安排了用于农业教育的资金 7.8 亿欧元。① 荷兰政府还建立了担保贷款额度高达 5 亿欧元的农业贷款担保基金，用于支持国内农场的发展建设。从 2009 年开始，农业贷款担保基金由荷兰农业部负责管理，政府每年还补贴 200 万欧元。荷兰政府和欧共体坚持长期农业补贴政策，为荷兰实现农业现代化奠定了坚实的基础，也是荷兰农业发展的“坚强后盾”。②

9.4.3.2　以完善的农业法律制度体系作为发展现代农业保障措施

荷兰的现代化农业如此发达还得益于其完善的农业法律体系，没有完善的农业法律体系，就不会有发达的现代化农业。荷兰政府鉴于土地十分有限，把土地制度作为发展农业的核心和基础。为了使农用地的开发和使用有法律和制度保证，荷兰先后出台了《土地整理法》《危机农业财产法》《农业财产法》《农用地转让法》《城镇和乡村规范法》《土地开发法》等重要的法律法规。③ 在严格的法律制度的约束下，荷兰绝大部分土地都得到了有效的开发和利用，这既满足了发展农业对土地的需求，也促进了对土地资源的高效利用。进入 20 世纪 80 年代后期，在可持续发展理念的指导下，荷兰政府出台了严格的生态环境保护制度，严格限制对化肥农药的使用量，最大限度防止水体和土壤的污染。这一系列严格规范的法律法规和制度，对荷兰农业各产业的发展均作了规范，确保荷兰农产品的高端品质，增强了荷兰农业的国际竞争力。④

9.5　发达国家农村产业融合发展的启示

通过对日韩美荷等发达国家农村一二三产业融合的做法分析，可以发现，这些国家在实现农业现代化过程中，产业融合是核心，其做法具有许多共同之处，

① 李健华、赵鸣骥、潘学峰、陈金强、王衍、刘璐：《欧洲三国农业补贴政策考察》，载《农产品市场周刊》，23~27 页，2013（7）。

② 赵霞、姜利娜：《荷兰发展现代化农业对促进中国农村一二三产业融合的启示》，载《世界农业》，21~24 页，2016（11）。

③ 杜志雄、肖卫东：《家庭农场发展的实际状态与政策支持：观照国际经验》，载《改革》，39~51 页，2014（6）。

④ 肖卫东、杜志雄：《荷兰家庭农场为何能创造世界农业奇迹》，载《中国合作经济》，16~19 页，2017（8）。

这些带有共性的经验，也同样适合我国现代化农业发展的需要，值得我们学习和借鉴。

9.5.1 重点关注农民的利益

从日本、韩国、美国、荷兰发展现代化农业的经验来看，他们在发展现代化农业的过程中始终把农民的利益放在首位，无论是在政策补贴、制度设计，还是在促进农业与工商业的合作过程中都充分体现了这一点。我国在促进农业与二、三产业融合的过程中，也要注重保护农民的利益，不能以工商业为主，让农民处于产业链条末端的被动地位。要增强农民的主体地位，通过立法、制定国家政策等途径，确保农民的切身利益，时刻以农民为中心开展产业融合，提高农民的收入水平。

9.5.2 充分发挥农业协会的作用

日韩的农业协会、美国的服务型农业合作社及荷兰的农业合作组织在发展现代化农业的过程中均发挥着重要的作用，一方面在农产品的生产、加工、流通、销售、培训等环节发挥着作用，另一方面充当着农民保护人的角色，为农民的利益"保驾护航"。我国要促进农业与二、三产业深度融合时，也应加大农村合作社等民间组织的力量，鼓励这些机构在农产品生产、加工、销售、技术培训等环节发挥重要作用，促进我国农村产业融合的发展。①

9.5.3 注重对农民的培训工作

日本、韩国、美国及荷兰均十分注重对农民的培训工作。对我国而言，农民是受教育程度较低的群体，要促进农业与二、三产业的深度融合，就要有具备相关先进技能和管理才能的农民，人才培训就显得至关重要了。通过培训，使他们不仅掌握农业技术，还具备跨界合作经营的能力，从而立足于农业，推动产业链条的延伸，有效促进农产品附加值的增加。经过培训的新型的农业经营主体在我国广大农村地区可以起到引领、示范的作用，带动我国农村地区三产的深度融合，提高农民的收入和话语权。

① 赵放、刘雨佳：《农村三产融合发展的国际借鉴及对策》，载《经济纵横》，122～128页，2018(9)。

9.5.4 强调对生态环境的保护

日本、韩国、美国、荷兰都认识到了生态环境在发展中的重要地位，他们在发展现代化农业过程中均坚持发展环境友好型农业现代化的理念。我国在农业现代化的进程中早已意识到粗放型农业的弊端和危害，未来我国在促进农村三产融合的进程中，要下大力气对生态环境加以保护，充分利用农村的各类资源，大力开发农业生态旅游、农村休闲旅游等综合型产业，在增加农产品附加值的同时，也有利于改善环境，实现农业的可持续发展。

9.5.5 完善法律法规和补贴等配套服务

发达国家均十分注重农业发展相关法律制度的建设，强调法律体系和各项补贴政策要更好地服务于农民，通过实行各种类型的农业补贴政策，确保农民在产业融合中获得好处。我国应该充分借鉴这一经验，在促进农业与其他产业融合的过程中，建立健全相关法律体系，在完善对农民的补贴政策、加大财政投入、加强农村基础设施等方面做好配套服务工作。

10　内蒙古自治区草原牧区三产融合的政策建议

新制度经济学认为，可以通过高效的制度变革大幅提高效率，进而推动经济发展。在诺斯看来，政府是制度供给的“主导力量”，其为了追求自身利益，会借助行政力量促进制度创新。在实际工作中，产业融合涉及大量需要规范的内容，例如合同签订、交易登记流程、产权公证，要做到合法公正，必须通过法律制度明晰相关主体的权利和义务，化解企业、农牧民、行业协会之间的各种矛盾。此外，地方政府还应通过政策积极引导三产融合有序进行，推动牧区产业结构调整和农牧业的高质量发展。①

推进农村一二三产业融合发展，首先其核心是农民真正享受产业功能拓展与产业链延伸的好处，完善富农惠农的利益关联机制。其次，为了提高农业竞争力，最根本的途径是将新模式、新业态、新技术与农业相融合，用现代技术和现代理念改造和引领农业。重要的是要调动各类市场主体的主动性和积极性。最后，要充分发挥政府的作用，积极履行其对社会经济生活进行宏观调控、提供公共产品、提供公共服务等职能。在产业融合发展的过程中，政府的作用是至关重要的，特别是在三产融合发展的初期，如果想将产业发展模式的效能充分发挥出来，则必然要有政府的积极作为。最后，政府的积极行为也会形成城乡一体化的农村发展新格局，让农民分享农产品加工流通领域的利润，分享农产品生产过程产生的价值，分享土地增值收益。这些将进一步提升了农业生产效率，并且增加了农民收入，促进了农村繁荣。

① 李英震、马林、张顺：《内蒙古自治区三产融合的新制度经济学分析》，载《财经理论研究》，1~9页，2017（5）。

10.1 保障三产融合过程中农牧民的权益

一是明确农牧民对土地的使用权、经营权和租赁权。土地制度是维护我国农村稳定的一道重要的“安全阀”，也是切实保障农牧民利益的基本问题。农牧民自愿参与三产融合的前提条件就是能从融合中真正获益。因此，必须优化完善有利于推进三产融合发展的土地制度，明确农牧民对土地的使用权、经营权和流转权，实现农牧资源的帕累托最优配置。

二是构建失地农牧民保障长效机制。长期来看，一部分流转出土地的农牧民会因为失去就业和养老的基本生产资料，增大返贫的风险。如果政府不能建立长效机制，他们很可能走向贫困。政府应积极出台政策，建立牧区土地流转风险保障基金，保障失地、无地农牧民的生活，完善农村社会保障基金制度，解决失地农牧民最关心的养老和医疗问题，减轻农牧民对土地的依赖，为实现三产融合和畜牧业现代化创造政策条件。

政府应出台相关政策对三产融合的相关内容加以界定。

一是明确三产融合发展的本质。三产融合是把同一产业链条上的不同环节集中于一个市场主体的过程。在以往农业产业化经营实践中，一些龙头企业覆盖了三次产业，但这些项目不处在同一产业链条，各环节之间是割裂的，龙头企业与农户之间是联合发展、混合发展，而非真正的三产融合。①

二是明确保障农产品质量安全。我国农产品质量的提高需要确保从田地到餐桌的质量控制。现在大量对质量安全敏感的农产品加工企业，为了从源头保障产品安全，直接经营种植业和养殖业，例如一些乳品加工企业发展直营的大型牧场，将一产和二产一体化。在三产融合中，农产品质量问题可以通过纵向一体化得到解决。三产合为利益共同体，比三产分割更有利于保障农产品的质量安全。

三是明确融合发展的出发点是解决农民问题。三产融合的出发点是解决农民的发展和收入问题。以企业为平台的融合，应该让农民充分参与，分享增值收益，通过“资源变股权、资金变股金、农民变股东”等途径给农民更多的机会，解决实际问题。

四是明确三产融合的利益共享。在三产融合中不只强调保护农牧民的利益，

① 叶兴庆：《农村三产融合发展须牢记初心》，载《农村工作通讯》，34 页，2017（8）。

还需强调利益共享，兼顾效率和公平。对于未来的三产融合，要学会利益共享，要改变劳动被资本雇佣的思维，用劳动获得资本，反其道而行之。一个企业家努力做到公平与效率统一，才能让企业常青。

2017 年，国家已经把“促进农民增收作为核心目标”写入了农业供给侧结构性改革实施意见中，要使农牧民愿意参与到三产融合中来，就要使其能从融合中真正获益。要着重强调完善龙头企业与农户的利益联结机制，让牧民更多地分享二、三产业的利润。在就业方面，要对流转出土地的农牧民无偿开展各种职业技能培训，增强他们再就业的能力。企业也应该为其提供工作岗位，帮助其实现由农牧业到产业工人的转变。借鉴发达国家的经验，可以设立专项资金，建立产业发展配套资金和农业生产发展资金等，让三产融合的改革红利惠及农牧民。

10.2　着力培育三产融合的新型主体，确保农牧民在三产融合中的地位

实现新型经营主体的再改造在农业供给侧改革多项任务中处于首要的地位。要从市场开发、财政支持、农地流转、税费减免和招聘人才等方面，对三产融合的新型经营主体给予大力扶持，着力培育和帮扶一些新型畜牧业经营主体起好步、开好局，强化其管理能力、融资能力和搜取信息的能力，大力培育以现代化家庭牧场和专业户为骨干，龙头企业和专业合作社为纽带的新型畜牧业经营主体，进而引导行业进行良性竞争。同时，充分发挥专业合作社的桥梁作用，通过合作社把牧户与市场有效链接起来。

一是打造新型牧民，通过自我学习、职业培训、就业教育等方式，培养大量知晓管理、精通技术、善于经营的新型牧民，让具有一定科学知识和技术的优秀农牧民自愿从事畜牧业生产；通过远程教育，开展符合牧民需求、能够解决畜牧业养殖中突出问题的培训；通过观摩学习，鼓励和扶持返乡牧民在牧区创业，推动产业融合的发展。

二是探索家庭牧场的认定标准，对家庭牧场规模和布局等提出具体要求。根据认定标准的相关条款和细则，支持和鼓励养殖牛、羊、马的牧户承包草场，并向专业大户和家庭牧场发展，实现草场的规模化经营。

三是发挥合作社的积极作用。合作社要主动吸引畜牧业专业户入股，通过此种方式的合作开展规模养殖，在自主经营内部实现饲养、加工、销售的融合。扶

持建设一批重点示范社，发挥示范引领作用，不断提升合作社发展水平。

四是引导龙头企业创新融合方式，开展品牌嫁接等多种形式的联合重组，培育一批产业关联度大和带动能力强的龙头企业；龙头企业与牧业合作社在平等互利的基础上签订畜产品购销合同，以此促进订单式畜牧业和畜产品加工业的发展，推动三牧三农全面发展。

创新农牧民、合作社和龙头企业之间的利益联结机制，推进利益相关者长期深度合作，确保牧民和专业大户养殖的牲畜有稳定的市场，同时引导龙头企业规模化经营。政府出台政策支持牧民把现有的诸如水域、草场、土地、牲畜、闲置房屋、机械设备等牧业生产资源作为股份入股到畜牧业龙头企业、牧民合作社等经营主体中，以取得股份权利。拓宽政府支持牧业发展的方式，探索“按股分红+保底收益”等方式，让牧民参与分享加工销售环节的收益，从而形成稳固的牧企利益联结机制。在增加产品附加值、延长产业链条方面下功夫，以畜产品加工示范园区为载体，打造畜产品加工示范基地。

基于制度创新形成的三产融合以一体化和边界模糊化为表现，通过产业交叉、渗透和重组等手段，促进原有产业链条的分解、重构和功能升级，构建新的产业组织方式、商业模式和产业业态。与农业产业化经营相比，三产融合的内涵更为丰富，既包括龙头企业向上游挺进，又可以农民或合作组织为基础向产业链下游延伸，其融合的形式也不拘一格，有土地流转、入股和托管等多种形式，但不管怎样，维护农民的主体地位不能变。在实现各主体和各产业的联结过程中，分散的农户与实力雄厚的企业相比，双方地位明显不对等。政府在推进三产融合、制定政策时，也应着重考虑激励效用的最大化，有针对性地发挥宏观调控职能，把宏观调控的重点放在提高三产融合中农牧民的期望值和效价上。要科学地做好制度设计，推进规模经营和合作经营，提高农牧民的组织化程度及在交易谈判中的地位。还要适应“三产融合”的发展，提高保护农牧民合法权益的能力，坚决打击企大欺牧、店大欺牧。必须在三产融合中让牧区更有活力，让畜牧业得到稳定发展，让农牧民得到真正的实惠。

10.3　加大财政支持力度，尽快解决资金困难

《国务院办公厅关于支持返乡下乡人员创业创新促进农村一二三产业融合发展的意见》提出，重点是支持发展农产品加工业、规模农业、乡村旅游、休闲农

业、生产性服务业、生活性服务业和各类新产业、新业态、新模式。[①]

资金配套是使以上策略得以落实的关键。一是农民工返乡创业存在资金不足的问题。缺少资金支持这个最为关键的条件，返乡创业就是空谈。就目前的情况来看，农民工返乡创业资金当中，银行贷款只占很少的一部分，大部分资金仍然以亲戚朋友借款和自身积蓄为主。创业者普遍面临极大的资金缺口，导致原材料短缺、生产设备等物质资源落后。二是农民工返乡创业存在有资金不敢投的问题。因为农民工进城务工多年，省吃俭用，积攒了一些积蓄，大多数不愿意冒险投资，宁愿放在银行，也不愿意拿出来投资，因为这是他们的血汗钱，这时政府的资金支持就显得更为重要了。

2017 年 3 月 21 日，国家统计局常州调查队发布了一个专题调查。调查显示，返乡农民工创业过程中的困难主要集中在四方面。一是资金不足，占 66%；二是订单不足、销路窄，占 52%；三是缺乏技术，占 42%；四是缺乏管理经验，占 32%。调查显示，农民工返乡创业多是小规模经营，初始资金来源主要依靠自有资金、民间借贷、与其他人合伙和金融机构贷款，分别占 96%、38%、34% 和 20%。初始资金来源 5 万～50 万元的占 70%，50 万元以上的占 18%，初始投资得到政府支持的只有 24%。

调查中发现的问题具有一定普遍性。所以应在三产融合初期，真正建立起促进农民工返乡创业的具体实施工作体系，政府各部门应紧密配合，认真研究并切实解决返乡创业农民工遇到的困难与问题。建立发展三产融合的资金扶持机制体制，引导金融资本和社会资本有序进入农村牧区，解决财政资金有限和牧区三产融合发展资金不足的问题。加大资金扶持力度，为返乡农民工创业提供资金支持。在改革财政支农投入机制方面，着力优化投入结构，确保农业农村投入适度增加，创新使用方式。推广政府和社会资本合作，鼓励地方建立风险补偿基金，支持建立担保机制，撬动社会资本和银行贷款更多地投向农业农村。同时，要有相关督查措施，对于国家专项资金要确保按时拨付到位，提高财政资金的使用效率，对于那些动作迟缓、不积极主动作为的地方政府应予以追责。

---

① 《国务院办公厅关于支持返乡下乡人员创业创新促进农村一二三产业融合发展的意见》，载《中国人才》，7 页，2016（23）。

10.4 完善土地融资等支持政策，促进农牧民把资源转化成资本

现代农牧业发展的产业融合，必然涉及农村水利资源、林木资源、土地资源等农业资源的重新整合，要通过市场优化配置使其发挥最大的效用。

一是三产融合发展需要商业性金融机构提供多种形式的政策支持和金融资金支持。对经营规模大、信用等级高、带动作用强的三产融合经营主体，可提供利率、流程、额度与时限等优惠政策；地方金融办研究适合三产融合发展需要的贷款项目，支持更多金融机构面向三产融合开展畜牧业、畜牧业机械使用权、草场承包经营权等抵押的贷款业务；采取 PPP 模式吸引社会资本参与三产融合的发展，注重对社会资本的引导进入。二是大力发展“三农三牧”再融资担保和融资担保机制，同时帮助生产主体抵御自然灾害和市场风险，积极探索保险公司、政府和牧民共同承担的三产融合过程中的畜牧业保险。三是加大财政投入力度，重点支持促进优化产业结构，实现三产融合和农牧业可持续发展等方面的项目资金投入，同时对新的市场拓展和新产品开发及在新产品加工、销售中所需的相关设备和运用的新技术订购给予税收减免优惠政策和一定补助，支持拓展销售渠道的博览会、展览、宣传等活动，并采取资金奖励的方法促进和鼓励三产融合发展好的三产融合主体，使其起到示范推动作用，也为其他新型经营主体创建一个标杆。

三产融合不能离开农民，也不允许离开农民。农民除了具有劳动这一与生俱来的资本外，最宝贵的就是国家赋予农民对土地的承包权。土地制度改革是农村三产融合不可或缺的重要环节，也是我国农业农村改革的重点。我们要发展农业、要确保食品安全、要推进城镇化和新农村建设，都是建立在土地承包权得以明确这个基础之上的。

从外部环境来说，越来越多的国外畜牧产品进口到我国，进口畜牧产品对三牧（牧区、牧业、牧民）产生很大冲击。为了应对竞争，就必须使畜牧业快速转型升级，畜产品也必须升级，畜牧规模化生产也要加强。以往分散落后的牧业生产模式必须彻底转变，必须让更多懂技术、会管理的新牧民投身现代牧业，实现三产融合。

乡村是我国经济发展新的增长点，要发展乡村就要有配套的政策来打破土地制度的桎梏，释放农村土地活力，就要用土地融资的形式来摆脱三产融合中资金短缺的困境。

调查表明，近八成农民工回乡创业初期主要依靠自有资金，设备投资和租地建厂所需的资金主要来自打工中积累的有限资金，开业后的主要问题是缺少流动资金，农民工回乡创业办企业得不到金融机构的金融支持是比较普遍的。资金困难导致无法扩大规模，资金不足时基本是依靠民间借贷。[①]

我国农业用地 96. 9 亿亩，其中耕地 20. 3 亿亩、林地 38 亿亩、牧草地 32. 9 亿亩、园地 2. 2 亿亩。这些资源如果流转起来，价值特别巨大。按照目前每亩每年 500 元的耕地价格计算流转租金，20. 3 亿亩耕地每年的租金就超过 1 万亿元，按照目前最低承包年限 30 年的承包使用权不变的话，租金就有高达 30 万亿的市场价值，如果再算上牧草地、林地、园地，其市场价值将高达 62 万亿元。

表 10-1　我国土地资源流转市场价值预测

类型	面积（亿亩）	平均年租金（元/亩/年）	使用年限	价值（万亿）
耕地	20. 3	500	30	30. 5
园地	2. 2	1000	30	6. 6
林地	38	50	30~70	5. 7~13. 3
牧草地	32. 9	5	30~50	0. 5~0. 8
宅基地	1. 5	—	—	15. 0
总计	96. 9			58. 3~66. 2

我国土地流转率（流转面积占经营面积的比率）每年逐步提升，从 2010 年的 14. 7%上升到 2017 年的 40%左右。2018 年，大部分地区的耕地流转率在 30%~50%，市场化改革激活了土地流转率，使农民在保证手中土地承包权的前提下，把土地资源变为可以增值的资本。

10. 5　加快农村土地制度创新，盘活农村闲置土地

《农村土地承包法》《物权法》等法律法规为农村集体土地确权登记颁证提供了法律依据，这在农村改革发展的制度安排中起到关键性与基础性作用，也是加快三产融合发展的必要前提。虽然这项工作正在各地开展，但普遍存在累积的矛盾难化解、征地工作难开展、情况复杂难调解等问题，导致政府部门工作上不

① 喻海东：《微型金融在我国农村的需求分析》，载《现代经济信息》，164 页，166 页，2011（4）。

够大胆、思想上有顾虑。为此，应该在试点示范的基础上，把确权工作作为农村改革的一项重要依据，加强调查研究，将原始情况弄实弄细，切实抓紧抓好基础工作，严格依法办事，妥善安排和处理各种实质问题，让农民吃下“定心丸”，进一步明确土地承包经营权归属，更好地维护农民的合法权益。

2017年，农业部开展了农村土地承包权有偿退出试点工作，农民如果户口迁移到地级市和省会城市，按规定对自愿退出承包地的农牧民给予一定的补偿。这与过去相比是一个极大的进步，也意味着农村土地首次在很大程度上进行了市场化。但在农村宅基地的流转上还有一些政策上的模糊地带。比如以合作社的名义成立旅游公司，农户以农房入股，公司由合作社统一经营，宅基地跟承包地不同，承包地的使用权可以流转，宅基地的使用权是不可以流转的，宅基地上的房屋入股公司，虽然不涉及宅基地的所有权，只涉及宅基地的使用权，理解为以住房财产权入股公司，则跟现行法律没有冲突，但要是合作社投资在宅基地上建设新房屋，那么政策的边界就被模糊了。这就出现了政策的模糊地带，也缺乏有力的法律保护。据有关数据显示，我国农村建设用地现在有17万平方公里，是城市的3倍左右，很多空心村的出现，致使大量土地闲置，极大地浪费了土地资源。这需要政府在法律层面结合当前我国农村的实际，对土地法作出相应的调整。

10.6 抢抓机遇，着力推进三产融合有序良性发展

第一，结合农业供给侧结构性改革，促进三产融合加快发展。三产融合以一体化和边界模糊化为表现，通过产业交叉、渗透和重组等手段，促进原有产业链条的分解、重构和功能升级，构建新的产业组织方式、商业模式和产业业态。2017年《农业部关于推进农业供给侧结构性改革的实施意见》明确指出：“推进农业供给侧结构性改革，是当前的紧迫任务，是农业农村经济工作的主线”。在三产融合过程中要结合农业供给侧结构性改革的实际，突出增加绿色优质农牧产品的供给，着力提高农业供给体系的质量和效率，推进三产融合的有序发展。

第二，以丝绸之路经济带建设为契机，加快三产融合发展步伐。内蒙古自治区加入丝绸之路经济带有着极其深远的意义，加入丝绸之路经济带，打开了一个对外开放的窗口。过去的十几年间，内蒙古在西部大开发、振兴东北老工业基地和环渤海经济圈的建设中，社会全面进步。相比而言，内蒙古自治区与和我国接壤的俄、蒙及与我国东南省市的经济联系非常紧密，但由于种种原因，向西的开

放力度相对较弱。借此契机，可以扩大向西开放的窗口，争取更多的合作伙伴，寻求新的经济增长点。在此基础上加强产业结构调整，对于实施三产融合将起到至关的推进作用，会加快三产融合的步伐。

农村牧区的一、二、三产融合是解决农村贫困、增加农民收入的有效途径，其融合方向和程度，还需以消费为导向、依据消费群体结构变化来制定“三产融合”农业政策。调查发现，发展生态农业和原产地农业等非规模化和非车间化的农业，市场潜力巨大。当下方兴未艾的乡村旅游，也趋于通过网络实现个性化定制的自驾游。农村三产融合发展是一个动态的过程，随着实践不断发展，理论研究也将进一步提升。展望未来，关于农村产业融合研究，更多地着力于产业融合发展机制、融合条件、新生业态和产业融合发展等方面，以此促进农牧民快速增收。

10.7 城乡均衡发展的教育制度和财政支付体系

教育是提高国民素质、促进人全面发展的根本途径，是实现民族振兴、推动社会进步的基石。亿万家庭把对美好生活的期盼寄托于教育，国运兴衰系于教育，所以国家把教育摆在优先发展的位置。教育要按照“三个面向”的要求，实施素质教育，提高教学质量，加快向教育强国和人力资源强国迈进。2010 年，《国家中长期教育改革和发展规划纲要》把促进公平作为我国基本的教育政策。教育公平是实现社会公平的重要基础。教育公平的关键是机会公平，实现教育公平的基本要求，是必须保障公民依法平等地享有受教育的权利，重点任务是促进义务教育均衡发展和扶持困难群体，根本保障措施是合理配置教育资源，向农村地区、少数民族地区和边远贫困地区倾斜，加快缩小教育差距。政府坦诚地指出：教育公平的主要责任在政府，全社会要共同促进教育公平。

10.7.1 教育要实现正义和公平

教育是一种公共产品，应该保护受教育个体的教育权利，反对教育歧视、教育不公平。我国过去教育改革追求社会效率和功利，对教育公正的问题重视不够，还存在教育不平等、教育权利不受保护等现象。

教育公平涉及教育权利的配置，教育权利对教育活动起着支配性作用，引导和维护着教育公共活动的价值取向和合理秩序，也影响甚至决定着公民个体对教育权利的诉求是否得以实现，所以教育正义的首要内容就是要求公共教育权利公正，公共教育权利不滥用、不偏袒。此外，教育行政部门在制定教育公共政策时必须遵循正义的原则。

教育公正要求机会均等，作为公平的教育正义，必然包括教育权利平等和教育机会均等。教育权利平等的理念是权利平等在教育领域的延伸。当教育超越了身份制、等级制，不再将教育视为少数人的特权之后，平等接受教育的权利作为基本人权，成为现代教育的基本价值观。20 世纪 60 年代以来，教育平等成为全世界所有国家和所有与教育问题有关的人最关心的问题。我国《教育法》第九条第二款规定：公民不分民族、种族、性别、职业、财产状况、宗教信仰等，依法享有平等的受教育机会。

10.7.2 加强各层次农村教育，实现城乡教育均衡发展

一般把发生在农村、以农村人口为教育对象并为农村经济和社会发展服务的教育统称为农村教育。农村教育包括农村的基础教育、职业教育和成人教育，这其中包括有文凭的全日制学习、技能培训和成人扫盲学习。① 农村教育具有外部性、非竞争性等特征，属于社会的公共产品和服务，农村教育的提供主体应该是政府。基于公共产品理论和公平理论，城乡教育必须实现全面均衡发展。党的十七大多次强调，实现基本公共服务均等化是贯彻落实科学发展观和以人为本的内在要求，实现基本公共服务均等化的重要工作之一就是加快农村教育的发展，缩小城乡教育的差异，使城乡居民享受均等的教育服务。社会公平最重要的内容之一就是机会均等，而保障弱势群体的机会均等更加重要。按照罗尔斯的社会福利函数，社会应该重视生活水平最差的那部分人的生活状态。

罗尔斯的社会福利函数可以写成：$W=\min(U_X, U_Y)$，图形表示为直角形社会无差异曲线，由 $W=\min(U_X, U_Y)$ 可知，若 $U_X<U_Y$ 时，$W=U_X$；另若 $W_1=W$，则 $W=W_1=U_X$，如图 C 点；若 $U_X>U_Y$ 时，$W=U_Y$；另若 $W_1=W$，则 $W=W_1=U_Y$，如图 B 点；若 $U_X=U_Y$ 时，$W=U_X=U_Y$，另若 $W_1=W$，$W_1=W=U_X=U_Y$。所以社会福利由较少那个人的效用决定，无差异曲线为直角形。在这种分析框架下，如图 N 点，$U_X>U_Y$，$W_1=U_Y$，现在可以使 X 保持现状，增加 Y 的投入使 Y 得效用由 U_Y^A 增加到 U_Y^D，整个社会的福利水平由 W_1 增加到 W_2，提高

① 王志蔚、刘旭光：《农业教育、农村教育与农村改进的内涵及关系——乡村建设时期江恒源对上述问题的界定与阐释》，载《职业技术教育》，76~80 页，2019（33）。

了整个社会的福利水平。

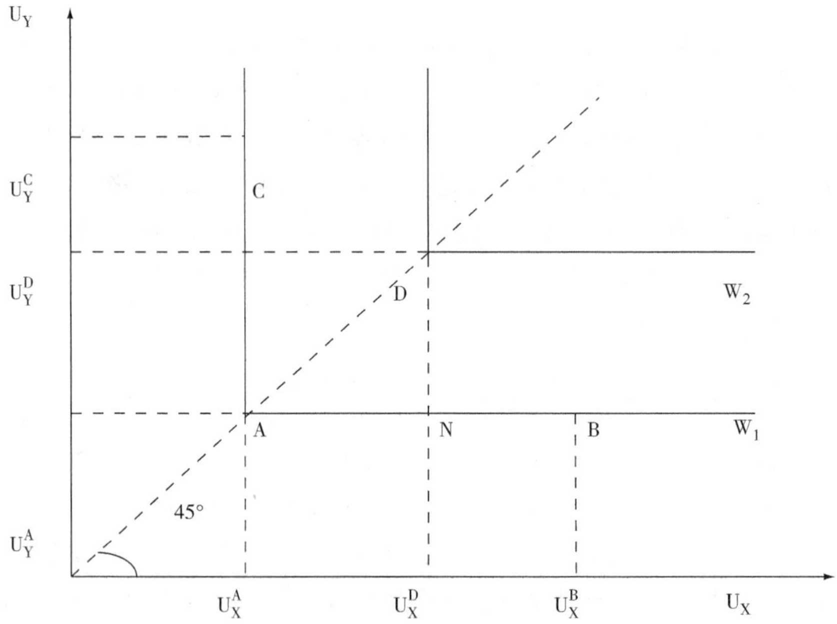

图 10-1　罗尔斯的社会福利函数

按照罗尔斯的社会福利函数，机会均等可以提高社会整体福利水平，在其他条件相同的情况下，公共资源应该向机会最少的那部分人倾斜，增加他们的发展机会。教育是决定个人能力和发展机会的关键，公共政策应该保证穷人也能享受到基本的教育。社会公平的重要内容之一就是过程公平。公民的智力、身体状况、家庭环境等先天禀赋可能存在很大差异，但公民利用自己的资源禀赋获得回报的过程必须是公平的，公民不能因居住地、出身、性别等方面的差异受到歧视，农村居民必须同城市市民一样，享受平等的公共产品和服务，完全平等地参与竞争，机会与过程都应该是平等的。我国社会教育不平等的现象依然存在，要解决教育公平问题，必须实现采取不平衡的教育支持政策，教育资源向农村倾斜。①

① 童大焕：《用公正的价值观取代平等的价值观》，载《文化月刊》（下旬刊），2013（7），102～104 页。

10.7.3 建立农村教育的多元投资体系

我国现在已经形成多元化的教育投资体制，但是财政投资占教育投资经费的比重却越来越低。由公共财政提供教育产品，实现教育的公平是政府的基本职责。教育发展决定民族的发展，现代社会尤其如此，因此要持续增加教育的投入。我国经济学家邹恒甫指出，现在中等偏上收入水平的国家政府教育支出一般占到总财政支出的六分之一，按照财政收入占 GDP 的 30%计算，公共教育支出应达到 GDP 的 5%。而我国现在公共教育支出约为 GDP 的 3%，因此，要加大政府对教育的投资力度。2010 年我国财政收入达到 8 万多亿，第二、三产业产值占 GDP 的比例达到 85%以上，具备了“工业反哺农业，城市支持农村”、公共财政大幅度向农村倾斜的经济实力。要认真界定中央政府、省市政府与县乡基层政府关于教育这一公共服务的事权与财权范围。中央政府和省级地方政府（自治区）是教育的投入主体，中央政府要把教育经费纳入国家预算，通过财政拨款以及对地方财政的转移支付来支持农村教育；地方政府的职责在于落实和执行国家的教育政策。我国应当在教育法中规定财政对教育投资占 GDP 的比重，应不低于世界平均水平，只有这样才能保证中华民族伟大复兴目标实现。相应的，继续削减政府机构，精简办公人员，节约行政办公经费，发展教育。节约行政办公经费支持教育，大有可为。除了政府投资外，要吸引社会捐资，鼓励各界人士、企业、社会团体投资兴办农村教育。

10.8 建立城乡统筹的社会保障制度

中国农村社会保障体系建设需要考虑到城乡一体化的目标与经济社会发展阶段所提供的客观可能性，我国现在人均 GDP 为 4000 美元，为中低收入国家，国家财政收入持续增加，总量较大，到了城市化快速发展的时期，但同时农村人口多，社会保障历史欠账多，必须采取循序渐进的方式，使农民社会保障逐步与城市居民接轨，最终形成全国一体化的现代社会保障制度。目前我国学术界关于如何实施农村社会保障存在三种观点：统一模式、整合模式和专门模式。根据我国当前的实际，采取完全复制城市社会保障体系来推进农村社会保障的完全统一模式，短期内很难实现，超出了经济社会发展阶段和国家、企业和个人的承受能力，实施独特的与城市完全不同的农村社会保障的专门模式，则可能强化城乡分割的固有格局，形成新的二元体制。比较而言，具有过渡性质的整合模式比较合理，既能照顾现在的实际和可能，又能为今后城乡一体化社会保障体系的建立奠定基础。

10.8.1 建立城乡统筹的社会保障制度的原则

10.8.1.1 坚持城乡统筹发展的原则

发达国家发展历史进程表明，城市化是经济社会发展的必由之路。我国已经到了加快城乡一体化快速发展时期。城乡社会保障制度体系的建立是城市化的重要标志和客观要求。因此，统筹城乡社会保障制度，最终实现城乡一体化，是我国社会保障制度建设的基本目标。党的十七届三中全会明确提出“到2020年基本建立覆盖城乡居民的社会保障体系”，这是我国政府从“城市偏向”向“城乡统筹”的执政理念的战略转变，也为农村社会保障事业的发展指明了方向。

10.8.1.2 分类实施原则

对于已经在城里有固定住所和稳定收入的进城务工人员，应逐步纳入城市居民社会保障体系，让他们享有和城市居民平等的社会待遇，减少或消除由于对进城务工人员的不公平政策而引发的影响其下一代教育与发展的制度成本，避免出现新的“二元体制”。

第一种类型，为失地的农民建立稳定的个人社会保障账户。失地农民是指为了修公路、修铁路、修机场、建工厂、修水库、建城市住宅区等，农民的承包地或宅基地被征用或被收购，农民失去了自己的土地，也得到一笔补偿费，但是这些人如果未能就业或把补偿款消费殆尽，还没有社会保障，就成了无业、无地、无社会保障的“三无”农民。这些农民为失地农民，而进城经商或务工的农民把承包的土地转包、出租或入股的农民不能称为失地农民。为了防止失地农民成为“三无”人员，政府应该规定在征用或收购农民的承包地或宅基地时，为失地农民建立个人社会保障账户，缴纳社会养老保险、医疗保险和失业保险，在找到工作以后由企业缴纳个人失业保险，个人账户中的社会保障资金由两部分组成，一是从土地出让金中划拨一部分进入农民个人社会保障账户，二是政府适当从财政支出中补偿一部分资金进入其个人社会保障账户。农民有了个人社会保障，就可以安家立业了。

第二种类型，对于“离土不离乡、进厂不进城”的乡镇企业职工和在城里还处于不稳定就业状态的进城务工人员，实施过渡性的社会保障制度。按照城镇社会保障制度缴纳养老、医疗和失业等基本社会保险，当他们在城镇的工作趋于稳定、成为城市居民时，可将他们纳入城镇社会保障体系。对于最终选择返回农村的人员，可将他们暂时纳入农村的社会保障体系。

第三种类型，对于农村常住人口来说，应将新农合、农村养老保障、土地保障和社区保障共同组成农村社会保障体系。大力推广“新农合”，建立大病统筹的医疗保险制度，有条件的市、县实施大病统筹与门诊统筹相结合的医疗保障，避免低收入群体“因病致贫、因病返贫”，开展对农村社会保障制度与城镇居民社会保障制度相衔接的研究与试点，为今后城乡社会保障制度的全面衔接提供保障。

10.8.2 完善农村社会救助制度

社会救助是国家与社会面向低收入阶层或较低收入人口的救助、对遭受自然灾害或其他灾难事件的灾民的救助，以及对遭受特殊困难的社会成员的特殊救助等。它通常被视为政府当然的责任或义务。社会救助的目的是帮助社会脆弱群体摆脱生存危机，进而维护社会秩序的稳定，一般采取非供款制与无偿救助的方式。社会救助是社会保险制度的补充，与其他社会保障制度相比，它有最低保障性、按需分配性、全民性和权利义务单向性的特点。按救济的内容分类，社会救济可以分为生活救济、失业救济、灾害救济、住房救济、医疗救济、教育救济、法律救济和扶贫开发等类型。按救济的手段可以分为现金救济、实物救济、服务救济和以工代赈等方式。在我国，社会救济主要包括最低生活保障、农村五保制度、乡村贫困救济、灾害救济以及对特殊对象的救济，个别地方开展住房救济、医疗救济、教育救济等。

10.8.2.1 完善最低生活保障制度

最低生活保障的对象是全体国民，由政府强制实施，做到广覆盖，应保尽保。最低生活保障制度一般是价值的单向转移，不是因为投保，而是因为个人遇到了生存困难而获得社会的救助，使公民老有所养、病有所医、住有所居，对公民最低生活进行“兜底”，保障每个公民都有生存的权利。针对因病、灾、年老、其他客观原因使个人陷入没有收入或收入低下的公民，建立起以最低生活保障为重点的社会救助制度是当前推行社会保障制度的重要内容。应主要加强以下几方面的工作：一是将农村困难公民全部纳入保障范围，实现应保尽保。二是规范农村最低保障标准的制定，既能保障农村困难群众的基本生活，又不超越当地经济发展水平的承受能力，发挥保障资金的使用效率，保障水平略低于社会平均生活水平，防止产生激励懒惰的机制。保障水平要根据家庭人口年龄结构和数量变化、实际收入水平变化、物价水平等做出适当调整。三是对有重病重残人员、高龄老人、儿童的低保家庭、单亲家庭、缺乏劳动力的家庭给予适当照顾，随着家庭和个人发展情况对保障对象及时做出调整。

10.8.2.2　完善农村五保供养制度

一是认真贯彻新修改的《农村五保供养工作条例》，将符合供养条件的农村五保对象全部纳入保障范围，五保对象是农村居民无法定抚养人，或者虽有法定抚养义务人，但是抚养义务人是无劳动能力、无生活来源、无抚养能力的老年人、残疾人或未成年人。二是坚持集中供养与分散供养相结合。要改善散居五保对象的居住条件，适度提高集中供养率，通过成立养老院、孤儿院或特殊学校对符合条件的老年人、残疾人或未成年人进行集中供养，着力完善农村五保供养服务。三是坚持保障标准，以不低于当地农村居民平均生活水平核定农村五保供养标准。

10.8.2.3　完善农村其他救助制度

在农村医疗救助方面：一是在农村低保对象和五保对象的基础上，逐步扩大覆盖面；二是针对救助对象的困难情况、疾病种类和基本医疗需求，制定科学合理的医疗补助标准；三是简化医疗救助程序和手续，方便救助对象的日常治疗；四是坚持以住院救助为主，个别病种可以对门诊的基本药物支出进行救助，适当扩大救助病种。

在教育救助方面，为困难家庭适龄儿童和升学困难的大学生提供生活费。另外还包括住房救助、灾害救助和扶贫开发等。

10.8.3　完善农村社会保险制度

在社会保障制度中，社会保险占最重要的位置。它起源于19世纪80年代的德国，现在全世界应用。社会保险是由国家立法规范，面向劳动者建立的一种强制性的社会保障制度，主要包括养老保险、医疗保险、工伤保险、失业保险和生育保险等项目。

一是完善农村基本养老保险。随着大量青壮年农民工进城，我国农村老龄化比例已经超过城市，这对完善农村老年养老制度提出了客观要求，我国现有经济实力也为推进农村养老保险制度创造了条件，国家有能力推进建立覆盖城乡全体劳动者的基本养老保险制度。按照个人缴费、集体补助、政府补贴相结合的要求建立个人账户，保障资金供应。按照“低费率、广覆盖、可转移、能衔接”的原则制定农民工养老保险制度，着力提高参保率。凡年满20至60周岁的企业职工、自由职业者和农民都可以参加。在农民年老开始领取养老金时，把所拥有的土地转给子孙，无继承人的把土地转给村集体，建立农业土地退出机制，确保土地资源的有效使用。

二是完善农村基本医疗保险。完善新型农村合作医疗。一是逐步提高新型农村合作医疗保障水平。缴费数额的增加是保障水平提高的前提，2011年各级财政对新型农村合作医疗的补助款提高到每人每年200元，有条件的地区补助标准可以适当增加，并适当提高个人缴费标准。二是完善新型农村合作医疗的机构建设，加强信息化建设，提高经办、管理能力，建立便利的农民个人缴费方式，确保各级财政补助资金及时足额到位，健立与经济社会发展协调一致的动态资金筹措机制。三是规范新型农村合作医疗基金管理，提高基金使用效率，严格报销程序，完善和规范新型农村合作医疗补偿方案，逐步提高医疗费用补偿比例和封顶线，加快推进门诊统筹，防止资金侵占、挪用。四是进一步加强对定点医疗机构的监管，规范医疗服务机构行为，减少小病大看和骗保现象的发生，控制医疗费用的不合理增长。五是在城镇用人单位就业的进城务工人员应参加城镇职工医疗保险。

三是完善农村工伤保险。参照城镇职工工伤保险条例，规定在乡镇企业务工的人员和进城务工人员由其供职的企业为其缴纳工伤保险，同时生产安全部门要对生产的安全现状进行检查，杜绝不安全的生产流程、生产环境、有害气体等对他们的伤害。

四是完善农村生育保险。现在农村人均收入水平低，而孕前、孕中和产后的检查和医疗服务对优生和培养国家的接班人十分重要，对于无业妇女，其生育保险费用可以由国家代交，减轻无业育龄妇女孕前、孕中和产后的检查费、接生费、手术费、住院费、治疗费和医疗费负担。

10.8.4 发展农村社会福利服务事业

对于农村社会福利服务事业，一是积极应对人口老龄化，特别是由于农村青壮年劳动力的大规模进城，农村人口老龄化程度迅速提高，已经超过了城市的老龄化程度，要保障农村孤老生活，应发展适度普惠型农村老年福利服务事业，形成以国家为基础、社区为依托、机构为骨干、家庭为单位的农村养老服务体系，让农村的老年人也能享受到与经济社会发展水平相适应的社会福利。二是落实孤儿基本生活、教育、医疗、就业等方面的福利政策，提高孤儿的养育水平。三是加强农村残疾预防和残疾人康复工作，帮助残疾人就业，促进农村残疾人事业发展。四是建立多元化的社会福利资金筹措体系。增加政府投入，加大福利彩票公益金资助力度，引导和组织社会力量参与发展农村社会福利服务事业，切实加强敬老院、特殊教育学校、光荣院和残疾人的服务设施建设，满足日益增长的农村社会福利服务的需要。

10.8.5 完善和推行农村补充社会保障

现代社会保障体系是以政府主导的基本社会保障制度为主体，还包括其他非政府直接参与的多种补充保障形式。补充保障是民间自发形成的、以自愿为特征的各种社会化保障形式的统称，主要包括商业保险和社会互助保障，它与政府主导的社会保障制度一起，共同构成现代国民生活保障系统。

一是商业保险。商业保险是由各类保险公司针对社会个人和企业需求而推出的保险，是市场化风险的应对方式和投资方式。它包括财产保险、疾病保险、养老保险、教育保险等，保险公司为了利润最大化设置多种保险，满足了风险主体的差异化需求，为追求较高水平生活保障的人士提供了可选择的菜单。在农村社会保障体系尚不完善的情况下，发展商业保险，是化解风险、保障农民基本生活的重要途径。

二是互助保障。互助保障是一种非营利的由互助组织承办的，社会成员本着自愿、非营利和互助的原则，通过一定机制相互提供经济和服务上的帮助的社会保障形式。针对当前农村集体经济迅速衰落、家庭保障趋向弱化、土地保障功能降低、法定社会保障制度还没有充分建立起来的情况，农村居民之间的互助保障极为重要。我国农村可以开展的互助保障主要体现在物质帮助和劳力援助上。其组织形式一是农村合作经济组织和各类慈善组织，通过大力发展各类农村合作经济组织，提高农民的组织化程度和抗击风险的能力，二是发展各类慈善组织，实现有难大家帮。

参考文献

［1］孙璐．中国西部多民族地区农村产业融合模式选择及对策［J］．农业展望，2019（12）：84-87，100.

［2］李静．浅谈西藏水利工程建设管理存在的问题及对策［J］．西藏科技，2014（07）：3-4.

［3］宝音朝古拉，刘玉梅．内蒙古畜牧业产业化发展现状、存在问题及应对措施［J］．当代畜禽养殖业，2019（10）：31-33.

［4］崔楠．新时代我国乡村振兴的创新路径探究［J］．山西农经，2021（19）：37-38，41.

［5］中共中央国务院印发《乡村振兴战略规划（2018-2022 年）》［J］．中华人民共和国国务院公报，2018（29）：9-47.

［6］杨宜山、周德芳、梁修全．发展集体经济推动乡村振兴［J］．新理财（政府理财），2020（01）：59-62.

［7］张贵友、唐小宇、田雨．新时代现代农业发展模式与政策选择［J］．农民科技培训，2018（08）：25-27.

［8］高鸿雁、刘辉、张莉莉．内蒙古草原畜牧业可持续发展浅思［J］．北方经济，2012（15）：67-69.

［9］盛洪、陈郁．科斯的新制度经济理论［J］．世界经济研究，19902.

［10］卢现祥、朱巧玲．交易费用测量的两个层次及其相互关系研究述评［J］．数量经济技术经济研究，2006（07）：97-108.

［11］魏崇辉．新制度经济学的意识形态理论本质——基于构建基础与引入根由视角［J］．学术交流，2011（10）：97-101.

［12］［英］亚当·斯密著，凡禹译，国富论［M］．上海，立信出版社 2012.

［13］邓绍根．记《大不列颠百科全书》在中国的首次销售［J］．出版发行研究，2004（2）：78-80.

［14］史蒂文·N. 杜尔劳夫，新帕尔格雷夫经济学大辞典（第二版）》［M］.北京，科学出版社，2016.

［15］王凯军．现代西方产权理论研究综述［J］．合作经济与科技，2015（20）：53-54.

［16］黄明辉．产权与资源配置、经济增长之关系探讨［J］．黔南民族师范学院学报，2007（02）：56-60.

［17］王晓征．对需求定理反例的探讨［J］．时代金融，2016（26）：245，247.

［18］袁庆明，2005. 新制度经济学［M］．中国发展出版社．

［19］马诗经．产权制度与市场机制［J］．财经研究，1994（10）．

［20］杨一容．2009. 基于制度短板的生态旅游资源补偿机制研究［D］．厦门大学．

［21］BATTIGALLI P，MAGGI G 2003. International agreements on product standard：an incomplete contracting theory［M］. National Bureau of Economic Research Cambridge，Mass.，USA.

［22］JONES B D. Bounded rationality［J］. Annual review of political science，19992（1）：297-321.

［23］卢现祥．论互惠制度［J］．江汉论坛，2008（08）：23-28.

［24］亚当·斯密著，国超译，2000. 国民财富的性质和原因的研究［M］．中国社会出版社．

［25］周振华．产业融合：产业发展及经济增长的新动力［J］．中国工业经济，2003（04）：46-52.

［26］姜奇平．网络治道——Governance：用市场方式管理政府和企业（上）［J］．互联网周刊，2000b（48）：45-46.

［27］姜奇平．网络治道——Governance：用市场方式管理政府和企业（下）［J］．互联网周刊，2000a（49）：47-48.

［28］刘贵富．产业链基本理论研究［D］．长春，吉林大学．2006.

［29［美］约瑟夫·熊彼特著，王永胜译，2017. 经济发展理论［M］．上海，立信出版社．2017.

［30］KAPLINSKY R，MORRIS M，2000. A handbook for value chain research［M］. University of Sussex，Institute of Development Studies Brighton ONO R，AOKI K. Convergence and new regulatory frameworks：A comparative study of regulatory approaches to Internet telephony [J]. Telecommunications Policy, 199822 (10): 817-838.

[31] 刘喜波、张雯、侯立白. 现代农业发展的理论体系综述 [J]. 生态经济, 2011 (08): 98-102.

[32] 姜卓简. 农村产业融合发展问题研究 [D]. 吉林农业大学. 2018.

[33] IAMMARINO S, MCCANN P. The structure and evolution of industrial clusters: Transactions, technology and knowledge spillovers [J]. Research policy, 200635 (7): 1018-1036.

[34] 郑宏星. 国外产业集群文献评论: 制度的视角 [J]. 沈阳师范大学学报 (社会科学版), 2008 (03): 5-8.

[35] 陈丽、杜诗劼、易廷辉、陈景春、杜静. 土地资源保护与可持续利用研究 [J]. 河南农业, 2018 (08): 48, 51.

[36] 范柏乃、邓峰、马庆国. 可持续发展理论综述 [J]. 浙江社会科学, 1998 (2): 41-45.

[37] 宋琳、刘文霞. 论科学发展观与可持续发展的关系 [J]. 中国集体经济, 2010 (01): 191-192.

[38] 龚胜生. 论可持续发展的区域性原则 [J]. 地理学与国土研究, 1999 (2).

[39] 王金梅. 推动牧区美丽与发展双赢访国家民委主任巴特尔 [J]. 中国民族, 2018 (02): 11-14.

[40] 李英震、张顺. 内蒙古牧区旗县三产融合的可持续发展研究 [J]. 铜仁学院学报, 201820 (05): 113-122.

[41] 邹赛、郝华勇. 中国农村产业融合对农民收入增长的影响研究 [J]. 中共云南省委党校学报, 202122 (06): 162-172.

[42] 刘洪产、于孝保, 朱云, 等. 关于农村一二三产业融合发展的思考 [J]. 农村经济与科技, 201829 (11): 278-279.

[43] 席晓丽. 产业融合视角下的现代农业发展研究 [D]. 福建师范大学. 2008.

[44] 高培亮. 产业结构调整的西方学者研究述评 [J]. 中国市场, 2015 (12): 119-121.

[45] 朱艳华. 区域经济可持续发展条件下岳阳市产业布局研究 [D]. 湖

南师范大学 . 2009.

[46] 向世聪 . 产业集聚理论研究综述 [J] . 湖南社会科学，2006 (1)：92-98.

[47] 孙永波、王道平 . 产业融合及如何促进我国产业融合的发展 [J] . 北京工商大学学报（社会科学版），2009 (01)：105-110.

[48] 陈柳钦 . 产业发展的集群化、融合化、生态化 [J] . 重庆邮电学院学报（社会科学版），2006 (06)：831-835.

[49] 蔡守秋 . 论可持续发展对我国法制建设的影响（上）[J] . 法学评论，1997 (01)：18-24

[50] 包庆德 . 当代发展观演进的生态文明向度 [J] . 内蒙古师范大学学报（哲学社会科学版），2008 (03)：39-44.

[51] 王亮、马林 . 中国牧区可持续发展：模型推演、路径选择与对策建议 [J] . 大连民族学院学报，2012 (04)：329-332.

[52] 李文龙，高鸿雁，吕君等 . 内蒙古草原旅游产业转型升级和改善农牧民生计的思考 [J] . 北方经济，2021 (09) .

[53] 包红霞 . 内蒙古牧区发展中发的人口经济问题 [d] . 内蒙古大学硕士学位论文，2005

[54] 杨光梅 . 草原牧区可持续发展的生态经济路径 [J] . 中国人口·资源与环境，2011 (S1)：444-447.

[55] 谢雯、谢军安草原资源生态补偿法律机制研究 [C] . 生态文明与环境资源法（2009 全国环境资源法研讨会论文集）. 2009.

[56] 韩忠英 . 论草原保护与可持续发展 [J] . 今日畜牧兽医，2018 (07)：70.

[57] 郭晓丽 . 我国畜牧业可持续发展的思考 [J] . 企业导报，2013 (04)：107.

[58] 李闯 . 农业生产的环境成本估算及政策建议 [D] . 中央民族大学 . 2010.

[59] 气候变暖过度放牧中国 90%可利用天然草原退化 [EB/OL] . 中国新闻网 . 2006-11-18.

[60] 内蒙古自治区 2020 年国民经济和社会发展统计公报 [EB/OL] . 内蒙古自治区人民政府网站 . 2021-4-18.

[61] 我们共同的未来（世界环境与发展委员会关于人类未来的报告）[M] .

吉林人民出版社 . 1987-4.

[62] 鲍君 . 草原牧区可持续发展现状与对策 [J] . 兽医导刊，2021（01）：92.

[63] 白建华，杨文凤，刘天平 . 民族地区易地扶贫搬迁村产业发展的困境与路径选择：以西藏察隅县 L 村为例 [J] . 贵州农业科学，2021（07）：152-158.

[64] 吴应蔚 . 内蒙古农牧业产业化发展现状、问题及对策 [J] . 现代农业，2012（08）：50-51.

[65] 包诺敏 . 内蒙古新牧区建设现状及对策分析 [J] . 中国乡镇企业会计，2012（05）：5-6.

[66] 包红英 . “促进农村牧区一二三产业融合发展”是农牧民增收的新渠道 [J] . 实践（党的教育版），20181.

[67] 张雪梅 . 2009. 中国西部地区产业生态化的发展路径研究 [D] . 兰州大学 .

[68] 李英震、马林、张顺 . 内蒙古自治区三产融合的新制度经济学分析 [J] . 财经理论研究，2017a（05）：1-9.

[69] 李英震，宋宝剑 . 农村三产融合发展研究综述 [J] . 大连民族大学学报，2017（06）：568-571.

[70] 蔡勇志 . 零售业产业融合研究 [D] . 福建师范大学 . 2006.

[71] ONO R，AOKI K. Convergence and new regulatory frameworks：Acomparative study of regulatory approaches to Internet telephony [J] . Telecommunications Policy，199822（01）：817-838.

[72] 胡安俊，产业生命周期：企业家精神、聚集、匹配、转移、空间结构的综合研究 [M] . 北京 . 中国人民大学出版社 . 2016.

[73] 崔振东 . 日本农业的六次产业化及启示 [J] . 农业经济，2010（12）：6-8.

[74] 韩艳萍 . 内蒙古大兴安岭林区全域旅游发展问题探析 [J] . 中国经贸导刊（中），2019（06）：141-142

[75] 王婉婷 . 北京市文化创意产业与旅游业融合发展研究 [J] . 北京财贸职业学院学报，2020（04）：35-40.

[76] 邓寅 . 中国“三网融合”发展进程与问题研究 [D] . 广西大学 . 2012.

[77] HACKLIN F, MARXT C, FAHRNI F. An evolutionary perspective on convergence: inducing a stage model of inter-industry innovation [J]. International Journal of Technology Management, 201049 (1-3): 220-249.

[78] R. 费罗德: 1700 年以来的英国经济 [M], london Eduard Amonld, 1996. 271 页.

[79] 沈坤荣、田伟. 后危机时代的中国经济增长——结构性特征及其国际比较 [J]. 江苏行政学院学报, 2010 (01): 55-60.

[80] 吴英慧、高静学. 牧区可持续发展研究评述 [J]. 大连民族学院学报, 2012 (04): 342-345.

[81] 杨丽娟. 澳大利亚畜牧业发展特点简介 [J]. 贵州畜牧兽医, 2014 (04): 28-29.

[82] 张立中、辛国昌. 澳大利亚、新西兰草原畜牧业的发展经验 [J]. 世界农业, 2008 (04): 22-24.

[83] 刘亚军. 2009. 不同放牧强度对坝上草地植被和土壤理化性质的影响 [D]. 保定, 河北农业大学.

[84] 曲峻岭、董晓霞. 新西兰奶业发展概况及环境保护政策 [J]. 中国食物与营养, 2014 (08): 20-23.

[85] 杨武、曹玉凤、李运起, 李建国. 国内外发展草地畜牧业的现状与发展趋势 [J]. 中国草食动物, 2011 (01): 65-68.

[86] 李含琳. 西部民族地区草产业与畜牧业同步推进模式探讨 [J]. 柴达木开发研究, 2013 (02): 13-16.

[87] 姜长云. 日本的"六次产业化"与我国推进农村一二三产业融合发展 [J]. 农业经济与管理, 2015 (03): 5-10.

[88] 赵海. 论农村一、二、三产业融合发展 [J]. 农村经营管理, 2015 (07): 26-29.

[89] 徐旭初. 浅谈推进农村一二三产业融合发展 [J]. 中国农民合作社, 2015 (03): 21-22.

[90] 林建华. 在三产融合中发挥农机化作用 [J]. 农机质量与监督, 2015 (08): 46 页.

[91] 王军. 农业现代化视野的产业融合互动及其路径初探 [J]. 今日财富 (中国知识产权), 2021 (09): 1-3.

［92］乔慧，程郁，曾起艳，郑风田：．农业技术培训对农户农业收入影响的实证研究——基于1123户农户的调研［J］．调研世界，2016（05）：13-17.

［93］董荣奎，赵一帆，何佳，张晓霞．三产融合——农村经济可持续发展的新举措［J］．内蒙古农业科技，2015（06）：144-147.

［94］孟春，高雪姮．大力推进三产融合加快发展现代农业［J］．发展研究，2015（01）：7-8.

［95］李静，盖志毅．日本农产品“地产地消”流通模式对中国农产品流通体系路径优化的启示［J］．世界农业，2015（11）：68-71.

［96］王道荣．宿州市探索农村三产融合发展的新思路［J］．安徽农学通报，20151（23）：8-10.

［97］王铁军．六次产业背后的国家战略意图［J］．农经，2015（06）：26-28.

［98］赵海．论农村一、二、三产业融合发展［J］．中国乡村发现，2015（04）：107-114.

［99］何钦．福建农村三次产业融合的调查与思考［J］．当代农村财经，2015（12）：45-48

［100］李喆．浅析现代农业产业体系的发展现状与前景［J］．山西农经，2021（20）：153-155.

［101］黄花．我国农村一二三产业融合发展的理论探讨［J］．中国石油大学学报（社会科学版），201935（02）：22-27.

［102］中共中央国务院关于加大改革创新力度加快农业现代化建设的若干意见［J］．中国农民合作社，2015（03）：8-14.

［103］国务院：推进农村一二三产业融合发展［J］．中国农民合作社，2017（11）：5-6.

［104］李克强：加快推进农村一二三产业融合发展［J］．中国应急管理，2015（12）：15.

［105］付桂军．内蒙古半农半牧区可持续发展评价［J］．干旱区资源与环境，200923（06）：33-38

［106］韩柱．牧区经济可持续发展研究［J］．现代经济信息，2012（17）：196-198

［107］潘建伟、张丰兰、奥嫩．建立中国牧区统筹发展的体制机制研究［J］．经济研究参考，2010（45）：24-34.

[108] 郎侠．对中国牧区可持续发展问题的探讨［J］．四川畜牧兽医，2005（03）：10.

[109] 秦丹、刘长根、龙炳清、谭江月．浅论西藏草原生态建设与牧区经济可持续发展［J］．四川环境，2004（02）：37-39.

[110] 柴永青、曹致中．草地农业生态系统4个生产层理论对肃北县畜牧业可持续发展的指导［J］．草业科学，2010（04）：160-164.

[111] 史俊宏、赵立娟．牧区可持续发展的人口问题研究［J］．内蒙古财经学院学报，2008（06）：33-36.

[112] 汪丽萍．西部农牧区特色经济与经济发展方式的转变——以青海省为例［J］．改革与战略，201127（05）：99-102.

[113] 李泉．甘肃草原牧区发展的难点问题剖析［J］．农业开发与装备，2010（07）：3-6.

[114] 王关区．关于内蒙古新牧区建设的几点思考［J］．北方经济，2011（11）：30-33.

[115] 魏虹、汪飞杰．五大牧区草业发展与水资源关系研究［J］．中国农学通报，2005（04）：300-305.

[116] 焦玉光、李树强、王宇，等．论草原牧区的可持续发展［J］．内蒙古草业，200820（04）：19-21.

[117] 丁勇．天然草地放牧生态系统可持续发展研究［D］．内蒙古大学．2008.

[118] 黄莹霞、陆文铭、王丽娜．甘南州草地生态系统现状及可持续发展对策［J］．甘肃科技，2011（08）：5-8.

[119] 张旭、冯琦胜、于惠、王玮、梁天刚．甘南牧区草畜供求动态变化与调控——以阿孜畜牧试验场为例［J］．草业科学，2011（04）：648-655.

[120] 路战远、刘孝忱、栗林．内蒙古新牧区建设中的制约因素分析［J］．内蒙古科技与经济，2010（18）：13-17.

[121] 王关区．牧区经济发展中存在的主要问题及其对策［J］．内蒙古社会科学（汉文版），201031（03）：114-119.

[122] 刘振江．我国畜牧业可持续发展研究［J］．安徽农业科学，2007（11）：3416-3417.

[123] 张莉．内蒙古城市化对牧区发展的影响［J］．现代经济信息，2014

(05)：395.

［124］邓艾．创造市场才会大赢［J］．经营者，2002（11）：1

［125］闵文义、才让加、戴正．城镇化：西部民族地区草原牧区可持续发展的必由之路——阿克塞县草原牧区可持续发展模式调研报告［J］．西北民族研究，2004（03）：188-195.

［126］苏大学．西藏草地畜牧业发展战略的调整［J］．草地学报，2005（1）：44-47.

［127］布尔金、赵澍、何峰，等．新疆草地畜牧业可持续发展战略研究［J］．中国农业资源与区划，2014（03）：120-127.

［128］解柠羽、张扬、马林．基于牧区可持续发展的内蒙古阿巴嘎旗草原保护红线划定问题研究［J］．大连民族学院学报，2014（06）：605-607.

［129］李泰君、牛建明、董建军、丁勇．典型草原区家庭牧场可持续发展评价与对策研究——以内蒙古白音锡勒牧场为例［J］．安徽农业科学，2009（29）：14424-14427，14432.

［131］王晓鹏、曾永年、曹广超、丁生喜．基于多元统计和 AHP 的青藏高原牧区可持续发展评价模型与应用［J］．系统工程理论与实践，2005（06）：139-144.

［131］吴璇、王立新、刘华民，等．内蒙古高原典型草原生态系统健康评价和退化分级研究［J］．干旱区资源与环境，2011（05）：47-51.

［132］陈海燕．农牧户对草原生态保护补奖政策的评价与期望——基于内蒙古等 6 省区绒毛用羊养殖户问卷调查数据的分析［J］．农业经济与管理，2013（05）：73-81.

［133］张莹、肖海峰．可持续发展背景下草原畜牧业扶持政策评价与需求分析——基于农牧户的视角［J］．家畜生态学报，2015（04）：15-22.

［134］蔚俊、龙瑞军、高新才，等．甘肃甘南地区草畜平衡现状与发展对策［J］．草原与草坪，2007（03）：52-56.

［135］敖仁其、达林太．草原牧区可持续发展问题研究［J］．内蒙古财经学院学报，2005（02）：26-29.

［136］延军平、张志民、张小民、张璐．草原牧区生态与经济互动途径研究［J］．干旱区资源与环境，2008（04）：68-74.

［137］余露、汪兰溪．探索牧区草场流转发展之路——以宁夏盐池牧区为例

[J]．农业经济问题，2011（04）：105-109.

[138] 赖玉珮、李文军．草场流转对干旱半干旱地区草原生态和牧民生计影响研究——以呼伦贝尔市新巴尔虎右旗 M 嘎查为例［J］．资源科学，2012(06)：1039-1048.

[139] 刘加文．发展南方草地畜牧业必须突破效益制约［J］．草业科学，2013（12）：1913-1916.

[140] 李玉新、魏同洋、靳乐山．牧民对草原生态补偿政策评价及其影响因素研究——以内蒙古四子王旗为例［J］．资源科学，2014（11）：2442-2450.

[141] 郑友民．发展合作社经济转变牧区畜牧业生产方式着力促进牧区可持续发展［J］．中国畜牧业，2012（18）：20-23.

[142] 高迎军、张祥云、李云廷、张金平．强化草畜平衡推动鄂尔多斯市畜牧业可持续发展［J］．畜牧与饲料科学，2009（02）：107-108.

[143] 周俊．“以草为本、草业优先”——川西北牧区可持续发展的新路径［J］．农村经济，2011（05）：113-115.

[144] 杨振海．种草养畜是石漠化地区生态建设和脱贫致富的关键［J］．中国牧业通讯．2010：8-9.

[145] 贾幼陵．加强兽医协会建设推动兽医事业发展——贾幼陵在中国兽医协会成立大会上的讲话［J］．兽医导刊，2009（11）：5-6.

[146] 佟海彪，张熹，孟慧君．建设新型畜牧业，走循环经济之路［J］．内蒙古财经学院学报，2007（04）：39-42.

[147] 才让三智．少数民族牧区草原生态旅游业发展探索［J］．青海畜牧兽医杂志，2012（01）：51-53.

[148] 王世金，焦世泰，王淑新．西部生态安全建设与草原生态旅游发展研究［J］．中国草地学报，2010（06）：100-104，109.

[149] 娜仁图雅．促进内蒙古草原畜牧业可持续发展的公共财政政策研究［J］．企业经济，2010（01）：134-137.

[150] 哈斯、周娜．草原生态保护补助奖励政策落实情况调研报告［J］．北方经济，2012（13）：39-40

[151] 巩芳、长青、王芳、刘鑫．内蒙古草原生态补偿标准的实证研究［J］．干旱区资源与环境，2011（12）：152-154

[152] 刘兴元、尚占环、龙瑞军．草地生态补偿机制与补偿方案探讨[J]．草

地学报，2010（01）：126-131.

［153］吴精华．中国草原退化的分析及其防治对策［J］．生态经济，1995（05）：1-6.

［154］刘建威建设三产融合发展示范镇推动乡村产业高质量发展［N］．惠州日报：2022-7-20.

［155］温铁军，高俊农业“三产化”阶段的制度创新［EB/OL］．乌有之乡．2015-9-27.

［156］张静静、王迎春、詹妮，等．新时期农业科技创新型企业的概念与发展态势［J］．农业科技管理，2021（02）：72-76.

［157］许奕、程静月、张宝贤．关于一二三产业融合发展推动农业供给侧结构性改革路径的探讨［J］．现代经济信息，2018（17）：1-2，4.

［158］李媛媛、盖志毅、马军．内蒙古牧区政策的变迁与农牧业发展研究［J］．农业现代化研究，2010（01）：15-18.

［159］段海波．刍议农业产业融合机制和农业产业化［J］．改革与战略，2014（05）：75-78.

［160］张晓山．推进农业现代化面临新形势新任务［J］．农村青年，2019（04）：43-45.

［161］兰永海、温铁军．中国城镇化战略的历史意义［J］．中国合作经济，2013（12）：18-19.

［162］黄连贵、张涛、张照新．探索起步快速发展——推进我国农业产业化经营又好又快发展之一［J］．农村经济与科技：农业产业化，2008（10）：8-12.

［163］吴健、朱松．流动性预期、融资能力与信用评级［J］．财政研究，2012（07）：72-75.

［164］吴春贤．兵团推进农业现代化的财政政策选择［J］．新疆农垦经济，2012（04）：54-59.

［165］张义博．农业现代化视野的产业融合互动及其路径找寻［J］．改革，2015（02）：98-107.

［166］陈晓嘉．论农村农产品加工业的扶贫功能［J］．商情，2013（10）：134-134.

［167］李小云．农村一二三产业融合发展是实现产业兴旺的重要路径［J］．农村．农业．农民（B版），2018（11）：42-44.

［168］陈荣彬，姚晓东，张永成．实施乡村振兴战略及可借鉴发展模式［J］．农业开发与装备，2018（11）：39-40.

［169］吴顺．“一带一路”开放战略下内蒙古经济发展的SWOT分析［J］．现代交际，2015（08）：31-33.

［170］黄鹏飞．“让中国制造走遍全球”——一位台商眼中的“一带一路”［J］．中国工人，2017（07）：26.

［171］叶兴庆实现更高质量更可持续的农村和谐稳定［M］．农民日报：2016-5-28.

［172］于文豪．中国特色减贫道路的法治逻辑［J］．中国高校社会科学，2021（05）：91-103，158.

［173］全面推进重点突破加快实现农业现代化——农业部部长韩长赋解读《全国农业现代化规划（2016~2020年）》［J］．北方牧业，2016（21）：35.

［174］孙中华．我国现代农业发展面临的形势和任务［J］．东岳论丛，2016（02）：17-23.

［175］彭真善，宋德勇．交易成本理论的现实意义［J］．财经理论与实践，2006（4）：15-18.

［176］苏秋来．产业技术创新联盟利益分配研究［D］．华侨大学．2012.

［177］王小茜．交易成本理论研究述评［J］．现代营销（经营版），2021（04）：112-113.

［178］徐灼．论我国信访制度的完善［D］．广西师范大学．2010.

［179］郭强．论新形势下的社会安全［J］．学习与探索，2016（12）：53-58.

［180］陈柳钦．产业融合问题研究［J］．长安大学学报（社会科学版），2008（01）：1-10.

［181］郭万超．产业融合必然塑造新的市场结构［J］．中国民商，2016（11）：76-79.

［182］张晓东．互联网智慧餐饮发展策略研究［J］．科技创业月刊，2019（07）：19-21.

［183］郑甘甜、陈胜，、张开华．农村产业融合发展：成效、困境与对策思路［J］．农业经济，2022（06）：9-11.

［184］贺正楚、张蜜．战略性新兴产业的评价指标体系研究——基于几类产业内涵和特征比较的视角［J］．学海，2011（06）：70-75.

［185］胡振华、黎春秋、熊勇清．基于“AHP-IE-PCA”组合赋权法的战略性新兴产业选择模型研究［J］．科学学与科学技术管理，2011（07）：104-110.

［186］彭道伦．以战略性新兴产业促进经济发展方式转变——学习中共重庆市第四次党代会精神的一点体会［J］．探索，2012（04）：24-27.

［187］樊茗玥、赵喜仓．战略型新兴产业评价模型构建及实例分析［J］．技术经济与管理研究，2011（10）：121-124.

［188］我市加快培育多元化农村牧区产业融合主体［N］，巴彦淖尔日报（汉），2021-01-05.

［189］建立多种形式利益联结机制［N］，巴彦淖尔日报（汉），2017-09-20.

［190］麦拉苏．立足资源优势发展内蒙古农业产业化龙头企业［J］．内蒙古科技与经济，2005（22）：10-11.

［191］内蒙古自治区党委自治区人民政府关于实施乡村振兴战略的意见［N］，内蒙古日报（汉），2018-02-17.

［192］内蒙古自治区人民政府办公厅关于加快转变农牧业发展方式的实施意见［J］．内蒙古自治区人民政府公报，2016（03）：27-35.

［193］刘云．日本的农村问题及农业政策［J］．国际研究参考，2017（10）：34-38.

［194］高强、高桥五郎、李洁琼．日本“地产地销”经营模式与农协的作用——以爱知县尾东农协实地调查为例［J］．农业经济与管理，2014（01）：42-49

［195］周应恒、李强、耿献辉．日本农协发展的新动向［J］．世界农业，2013（09）：27-32.

［196］王国华．日本农业发展的现状及政策走向分析［J］．长春大学学报，201727（03）：27-31.

［197］日本发展“六次产业”的主要做法与启示［J］．山东经济战略研究，2015（11）：44-47.

［198］谭明交，向从武．日韩农业“六次产业化”对我国实施乡村振兴之镜鉴［J］．新疆农垦经济，2018（04）：10-18.

［199］申龙均，韩忠富．韩国综合农协对我国发展农民综合合作社的启示

[J]．经济纵横，2014（05）：104-107.

[200] 温思美，蒋和平．世界农业发展的趋势 [J]．世界农业，1995（09）：3-5.

[201] 郑涛．在城乡统筹发展中实施农村人才培养计划 [J]．三峡大学学报（人文社会科学版），2008（S1）：111-112.

[202] 浙江省农业考察团．澳新韩三国农业生态文明建设的实践及启示 [J]．中国牧业通讯，2010（14）：38-40.

[203] 金秀哲，李树超．中韩生态农业发展规划的比较与启示 [J]．农村经济与科技，201425（04）：30-31.

[204] 陈海秋．韩国农业农村立法体制、特征及其作用研究 [J]．唯实，2009（Z1）：127-130.

[205] 陈曦，欧晓明，韩江波．农业产业融合形态与生态治理——日韩案例及其启示 [J]．现代经济探讨，2018（06）：112-118.

[206] 许先．美国农业社会化服务体系发展的经验与启示 [J]．山东大学学报（哲学社会科学版），2003（04）：124-128.

[207] 戴孝悌．产业空间链视域中的美国农业产业发展经验及启示 [J]．世界农业，2012（2）：9-13.

[208] 李哲敏，王玉庭，刘宏，李婷婷．美国农业合作推广服务体系探析 [J]．世界农业，2011（05）：35-38.

[209] 沈维维，周波．智慧农业发展脉络和关键领域研究 [J]．绿色科技，2020（08）：192-195+214.

[210] 刘建水．国外现代家庭农场研究 [J]．当代农村财经，2016（10）：58-61.

[211] 国外的农业社会化服务是怎么做的？[J]．营销界，2019（1）：57-61.

[212] 金芳芳．美国的农业现代服务业及其借鉴 [J]．农村经济与科技，201627（14）：168-169.

[213] 美国农业概况 [J]．今日农村，2002（03）：34.

[214] 徐更生．美国的农业服务体系及其特点 [J]．中国农垦经济，1992（06）：41-42.

[215] 赵霞，姜利娜．荷兰发展现代化农业对促进中国农村一二三产业融合的启示 [J]．世界农业，2016（11）：21-24.

［216］降蕴彰，梁栋．荷兰农业的专业化道路——专访荷兰王国驻华大使馆农业参赞 Henk van Duijn ［J］．农经，2009（Z2）：13-17.

［217］厉为民．荷兰的农业奇迹：一个中国经济学家眼中的荷兰农业［M］．北京：中国农业科学技术出版社，2003.

［218］张永丽，杜隽．发展现代农业：发达国家的经验与启示［J］．兰州财经大学学报，200723（5）：28.

［219］冯海发．荷兰农业产业化经营的基本模式及主要经验［J］．云南农业，2002a（11）：29.

［220］张芳．乡村振兴背景下的农村产业研究［J］．上海农村经济，2019（05）：30-34.

［221］饶兴山．荷兰现代农业对云南高原特色农业发展的启示［J］．河南农业，20185.

［222］郭晓鸣．合作社是创造荷兰农业奇迹的有力制度支撑［J］．中国农垦，2020（05）：61-62.

［223］李健华，赵鸣骥，潘学峰，陈金强，王衍，刘璐．欧洲三国农业补贴政策考察［J］．农产品市场周刊，2013（07）：23-27.

［224］杜志雄，肖卫东．家庭农场发展的实际状态与政策支持：观照国际经验［J］．改革，2014（06）：39-51.

［225］肖卫东，杜志雄．荷兰家庭农场为何能创造世界农业奇迹［J］．中国合作经济，2017（8）：16-19.

［226］赵放，刘雨佳．农村三产融合发展的国际借鉴及对策［J］．经济纵横，2018（09）：122-128.

［227］叶兴庆．农村三产融合发展须牢记初心［J］．农村工作通讯，2017（08）：34.

［228］国务院办公厅关于支持返乡下乡人员创业创新促进农村一二三产业融合发展的意见［J］．中国人才，2016（23）：7.

［229］喻海东．微型金融在我国农村的需求分析［J］．现代经济信息，2011（04）：164，166.

［230］杨宇冠．人权法——《公民权利和政治权利国际公约》研究［M］．北京：中国人民公安大学出版社．2003：401.

［231］王志蔚，刘旭光．农业教育、农村教育与农村改进的内涵及关系——

乡村建设时期江恒源对上述问题的界定与阐释［J］．职业技术教育，201940（33）：76-80.

［232］童大焕．用公正的价值观取代平等的价值观［J］．文化月刊（下旬刊），2013（07）：102-104.

图书在版编目(CIP)数据

内蒙古自治区三产融合的可持续发展研究/李英震,张顺著.—北京:民族出版社,2023.8

ISBN 978-7-105-17103-3

Ⅰ.①内… Ⅱ.①李… ②张… Ⅲ.①农业产业—产业发展—研究—内蒙古 Ⅳ.①F327.26

中国国家版本馆 CIP 数据核字(2023)第 205518 号

策划编辑:虞　农
责任编辑:毛乐燕
封面设计:金　晔
出版发行:民族出版社
地　　址:北京市和平里北街 14 号
邮　　编:100013
网　　址:http://www.mzpub.com
印　　刷:北京中石油彩色印刷有限责任公司
经　　销:各地新华书店
版　　次:2023 年 8 月第 1 版　2023 年 8 月北京第 1 次印刷
开　　本:787 毫米×1092 毫米　1/16
字　　数:252 千字
印　　张:13
定　　价:42.00 元
ISBN　978-7-105-17103-3/F·496(汉 389)

该书如有印装质量问题,请与本社发行部联系退换

汉文编辑一室电话:010-64271909　　发行部电话:010-64224782